한국의 자치경찰

한국의 자치경찰

초 판_ 2025년 2월 28일

지은이_ 김순은
발행인_ 이강준
펴낸곳_ 도서출판 조명문화사
서울특별시 마포구 독막로8길 조현빌딩 2F
전화 02-498-3017 팩스 02-498-3018
홈페이지 http://www.cmpress.co.kr
출판등록: 1989년 7월 13일 제2-846호

ISBN_ 978-89-7257-549-8

값 22,000원

한국의 자치경찰

정순관 이상훈 황문규 신현기 박동균 김순은

도서출판 조명문화사

머리말

경찰제도에 관한 논의는 이념적·가치적 순결성을 요구하지 않는다. 역사적으로도 광범위한 자치경찰 이념을 추구하는 미국과 영국도 범죄와 테러의 양상에 따른 국가차원의 대처 필요성을 인식하고 강력한 집권형 경찰제도를 함께 운영하고 있다. 또한 강력한 집권형 국가경찰제를 대표하는 프랑스 역시 주민의 다양한 치안수요에 부응하고자 분권형 자치경찰제를 병행하고 있다. 우리나라에서도 국가경찰과 자치경찰의 장점을 극대화하여야 한다는 실용적 제도개선과 운영에 관한 주장은 논의 참가자 모두가 전제하는 목표이기도 하다.

1991년 지방자치의 부활에도 불구하고 치안기능은 국가사무로서 존치되었다. (고)김대중 대통령은 지방자치의 부활은 물론 지방분권의 필요성에 초점을 두고 민주주의를 발전시킨 지도자이다. 지방자치제의 도입이 없이는 공정선거를 기대할 수 없고 공정 선거가 없이는 민주주의의 발전을 이룰 수 없다는 확고한 신념으로 우리나라의 민주주의 발전에 기여하였다. 대통령으로 당선된 이후에는 형식적인 지방자치의 도입만으로는 부족하고 지방정부의 기능이 강화되어야 실질적인 지방자치가 가능하다는 인식하에 중앙행정권한의 지방이양을 개시하였다.

김대중 정부는 이와 더불어 지방기능의 강화라는 차원에서 자치경찰의 중요성을 강조하였다. 지방자치의 오랜 경험을 가진 국가의 경우 교육과 치안은 지방정부의 중요한 양대 기능으로 작용하고 있다. 그럼에도 우리나라는 교육과 치안이 국가사무로 분류되어 지방자치의 부활에도 불구하고 지방자치의 체감도를 낮추는 요인으로 작용하였다. 김대중 정부 이후 문재인 정부에 이르기까지 자치경찰의 필요성을 공감하고 우리나라에 적합한 자치경찰의 모형 등이 논의되어 왔다. 비록 정부별로 내용상의 차이점은 컸으나 자치경찰이라는 사무에 관한 국민들 간의 공감대를 형성하는 데에는 나름 기여하였다. 이러한 논의를 거쳐 문재인 정부에 들어 자치경찰이 도입되는 상황에 이르렀다.

자치경찰제에서는 경찰조직이 국가가 아닌 지방자치단체의 행정 조직으로 귀속되어야 하며, 지방자치단체는 스스로의 조직, 인력 등을 통해 자치경찰사무를 주도적으로 처리하게 된다. 2021년 7월부터 우리나라에서 실시하고 있는 자치경찰제에서는 국가경찰 공무원의 신분으로 자치경찰 업무를 수행하고 있다. 지방자치 제도를 실시하고 있는데 대구시 공무원은 행정안전부 소속의 국가공무원이라는 말과 같다. 자치경찰관이 없는 자치경찰 제도이다. 이를 국가경찰과 자치경찰의 일원화 모델이라고 부른다. 사실 일원화 모델은 진정한 의미의 자치경찰이 아니다. 실제로 자치경찰의 주요 업무가 생활안전, 사회적 약자 보호, 교통안전 등으로 주민의 일상생활과 매우 밀접하기 때문에 지방자치단체장의 책임과 권한 하에 처리하는 것이 맞다. 이것이 자치경찰의 장점이다. 그래서 어느 학자는 일원화에서 이원화로의 전환을 '비정상에서 정상'으로의 전환이라고 부르기도 한다.

전국 광역시도 차원에서 도입된 자치경찰제는 지방행정과 치안행정의 융합을 통해 각 지역 실정에 맞는 치안시책을 새롭게 발굴해 실천하는 등 촘촘한 안전망을 구축하는데 목적을 두고 있다. 「경찰법」 제19조에서 시·도자치경찰위원회는 위원장 1명을 포함한 7명의 위원으로 구성하도록 했다. 본 자치경찰위원회는 경찰법에 자치경찰사무로 분류된 생안(현, 범죄예방대응), 여청, 교통 및 여청 관련 일부 수사 직무에 대해 해당 시도경찰청장을 지휘 감독한다. 시·도자치경찰위원회의 소관 사무는 자치경찰사무에 관한 목표의 수립 및 평가를 비롯해 총 17개의 각호로 이루어져 있다(제24조). 즉, 시·도자치경찰위원회는 총 17개 각호의 소관 사무들을 심의·의결사항으로 하며 동시에 지역 실정에 맞는 생안, 여청, 교통 관련 시책을 발굴해 일선 경찰서에서 시행하도록 연계했다는 점에서 한 발짝 더 시민 곁으로 다가갔다는 평가가 가능하다.

정리해 보면 자치경찰위원회는 생활안전, 여성·청소년, 교통 등 시민 생활과 밀접한 자치경찰 분야의 정책 수립과 위원회 운영, 국가경찰 사무와의 밀접한 협력·조정 등을 총괄하는 역할을 수행한다. 무엇보다 2006년 우리나라에서 유일하게 제주특별자치도에서만 자치경찰제가 도입 시행되어 온 것은 차치하고 2021년 7월 전국 단위에서 자치경찰제가 전격 도입되었다는 점은 우리 경찰사에서 큰 의미를 남기게 되었다.

공동저자

김순은, 정순관, 박동균
신현기, 이상훈, 황문규

차례

3부 자치경찰의 과제

4부

제 1 부

자치경찰의 탄생

제 1 장

정부 별 자치경찰의 논의 및 특징

이상훈

1. 자치경찰제의 개념과 논의의 준거 틀

1) 경찰제도의 실용성 추구 경향과 논의의 의미

경찰제도에 관한 논의는 이념적·가치적 순결성을 요구하지 않는다. 분권형 자치경찰 이념을 추구하는 영국과 미국도 광범위한 범죄와 테러의 양상에 따른 국가 차원의 대처 필요성을 인식하고 집권형 연방경찰을 함께 운영하고 있다. 또한 강력한 집권형 국가경찰제를 대표하는 프랑스 역시 주민의 다양한 치안 수요에 부응하고자 분권형 자치경찰제를 병행하고 있다. 우리나라도 국가경찰과 자치경찰의 장점을 극대화하여야 한다는 실용적 차원의 제도개선과 운영에 관한 논의는 제도적 실용성이라는 양대 경찰제도를 둘러싼 논의의 궁극적 지향점이기도 하다.

선진국 반열에 오른 우리나라는 일찍이 없었던 민주주의를 구현하고 있고 자치와 분권의 열망 속에서 지방시대의 개막을 선언하는 등, 국정운영의 중심이 국민 편익과 국민 삶의 질 향상을 추구함에 따라 법·제도와 운영 시스템에서의 변화가 불가피하게 되었다. 현대 경찰의 모습에서도 명령과 강제를 통한 국가정책의 집행보다는 국민의 곁을 지키며 국민 불편을 해소하는 서비스 행정이 점점 더 많은 부분을 차지하고 있다.

자치경찰제는 민주주의의 근본이념인 국민주권에서 출발하여 지방분권과 국가균형발전을 근본적 이념으로 하는 지방자치를 완성함에 있어서 중요한 요소이다. 대한민국은 건국에서부터 민주공화제를 실시하고 있지만, 여전히 법과 제도는 물론 국민 생활 깊숙이에는 국가중심적·중앙집권적 사고와 태도가 과도하게 자리하고 있다. 이러한 국가체제와 국민의 삶 속에서 주민중심적·지방분권적 요소를 변화하고 확장시키는 데 있어서 경찰제도의 변화는 큰 비중을 갖는다는 점에서 자치경찰제 논의는 의미가 크다.

2) 자치경찰제의 개념

자치경찰제가 시행됨에 따라 지방자치단체는 국가와 더불어 국민의 생명·신체 및 재산을 보호하고 공공의 안녕과 질서유지에 필요한 시책을 수립·시행하여야 하는 새로운 책무를 지니게 되었다(「국가경찰과 자치경찰의 조직 및 운영에 관한 법률」(이하 "경찰법"이라 한다) 제2조). 자치경찰제는 이러한 규정에 근거하여 분권화된 체제(fragmented system)를 본질로 하는 경찰제도로 주민의 안전 등에 관한 권한과 책임을 지방정부가 일정 부분 가지는 경찰제도이다. 따라서 자치경찰제의 경찰조직은 지방자치단체의 행정조직으로 귀속되어야 하며, 지방자치단체는 스스로의 조직과 인력 등을 통해 자치경찰 사무를 주도적으로 처리한다는 개념필연적 본질을 갖게 된다.

결국 자치경찰제(自治警察制, autonomous police system)는 지방자치단체가 주민생활과 밀접한 경찰서비스를 자기의 권한과 책임 하에 실질적인 주민자치의 실현이라는 주민의 기대에 부응하기 위한 치안행정과 지방행정의 연계성 확보를 내용으로 하는 종합행정의 하나로서 지방자치의 완성을 가져오는 주민 맞춤형 경찰제도라고 정의할 수 있다.

3) 논의의 준거 틀

역대 정부의 자치경찰제 도입논의는 서로 다른 내용을 담고 있지만, 분명 나름의 타당성을 지닌다. 저마다 논의 당시의 시대상을 반영하고 있기 때문이다. 자치경찰제의 형식과 내용은 분명 입법형성권을 가진 입법권자의 입법재량에 해당한다. 그럼에도 불구하고 논의를 거듭하면서 제도개선에 있어서 일정한 기준이 존재하게 되고, 구체적 운영에 있어서 일정한 지향점이 나타나게 되었다. 2006년 제주특별자치도에서 자치경찰제를 시작한 이래, 2021년부터 자치경찰제를 전국적으로 시행하고 있는 지금까지도 자치경찰제가 나아가는 방향성에 있어서는 다음에 제시된 준거 틀이 여전히 유효하다고 본다.

그것은 ① 주민만족의 치안서비스 제공 ② 국가의 치안책임 확보 ③ 경찰의 정치적 중립성 보장 ④ 경찰행정의 효율성 제고 ⑤ 주민·

경찰 협력 치안 강화(이황우, 1998: 69~78)이다. 여기에 ⑥ 지방자치와 분권성(分權性)의 확장이라는 궁극적 가치 추구를 첨언할 수 있다. 위의 ② 항목이 치안에 있어서 국가의 역할과 책임을 다시 강조한 것이라면 ⑥ 항목은 주권자인 국민의 다양한 목소리가 경찰정책으로 나타날 수 있어야 한다는 이념적·가치적 성격을 지닌 것이기 때문이다. 이것은 앞으로도 지속될 경찰제도 개선을 위한 다각적인 논의에 있어서 지향점을 제시한다는 점에서 의미가 있다.

자치경찰제 도입은 미군정에서부터 시작하여 역대 모든 정부가 논의했던 경찰제도 개선을 위한 정책과제였다. 아래에서는 1945년 광복 이후부터 현재까지의 자치경찰제 도입 및 개선을 위한 논의를 살펴본다.

2. 미군정기에서 장면 내각까지의 자치경찰제 논의

1) 미군정과 대한민국의 건국

(1) 미군정에서의 자치경찰제 논의

자치경찰제 도입이 최초로 검토된 것은 1945년 8월 15일 광복 이후인 미군정(美軍政) 때부터이다. 당연한 일이었겠지만 미군정은 점령군으로서 자국의 미국식 경찰제도를 도입하고자 하였다. 제2차 세계대전 전승국인 미국은 이미 전범(戰犯)국가에 대한 분권(分權, power sharing) 정책에 근거하여 패전 국가인 독일과 일본의 경찰조직에 지방분권적인 자치경찰제 요소를 도입하는 등 국가조직 전반에 지방자치적 성격을 강화시키고 있었다. 미군정 역시 새롭게 건국하는 대한민국의 경찰조직을 구상함에 있어서 일제 강점기의 중앙집권적 경찰제도를 지방분권적 경찰제도로 전환하려고 시도하였다. 미군정은 중앙집권적 경찰제도야말로 '대중적 지역통제를 받지 않아 억압의 도구로 쉽게 사용될 수 있다.'라는 역사적 경험에서 전국적 경찰조직이 만들어지는 것에 대해 강한 거부감을 나타냈다.[1]

이같이 경찰의 지방분권화를 원했던 미군정이었지만, 결국 일제 강점기에 조직된 중앙집권적 국가경찰제 존속을 선택하고야 말았다. 해방 직후 좌익계열의 사회교란에서 야기되는 극도로 혼란한 정치적 상황을 고려한다면 민주와 분권을 기반으로 하는 미국식 자치경찰제보다는 단기간에 효율과 능률을 가져다줄 중앙집권적 경찰, 즉 국가경찰체제가 우선시 된 것이다.

이와 같이 중앙집권적 가치가 우세했던 배경에는 ① 국토가 협소하다는 점 ② 좌·우 사상대립으로 공산주의자들의 직·간접적인 침략이 예상되었다는 점 ③ 지방재정이 빈약하여 지방자치단체에서 경찰의 운영을 감당할 수 없었다는 점 ④ 통일된 일원적 조직으로 신속·활발하고 유기적인 활동과 업무수행이 필요하다는 점 등의 이유가 있었다(박범래, 1988: 192). 당시로서는 광복 이후 당장에 극심한 사회 혼란을 막아야 했고, 공산주의 세력의 팽창을 저지해야 한다는 현실적 요구가 대한민국의 경찰제도가 중앙집권적 국가경찰로 결정됨에 있어서 중요한 요소로 작용했던 것이다.[2]

---

1 브루스 커밍스(1986), 한국전쟁의 기원(김자동 옮김), 218~219.

2 미군정 사령관 하지와 조병옥은 당시 북위 38도 이남의 조선지역에는 공식적인 국가가 성립

(2) 대한민국의 건국과 국가경찰제의 시작

1945년 9월 7일, 맥아더(D.MacARTHER) 사령관은 북위 38도 이남의 조선지역을 점령하면서, 「태평양미국육군총사령부포고 제1호」를 통해 조선주민(THE PEOPLE OF KOREA)에게 군정을 설립함을 포고하였다. 동 포고[3]는 구 정부 공무원 등 종사자들은 별도의 명령이 있을 때까지 종래의 직무(현직, their usual functions and duties)에 종사하도록 했다(포고 제2조). 대혼란 속에서 모든 기록과 재산의 보호가 급선무였기 때문이다. 같은 날, 「태평양미국육군총사령부포고 제2호」는 '공공안녕과 질서(public peace and order)를 교란한 자, 사법행정(the administration of justice)을 방해하는 자'에 대하여 형벌에 처할 것임을 밝혀 일제시대 경찰관들의 현직 유지를 기정사실로 하였다.[4] 1945년 9월 8일, 미군의 인천 월미도 상륙 당일에도 미군을 맞이한 것은 검은 제복을 입고 길 양편에 도열한 일본 경찰이었다. 일본 군경의 삼엄한 경계를 뚫고 환영 나온 한국인들은 일본 경찰의 총에 맞아 사망했고, 미군의 진주 후에도 조선총독은 나흘이나 더 현직을 유지했다.

하기 이전이었으므로 군대가 존재하지 않았고, 경찰이 유일한 힘의 수단인 상황에서 국립경찰만이 남한 전역에 걸친 질서유지를 가져올 수 있다고 믿었다. 기타 상게서, 218 참조.

3 포고문은 조선 점령의 목적이 "오랫동안 조선인의 노예화된 사실과 적당한 시기에 조선을 해방 독립시킬 결정을 고려한 결과 조선 점령의 목적이 ① 항복문서조항 이행과 ② 조선인의 인권(personal rights) 보호 및 ③ 종교적 권리(religious rights)를 보호함에 있음"을 밝히고 있다(포고문 前文).

4 제2차 세계대전 기간 미국과 소련은 동맹국이었고 일본은 미국의 적국이었다. 하지만 종전 후 소련은 미국이 구상하는 세계 질서에서 가장 큰 위협으로 부상했다. 결국 일본은 급속히 미국의 우방국 지위로 부상했다. 이에 따라 1945년 9월 7일, 맥아더(D.MacARTHER)는 기존 행정기구를 이용해 북위 38도 이남의 조선지역을 점령·통치하기로 결정했다. 연합군최고사령부는 주요 정책을 입안하고, 일본인 행정 관료를 감독하는 임무만 맡기로 한 것이다.

1945년 9월 19일, 미군정은 종래 조선총독부를 미군정청으로 개칭하였지만 종래의 통치 방식을 그대로 유지하였다. 이로써 조선총독부 내의 경무국이 군정청 소속 경무국으로 유지되었고 지방의 도지사 밑에 있던 경찰부도 그대로 존속하였다.[5] 이러한 미군의 정책에 따라 대한민국 경찰은 해방 이후에도 일제시대 경찰을 그대로 유지하게 됨으로써 새 나라 건국에 따른 새 시대 경찰의 창설이라고 말하기 어렵게 되었다.

물론, 식민지 시기의 경찰제도나 경찰관리들이 그대로 유지된 것과는 달리, 일제의 치안입법인 「치안유지법」과 「정치범처벌법」, 「예비검속법」 등은 1945년 10월 9일에 이르러 군정법령 제11호에 의하여 폐지되었다. 1948년 4월 8일의 군정법령 제183호는 1907년 군대 해산을 앞두고 한국인의 저항을 차단하기 위해 한국통감부가 압력으로 대한제국이 제정토록 하여 일제 강점기 내내 유지되었던 「보안법」을 마침내 폐지하기에 이르렀다.

대한민국 건국 당시의 국가경찰제는 해방 이후의 극한 갈등과 혼란의 대안으로서 출범하였다는 역사적 배경을 갖고 있다. 이후 오늘날 전국적으로 시행되고 있는 자치경찰제는 국가경찰제에 의한 안정적 치안확보를 기반으로 최근까지 이어져 온 중앙집권적 경찰시스템에 대한 시민들의 다양한 요구의 분출과 자유와 민주주의에 대한 국민의 자신감에서 비롯된 것이다.

---

5 미군정청은 이때 해임한 일본인 관리들을 군정청 행정 고문으로 잔류시켰다. 군정장관 아널드는 "현재의 경찰 조직은 한국인이 대체할 때까지 유지된다"고 발표했다. 군정청 고문으로 유임된 총독부 일본인 관리들은 2개월 이상 한국에 더 머물며 미군 장교들에게 업무를 인계하고 일본으로 떠났다.

(3) 이승만 정부와 장면 내각에서의 자치경찰 논의

이승만 정부(1948~1960)에서 자치경찰제가 처음으로 논의된 것은 1955년 9월 11일이다. 당시 국무회의에서 「경찰법안」을 의결하면서 자치경찰제 도입을 위한 방안이 제시된 것이다. 당시 법무부 장관의 제안으로 「경찰법안」이 의결되었는데, 이 법안에서는 시·도지사 소속하에 3인으로 구성된 지방경찰위원회를 두고 이를 통해 경찰을 관리하도록 하는 자치적 요소를 포함시킨 바 있다. 그러나 자치경찰제 도입을 위한 입법화에는 도달하지 못하였다(송영지, 2015: 127~128).

4·19혁명으로 이승만 정부가 붕괴하자 제4대 국회(1958~1960)는 경찰조직을 선거 주관부처인 내무부에서 분리함으로써 경찰의 정치적 중립성을 확보하고자 하였다. 이를 위해 장면 내각 당시였던 1960년 5월 국회 내 경찰중립화법안기초특별위원회는 경찰법 제정안을 발의하는 과정에서 국립경찰과 자치경찰로 이원화하는 문제를 논의하였다. 경찰의 자치화를 통해 민주경찰을 구현하고자 함이었다. 그리고 1960년 6월 내무부 경찰개혁심의회가 별개의 「경찰중립화법안」(1960)을 마련하면서 자치경찰제를 전면 실시하는 안을 검토하는 등 보다 구체적인 도입논의가 이어졌다.

3. 군사정부에서의 자치경찰제 논의

1) 박정희 정부와 지방자치의 중단

박정희 정부의 1970년대와 전두환 정부의 1980년대는 경찰조직의 효율성이 강조되면서 자치경찰제에 대한 논의 자체가 불가능하였다.

박정희 정부(1961~1979)는 집권과 동시에 지방자치에 관한 임시조치법을 선포하고 지방자치를 잠정 중단시키면서, 강력한 중앙집권 형식으로 국정을 운영해 나갔다. 군사정부의 입장에서 경찰은 군인과 더불어 중요한 정권 수호자이기 때문에 경찰권을 분산시키는 자치경찰제의 도입은 논의조차 이루어질 수 없었다(구길두, 2009: 15). 결국 유신헌법(1972년)에 '이 헌법에 의한 지방의회는 조국통일이 이루어질 때까지 구성하지 아니한다.'(부칙 제10조)라고 규정하여 자치경찰의 근간이자 출발점이 되는 지방자치의 시작을 헌법으로 중단시키고 말았다.

한편, 내무부 치안행정기획단은 「1970년대 한국경찰의 방향」(1972) 보고서에서 빈약한 재정 규모, 고속도로 및 통신수단의 발달로 경찰활동의 광역화, 준전시체제하에서 안보우선의 경찰수요로 민주성보다는 능률성을 우선으로 하였다. 아직까지 한국에서는 자치경찰제의 실시가 바람직하지 않다는 것이다(송영지, 2015: 128).

2) 전두환 정부와 21세기 경찰발전 방향

전두환 정부(1981~1988)는 치안본부가 작성한 「2000년대를 향한 경찰발전 방향 연구」(1985)에서 자치경찰의 필요성을 강조하였다. 이 연구의 본래 목적은 경찰의 오랜 숙원인 치안본부를 내무부 소속에서 독립하여 외청으로 가려는 방안을 마련하는 것이었다. 이 보고서에 의하면 분권화의 기반이 조성되고 지방자치가 정착되는 2000년대에는 치안본부를 합의제 위원회가 관리하는 치안처로 발전시켜 경찰의 민주적 관리와 운영을 확보하고 지역주민의 욕구에 부응하는 경찰행정을 위하여 경감 이하는 지방직으로 이원화하는 시·도 단위의 자치경찰제 도입을 제시하였다.

3) 노태우 정부에서의 경찰청 독립과 자치경찰 논의

노태우 정부(1988~1993)는 1987년 6월 민주항쟁의 결과로 탄생한 제6공화국의 첫 번째 정부이다. 노태우 정부는 다른 군사정부와의 차별성을 강조하며 1988년 6·29선언을 통하여 표방했던 민주화에 대한 약속으로 '경찰의 중립화' 방안을 실행에 옮기게 된다.

내무부는 「내무부의 새로운 위상과 기능」(1989) 기획안에서 「경찰에 대한 지휘·감독 추진방안」을 제시하고 있다. 여기에서는 경찰의 지방조직 개편 방안으로 '지방자치 경찰체제 도입'이라는 내용이 언급된다. 이 추진방안에 따르면, 제1안은 국가경찰과 자치경찰로 이원화하고, 시·도지사 소속하에 지방경찰을 설치하여 고유사무를 담당하게 하며, 국가사무는 권역별로 설치된 특별지방행정기관인 경찰지청을 설치하여 경찰청장이 직접 지휘하도록 하였다. 제2안은 국가직과 지방직을 혼합하여 배치하는 것으로 시·도지사의 소속으로 시·도단위 경찰을 두고 경찰관을 혼합배치하되 일체성과 중앙

통제권을 확보하고, 경감 이하는 지방직으로 하여 방범·교통 등 사무를 담당하고, 경정 이상은 국가직으로 하여 대공·정보·수사 등 사무와 관내 중요 치안행정 정책수립권을 부여하는 내용을 담고 있다.

4) 야 3당이 주도한 국회 차원의 자치경찰 논의

1988년 제13대 총선으로 여소야대 국회가 출범한 이후, 노태우 정부는 행정개혁위원회를 설치하여 국정 전반에 대한 제도개혁안을 마련하였다. 개혁안은 국가경찰 일원체제를 유지하고 자치경찰제 도입은 지방자치가 시행되어 정착되면 점진적으로 검토한다는 내용을 담고 있다.

이에 대해 통일민주당·평화민주당·신민주공화당은「야 3당 통합경찰법안」(1989)을 발의하였다. 동 법안에서는 경찰조직의 정치적 중립을 확고히 하면서 국가경찰제도를 기초로 하되 지방분권화를 추구하여 자치경찰제도를 가미하는 절충형 경찰제도를 도입하고자 하였다. 국가경찰조직으로는 국무총리 소속으로 국가경찰위원회를 두고 그 집행기관으로 경찰청을 두도록 하였다. 국가경찰위원회는 위원장을 포함한 7인의 위원으로 구성하며, 위원 중 4인은 국회에서 선출한 자를 대통령이 임명하고, 위원장을 포함한 3인의 위원은 국무총리의 제청으로 대통령이 임명하도록 하였다. 자치경찰조직으로는 경찰청 관할하에 특별시, 직할시, 도에 경찰본부를 두되, 수도경찰본부장은 국가경찰위원회가 수도경찰위원회의 동의를 얻어 국무총리에게 제청한 자를 대통령이 임명하도록 하였다. 또한 직할시, 도 경찰본부장은 경찰청장이 시·도경찰위원회의 동의를 얻어 제청한 자를 국가경찰위원회가 임명하도록 했다.

하지만 1990년 3당 합당으로 정부와 여당은 ① 경찰업무의 고도의 전문성과 기술성 ② 막대한 예산 소요 ③ 경찰지휘체계의 혼란 등을 이유로 자치경찰제 도입은 검토할 수 없다는 입장으로 회귀하고 말았다. 그럼에도 제13대 국회의 「야 3당 통합경찰법안」 제출은 국회 차원의 본격적인 자치경찰제 입법 논의를 열었다는 점에서 의미 있는 성과를 지닌다고 할 수 있다.

5) 경찰청 설치와 국가경찰제도 강화

그런데 노태우 정부는 「야 3당 통합경찰법안」에 대해 「정부조직법」 개정(1990. 12. 27.)을 통해 보조기관이던 치안본부를 내무부장관 소속 경찰청으로 개편하여 민생경찰·민주경찰로 거듭나려는 그 동안의 노력에 대한 외적 결실을 가져다주었다. 다음 해 「경찰법」 제정(1991. 5. 31.)으로 경찰청이 내무부 산하의 치안본부에서 내무부의 외청으로 독립하여 경찰청 시대를 개막하게 된 것이다.

이로써 경찰청은 중앙경찰행정기관으로서 행정자치부장관 소속의 독립관청이 되었다. 여기에 「경찰법」 제5조를 근거로 '경찰위원회'를 발족하여 오늘날 자치경찰제의 전면 도입에 따라 명칭을 바꾼 '국가경찰위원회'의 모태가 된다. 하지만 노태우 정부에서는 경찰청 독립이라는 외형적 성과 외에 당시 내무부의 개편방안 수립과정에서 거론된 자치경찰제 도입에 대해서는 보수적 견해가 압도하여 본격적인 논의가 진행되지 못하였다.

4. 김영삼 정부의 자치경찰

1) 문민정부의 개막과 경찰위원회 제도 보완

김영삼 정부(1993~1998)의 출범은 본격적인 문민정부 시대의 개막을 알렸다. 이 시기에는 자치경찰제 도입에 관한 논의를 더욱 확대하였다. 특히, 1991년부터 실시된 지방의회의 구성을 시작으로 지방자치의 서막을 알리면서 지방자치 및 교육자치와 더불어 자치경찰제 역시 '지방자치의 완성'이라는 차원에서 새로운 제도 도입을 위한 논의가 본격화되었다. 1991년 출범한 경찰위원회의 제도적 미비점을 보완하고 경찰의 정치적 중립을 더욱 공고히 위하여 경찰개혁을 추진하였는데, 그 핵심과제로 자치경찰제를 통한 경찰권 분산을 검토하였다.

2) 민주당의 자치경찰제 논의

1994년 6월, 민주당 정책위원회가 개최한 7인의 정책토론회에서 경찰의 정치적 중립을 위한 제도적 장치로 자치경찰제 도입방안이 논의되었다. 같은 해 12월에는 민주당 의원 10인이 제안한 「경찰법개정법률안」에서 자치경찰제 요소를 명시적으로 규정하였다. 이 안에 따르면 시·도경찰청장은 시·도지방경찰위원회의 관리하에 경찰청장의 지휘·감독을 받아 경찰사무를 통할하고, 시·도경찰청 소속의 경정 이상 경찰관은 국가공무원으로 한다. 또한, 경감 이하의 경찰관은 지방공무원으로 하며, 시·도지방경찰청 소속 경감 이하의 경찰관은 시·도지방경찰청장의 제청으로 시·도지방경찰위원회의 동의를 얻어 시·도지사가 임명하도록 하였다.

3) 양대 야당의 자치경찰제 논의

새정치국민회의와 자유민주연합(자민련) 등 두 야당의 공조는 경찰의 자치경찰화를 내용으로 하는 「자치경찰제 도입방안」(1998)의 탄생을 가져왔다. 이 방안에서는 국무총리 소속하에 국가경찰위원회를 설치하고 집행기관인 경찰청을 그 관리하에 두도록 하였다. 국가경찰위원회는 위원장과 17인의 위원으로 구성하고 위원 중 9인은 국회에서 추천한 자를, 9인은 국무총리가 제청하고 대통령이 임명하는 자로 하며 그 임기는 2년으로 하고 있다. 시·도경찰위원회에는 위원장을 포함한 10인의 위원으로 구성하되, 시·도경찰청장은 경찰청의 소속으로 둠으로써 자치단체장으로부터 독립성을 유지하도록 하였다. 시·도지방경찰청 소속 경정 이상의 경찰관은 국가공무원으로 하고, 경감 이하의 경찰관은 지방공무원으로 하면서도 경찰청장이 시·도경찰위원회의 동의를 얻어 제청하고, 시·도지사가 임명하도록 하는 새로운 방안을 담고 있다.

5. 김대중 정부의 자치경찰

1) 광역단위 자치경찰제 논의

김대중 정부(1998~2003)의 출범은 헌정사상 초유의 여야 간 정권교체를 의미했다. 자치경찰제 도입은 김대중 정부의 100대 개혁과제 가운데 하나였다. 정부·여당은 물론 경찰청도 적극적으로 도입안을 제시하였다. 이로써 자치경찰제 논의는 집권 여당이 된 새정치국민회의 '자치경찰제 정책기획단'의 「경찰법 개정 법률안」(1998), 경찰제도개혁위원회의 「자치경찰제안」(1998), 경찰청 '경찰제도개선기획단(후에 '경찰개혁위원회'로 확대·개편)'의 「경찰법개정법률안」(1999) 등을 통해 보다 구체화되었다. 김대중 정부의 자치경찰제 모형은 「일본형 자치경찰제 모형」과 유사한 국가경찰과 자치경찰의 이원화 자치경찰제이며 경찰위원회 중심의 광역단위 자치경찰제이다.

2) 자치경찰제 추진 6원칙

김대중 정부가 자치경찰제 도입을 국정과제로 선정한 이래로 윤석열 정부까지 역대 정부는 자치경찰제 도입 및 실질화를 국정과제에서 비중 있는 위치에 두었다. 김대중 정부가 추진하고자 했던 자치경찰제의 방향은 경찰청 경찰제도개혁위원회가 제시한 6가지 원칙으로 요약할 수 있다.

첫째, 국가치안과 지역치안의 조화를 위해 경찰사무를 국가경찰사무와 자치경찰사무로 구분하여, 국가경찰사무는 국가경찰이 직접 수행하거나 자치경찰에 위임하여 수행하고, 자치경찰사무는 자치경찰이 독립적으로 자기 책임하에 자율적으로 수행하도록 하는 절충형(이원화) 자치경찰제를 채택한다. 둘째, 좁은 국토, 사건·사고의 광역성, 남북 대치의 특수한 안보상황, 기초자치단체의 열악한 재정형편을 감안하여 시·도 중심의 광역단위 자치경찰제를 도입한다. 셋째, 민주성과 공정성 확보를 위해 경찰위원회 제도를 도입한다. 넷째, 국무총리 소속의 국가경찰위원회와 시·도지사 소속의 시·도경찰위원회를 합의제 행정기관으로 두고 국가경찰인 경찰청과 자치경찰인 시·도경찰청을 각각 관리하게 한다. 다섯째, 치안정책의 결정과 집행을 분리하여 국가 및 시·도경찰위원회는 경찰청의 일반적 방침과 처리기준을 정한다. 여섯째, 경찰청과 시·도경찰청은 집행 및 감독기능을 수행한다(경찰개혁위원회, 1999: 24~30).

3) 조직구조

국무총리 소속으로 국가경찰위원회를 두고 위원장을 장관급(상임위원은 차관급)으로 하며, 경찰청장 인사권도 국가경찰위원회의 제청으로 국무총리를 거쳐 대통령이 임명하도록 하였다. 여기에 시·도단위의 지방경찰청장 임명제청권 행사도 포함된다. 경찰청장은 경찰청 소관사무를 관장하고 국가경찰사무에 대하여 시·도경찰청장을 지휘·감독하고 조정·통제하도록 하였다.

자치경찰조직으로는 시·도에 시·도경찰위원회를 설치하고, 위원회는 시·도지사 및 의회, 국가경찰위원회가 추천하는 5명의 위원으로 구성하며, 이들은 정무직 지방공무원으로 지방경찰청장의 제청동의권을 행사하게 하였다. 시·도경찰청은 시·도경찰위원회 소속으로 설치하고 시·도경찰청장은 국가경찰위원회가 시·도경찰위원회의 동의를 얻어 제청한 자를 국무총리를 거쳐 대통령이 임명하도록 하였다. 이때 국가경찰위원회는 제청에 앞서 경찰청장의 의견을 듣도록 하였다.

4) 사무배분

원칙적으로 모든 경찰사무는 자치단체의 고유사무로 하였다. 동시에 국가의 치안책임에 관련되는 사무는 국가사무로 규정하였다. 입법기술적으로도 국가경찰사무를 먼저 경찰법에 열거하고, 예시되는 자치경찰사무 등 나머지 모든 경찰사무는 자치경찰사무로 쉽게 구분할 수 있도록 하였다.

국가경찰사무에는 다음 3가지가 있다. 첫째, 법제, 정책, 인권보호 연구, 예산, 기획, 경찰청소속기관의 운영 등 정책입안적·총괄적 사무. 둘째, 경호, 테러, 비상사태, 반국가·공안사범, 국제범죄, 광역사건·사고, 전국적 교통관리, 치안정보의 수집 등 국가의 안전 관련 사무. 셋째, 조직, 인사, 교육훈련, 장비, 전산, 통신, 범죄감식 등 과학치안, 통계 등의 전국적 통일을 요하는 사무이다.

5) 인사와 재정

시·도의 경정급 이상 경찰관과 경찰청 및 그 소속기관 직원은 국가직 경찰공무원으로 하였다. 시·도에 근무하는 경감 이하 경찰관은 지방직 경찰공무원으로 하고, 시·도경찰청장이 임용하도록 하였다. 이들은 당시 전체 경찰관의 97%에 달했다.

자치경찰의 소요경비는 원칙적으로 자치단체 부담으로 하였으나, 1999년 모델의 경우에는 「시·도경찰재정교부금법」을 제정하고자 하였다. 이것은 자치단체의 재정자립도가 미흡한 것을 감안하여 부족경비를 지원하기 위함이었다.

6) 광역지방자치단체와 시·도경찰의 관계

시·도지사 및 시·도의회는 시·도경찰위원회를 통하여 자치경찰을 관리하도록 하였다. 법률에서 정하지 아니하고는 인사·수사를 비롯하여 구체적인 법 집행에 관여하지 못하도록 선언적 규정을 두어 자치경찰의 정치적 중립을 보장하고자 하였다. 시·도의회에서의 출석 및 답변은 시·도경찰위원회에서 수행하도록 하였다.

6. 노무현 정부의 자치경찰

1) 주민생활 중심의 기초단위 자치경찰제

1991년 지방의회 선거와 1995년 지방자치단체장 선거로 지방자치의 서막이 올랐다. 이러한 시대 변화 속에 출범한 노무현 정부(2003~2008)는 지방분권과 국가균형발전을 국정과제 중 하나로 정하고 한국사회의 패러다임을 집권과 집중에서 분권과 분산으로 전환시키고자 하였다. 자치경찰제 도입은 실질적인 지방분권화 추진에 반드시 필요한 요소였다. 그리하여 「지방분권특별법」(2004. 1. 16. 시행)을 제정하고 "국가는 지방행정과 치안행정과의 연계성을 확보하고 지역특성에 적합한 치안서비스를 제공하기 위하여 자치경찰제도를 도입하여야 한다."라고 명시(동법 제10조제3항)하여 자치경찰제 도입의 법적 근거와 국가적 의무를 분명히 하였다.

노무현 정부의 자치경찰제 논의는 국가경찰제의 장점과 자치경찰제의 장점을 조화롭게 하려는 데 중점을 두었다. 국가경찰 조직 및 운영체계를 그대로 유지하면서, 시·군·구청장 소속으로 자치경찰대를 설치하여 주민생활 중심의 자치경찰제를 도입하는 모델을 만든 것이다. 자치경찰은 방범순찰, 사회적 약자보호, 교통안전 및 단속, 기초질서 유지, 지역의 시설 및 행사 경비 등을 담당하도록 하였다.

2) 조직 및 신분

시·군·구에 자치경찰대를 설치하여 해당 지역주민이 시·군·구 조례로 자치경찰의 신설 및 폐지를 가능하게 하면서, 지방총경 또는 지방경정을 대장으로 하는 자치경찰대를 운영한다는 내용이다. 자치경찰관은 자치단체장이 인사권을 행사할 수 있는 특정직 지방공무원 신분을 갖는다. 특히 시·군·구에서는 자치경찰제 시행 여부를 선택할 수 있으며, 이를 폐지하는 경우는 주민투표를 거치도록 하고 있다.

다만, 시·군·구 단위와 같은 자치경찰 인력이 20~100명 정도의 규모로 경찰직무를 수행하는 경우는 주민에게 획기적인 치안서비스를 제공하기에는 사실상 불가능하다는 지적이 많다. 자치경찰을 소규모로 운영하는 경우에는 독자적인 발전이 제한되고 국가경찰의 하급경찰이라는 위상을 가질 가능성이 클 수밖에 없기 때문이다.

3) 사무 및 권한

국가경찰사무는 수사, 정보, 외사, 보안 및 경호 등 고도의 전문적 기술 및 전국적 통일성을 요하는 사무로 정하고, 자치경찰사무는 방범순찰과 기초질서사범 단속 등의 생활안전분야와 교통소통 관리 그리고 교통법규 위반에 대한 지역교통 분야 및 경비, 집회시위 주변 교통정리 등 지역경비 등 주민생활과 밀접한 사무로 하였다. 자치경찰 사무에 대하여도 국가경찰은 보완적 역할을 수행하도록 하였다. 기타 기초자치단체에서 보유하고 있는 보건, 위생, 교통, 환경 및 경제 등 특별사법경찰 사무도 자치경찰에 포함하여 자치경찰의 특별사법 분야에 대한 법집행력을 확보하고자 하였다.

4) 인력 및 예산

자치경찰의 출범 초기 소요 인력의 50%는 국가경찰에서 이관하고, 나머지 50%는 신규채용으로 확보하기로 했다. 특히 청원경찰과 공익근무요원을 자치경찰부서로 배치하여 활용하는 계획을 갖고 있었다. 자치경찰의 교육훈련은 경찰업무의 특수성을 고려하여 국가경찰 교육훈련기관 등에 위탁하여 실시하게 된다. 그리고 국가경찰과 자치경찰의 인사교류 할당제와 상호파견제를 제도화하여 양대 조직의 적극적인 인사교류를 의무화하고자 하였다. 자치경찰 상호간에도 주기적인 인사교류를 의무화하는 등 다양해진 경찰조직 간 활발한 인사교류를 검토했다.

자치경찰 실시에 따른 소요 경비는 지방자치단체가 부담하는 것을 원칙으로 하면서, 제도가 정착할 때까지는 국가에서 지원하기로 하였다. 소요재원은 국고보조금, 지방교부세 및 범칙금의 형태로 확보하고자 하였다.

5) 국가경찰과 자치경찰의 관계

시·도에는 시·도치안행정위원회를 두고, 시·군·구에는 지역치안협의회를 설치하여 국가경찰과 지방자치단체 간의 협력방안을 마련하고자 하였다. 자치경찰 상호 간의 협력을 위해 상호 정보 및 자료의 교환과 공조와 협력을 의무화하였고, 시·도치안행정위원회에 기초단위 자치경찰 상호 간 갈등의 중재 및 조정역할을 부여하는 방안이 논의되었다.

하지만, 국가경찰사무는 후견적 입장에서 일반적·포괄적이고, 자치경찰 사무는 보조적 입장에서 제한적·구체적으로 한다는 사무 구분의 기준은, 국가경찰과 자치경찰 간의 사무에 관한 갈등과 분쟁은 물론 책임회피의 발생 가능성을 갖고 있었다. 특히 범죄예방과 범죄진압 및 수사는 복합적 성격을 지닌 경찰 활동의 속성상 현실적으로도 명확히 구분하여 나누기 어렵다. 그럼에도 자치경찰은 범죄예방을 담당하고 범죄수사는 국가경찰의 업무로 분장한 것은 문제로 지적되고 있다.

6) 분권화 자치경찰과 기초단위 자치경찰제의 한계

노무현 정부의 자치경찰 사무는 보건, 위생, 환경 등 각종 단속업무를 포괄한다. 이것은 일반적 경찰사무인 범죄예방, 수사, 법집행, 질서유지 등과는 구별되는 전형적인 질서행정 혹은 행정경찰 영역에 해당하는 사무라고 할 수 있다. 따라서 이미 시·군·구에서 질서행정 차원에서 담당해 오던 직무에 '경찰'이라는 단어를 장식한 것에 불과하다고 평가된다.

이는 연혁적으로 경찰의 분권화와 민주화를 추진하면서 탈경찰화(non-policing)의 이름으로 일반행정과 질서행정으로 분류되어 일반행정관청에 이양되었던 질서행정업무를 다시 '자치경찰'이라는 이름을 붙여 경찰로 환원하려는 신경찰화(新警察化, new-policing) 경향을 보여 주는 것이다. 이것은 이름하여 '무늬만 경찰'이라는 비판을 불러왔다. 실질적으로도 시·군·구 단위와 같은 규모로 보조기관처럼 운영되는 경찰은, 준군대적·계급적 성격을 가진 조직으로서 위험 제거, 실력행사, 및 무기 휴대 등을 포함한 위험성, 돌발성, 기동성, 시급성 등의 특수한 임무를 경찰 본연의 직무로 수행하는 진정한 의미의 경찰과는 엄연히 구분된다.

7) 경찰 조직시스템의 부조화와 경찰구역의 협소화

기초단위 자치경찰제는 시·도단위 자치경찰 조직이 없음으로 인하여 광역 차원의 자치경찰 사무를 수행하는 기능은 물론, 국가경찰과 기초단위 자치경찰의 조정기능이 미흡하게 되는 상황이 발생할 수가 있다(김칠성, 2008: 117). 또한 자치경찰 소속의 자치경찰대와 국가경찰 소속인 일선경찰서가 중첩적으로 운영되고, 경찰서 소속으로 지구대와 치안센터가 설치됨으로써, 이러한 이중적 조직체계와 운영은 대단히 비효율적일 뿐만 아니라 예산 낭비를 초래한다는 비판을 불러왔다. 하지만 2006년에는 그동안의 지속적 노력의 결실로 제주특별자치도 출범과 더불어 대한민국 역사상 처음으로 자치경찰제가 제주에 도입되었다(2006. 7. 1.).

8) 제주자치경찰의 시행

(1) 법적 근거와 조직체계

노무현 정부는 2006년 7월 1일 제주특별자치도에서 자치경찰제를 시작했다. 제주특별자치도의 출범과 함께 시작한 자치경찰제 시행은 「제주특별자치도 설치 및 국제자유도시 조성을 위한 특별법」에 법적 근거를 두었다. 이 법에서는 제11장(제106조 내지 제139조)에서 자치경찰의 설치 및 운영을 규정하고 있다. 동법에서는 제주특별자치도는 자치경찰단을 설치하고 행정시에는 자치경찰대(서귀포지역경찰대)를 두도록 하였다. 자치경찰단에 대한 지휘·감독은 제도의 시행 초기부터 도지사에게 맡김으로써 현재와 같이 시·도자치경찰위원회와 같은 위원회를 두는 모델은 아니었다.

(2) 사무와 인사 및 재정

제주특별자치도의 자치경찰은 당시 국가경찰에서 자치경찰로 이관한 38명의 자치경찰관으로 시작하였다. 자치경찰 사무는 생활안전업무, 지역교통업무, 지역행사 및 공공시설 경비업무, 교통신호기의 운영, 특별사법경찰 업무 등을 포함한다. 하지만 현행범을 체포하였을 때는 국가경찰에 인도하도록 규정하고 있는 등 실질적인 경찰업무는 제한적으로 인정하고 있다. 자치경찰 인사에 있어서 도지사가 자치경찰관의 임명권을 가지며 중립성을 담보하기 위하여 자치경찰공무원 인사위원회를 두었다. 자치경찰 재정은 국가가 지원할 수 있다고 법률에 규정하고 있으나, 실질적으로는 제주특별자치

도가 부담하는 자치경찰 예산 비중이 압도적으로 높다.[6]

그림 1 **제주자치경찰조직의 변천**

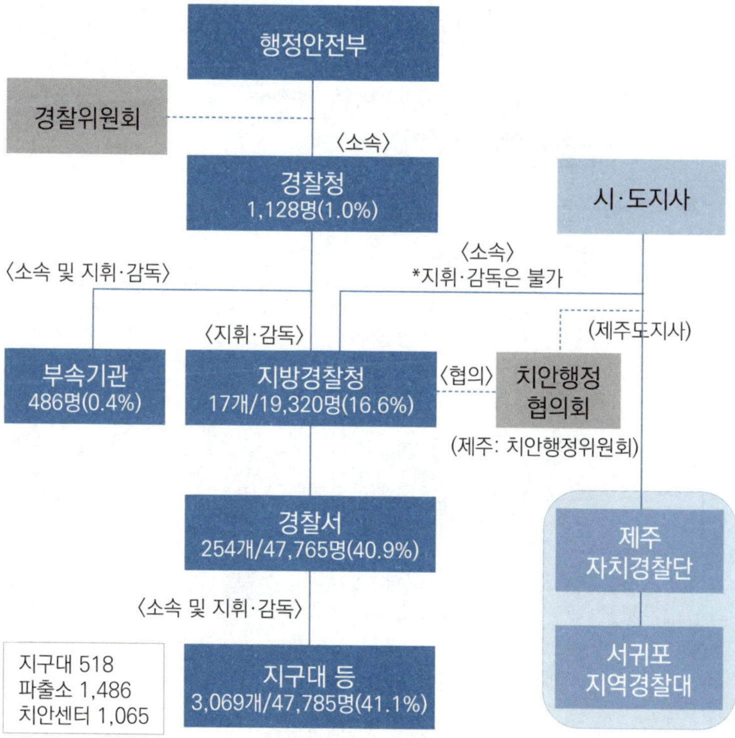

제주자치경찰조직(2006년)

6 제주특별자치도 자치경찰단(제주자치경찰단)이 설치·운영된 2006년 첫해에는 예산총액 대비 지자체 부담 비율은 약 17%에 불과하였다. 18년이 지난 2024년에는 예산총액이 첫해 대비 약 11배 정도(10.98배)로 늘어난 상황에서도 전체 자치경찰 예산 중 지자체의 자체 예산 부담비중은 약 84%로 대폭 확대되었다. 같은 기간 동안 국비는 2.16배 늘어나는 동안 지방비는 무려 54.08배 증가했다.

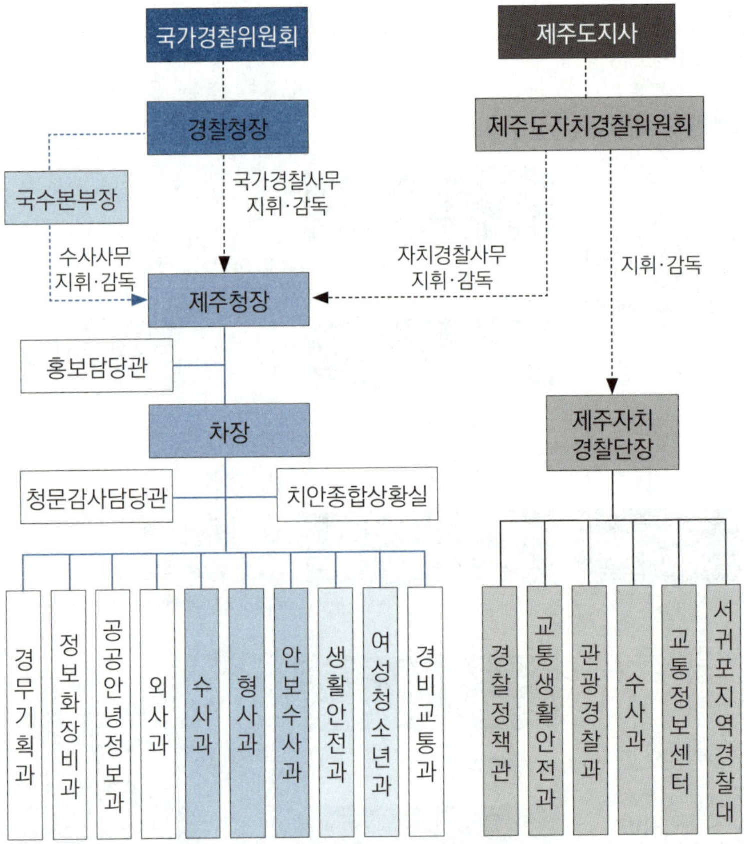

제주자치경찰조직(2021년)

제주자치경찰 예산 변천

(단위: 백만원)

연 도	국비	지방비	지자체 부담 비율
2006년도	2,252	461	16.99%
2024년도	4,860	24,929	83.69%

출처: 제주특별자치도 자치경찰단 자료, 2024. 11.

(3) 제주자치경찰의 역할과 기대

제주자치경찰제는 2021년 전국적인 자치경찰제를 도입하기 전까지 우리 실정에 맞는 자치경찰제 모형을 도출하기 위한 실험적 성격이라는 측면이 강조되어 왔다. 제주자치경찰제는 유일한 이원적 자치경찰제 형식을 갖추고 있음에도 불구하고 본격적인 자치경찰제 도입 이후에도 실질적·이원적 자치경찰제의 선도적 모델로서의 자치경찰제의 미래비전을 제시하는 데는 부족한 실정이다. 그것은 탄생에서부터 제주자치경찰은 국가경찰사무의 일부분을 지방행정기관에 배분한 형태였기 때문이기도 하다. 이러한 형태의 자치경찰제 추진은 20년 가까운 운영에도 불구하고 시민들로부터 '무늬만 자치경찰'이라는 비난을 받고 있다는 점에서 자치경찰의 실질적 운영에 대한 강한 요구가 상당 부분 존재하고 있음을 알 수 있다.

7. 이명박 정부의 자치경찰

1) 기본 방향

이명박 정부(2008~2013)는 2008년 2월 29일 「지방분권촉진에 관한 특별법」 제11조제3항에서 자치경찰제의 도입 의무를 명시한 바 있다. 대통령직 인수위원회가 발표한 '5대 국정지표 192개 과제'에서는 자치경찰제도 도입을 핵심과제인 '법질서 확립방안'을 구현하는 차원에서 일반과제의 하나로 명시하였다. 이명박 정부는 국가경찰의 골격을 그대로 유지하면서 지방분권의 취지를 조화롭게 구현하는 자치경찰제를 도입하고자 하였다. 즉, 국가경찰과 자치경찰을 이원화하는 구조였다. 자치경찰제를 도입함에 있어서도 국가경찰의 안정된 치안역량과 남북분단 및 대규모 집회시위 등 현실적 여건을 고려하면 국가경찰제의 근간을 유지할 필요가 충분하다는 것이다.

2) 조직 및 사무

시·군·구에 자치경찰과를 신설하고 자치경찰대를 설치하며 대장은 자치총경이나 자치경정으로 하였다. 자치경찰제 실시 여부에 대해서는 선택권을 부여하였다. 주민이 참여하는 심의·의결기구로 시·도에는 치안행정위원회를 두고 시·군·구에는 자치경찰위원회를 두도록 하였다. 시·도치안행정위원회는 국가경찰과 자치경찰 간 협약, 자치경찰 간 분쟁 조정, 자치경찰 지원·평가 및 통합운용 등에 관한 심의·의결권을 갖는다. 국가경찰과 자치경찰의 업무협조 등 조정기능을 보좌하기 위해서 국가경찰공무원으로 치안협력관을 배치한다.

자치경찰 사무로는 방범·순찰, 사회적 약자보호, 주민참여 방범활동 지원, 교통 소통 및 관리, 교통법규 위반 교통단속, 시·군·구 공공시설 및 지역행사장 경비 등 주민생활과 밀접한 분야를 분류하였고, 보건·환경 등 20개 항목의 특별사법경찰사무도 여기에 포함하도록 하였다. 자치경찰에게는 일반범죄 수사권을 부여하지 아니하였고, 범죄 발견 시 국가경찰에 인계하도록 하였다.

3) 인사 및 교육

자치경찰은 시·군·구 소속의 특정직 지방공무원이며, 자치경찰대장은 자치경찰위원회의 동의를 얻어 시·군·구청장이 임명한다. 다만, 시·도경찰청장과 경찰서장은 그대로 국가에서 임명하도록 하였다. 채용에 있어서는 원활한 자치경찰제 출범을 위해 국가경찰을 승진시켜 임명할 수 있도록 국가경찰 특별채용을 설계하였다. 자치경찰의 채용시험이나 교육훈련 등은 국가경찰에 위탁이 가능하도록 하였다. 자치경찰의 목표와 성과를 '자치경찰위원회'를 통하여 공표하게 하며, 승진·보직·전보·징계 등에 관한 사항을 심의·의결하는 별도의 인사위원회를 설치하도록 하였다.

4) 자치경찰 예산 수립과 재원

자치경찰 재원에 있어서는 예산 수립을 이원화하였는데, 자치경찰의 설치·운영에 필요한 예산은 시·도지사가 수립하도록 하고, 자치경찰 예산 수립에 있어서 그 기초는 시·군·구청장이 수립하도록 하였다. 다만, 법령으로 정하는 바에 의하여 필요경비는 국가에서 지원할 수 있도록 하였다. 이에 따라 급여, 경찰통신시설 유지·관리비, 범죄감식시설 유지·관리비, 경찰용 차량·선박 및 경비장비 정비 필요경비, 범죄피해자 등에 대한 급부금에 관한 사무처리 필요경비 등은 국비로 충당할 수 있었다.

5) 기초자치단체의 재정 격차와 치안불균형 우려

자치경찰제 운영 주체인 기초자치단체의 재정력 차이는 기초단위 자치경찰제에 심각한 양적·질적 불균형을 초래하게 할 위험이 있었다. 당시 참고된 시·군·구 단위에서의 재정자립도를 최고치와 최저치로 비교해 보면, 서울 중구가 92.7%인 반면 전남 신안군은 7.1%에 머물고 있다. 이에 비해 시·도 단위의 재정자립도는 서울특별시가 94.5%이고 전남은 14.2%로 나타났다. 재정력 격차에 따른 치안서비스 불균형을 피하기 어려운 상황이었다. 여기에 재정지원을 통한 중앙정부의 광범위한 개입 여지도 배제하기가 쉽지 않았을 것으로 예상되었다.

8. 박근혜 정부의 자치경찰

1) 추진과정

박근혜 정부(2013~2017)는 2013년 5월, 「지방분권 및 지방행정 체제 개편에 관한 특별법」을 제정하고 2013년 9월에는 대통령소속 지방자치발전위원회를 신설하여 자치경찰제 도입을 추진하였다. 동 위원회는 4가지의 정책과제를 제시하고 있다. 그 내용으로는 첫째, 강력한 지방분권의 기조 확립과 실천. 둘째, 자치기반의 확충 및 자율과 책임성 강화. 셋째, 주민중심의 생활자치와 근린자치의 실현. 넷째, 미래지향적 지방행정 체제의 구축이다. 자치경찰제 논의는 이 가운데 세 번째 정책과제인 '주민중심의 생활자치와 근린자치 실현'의 하부과제로 지정되었다.

2014년 12월, 지방자치발전위원회는 시·군·구 기초단위 중심 자치경찰제 도입을 골자로 지방자치 발전 종합계획을 발표하였으며, 자치경찰제가 추구하는 지방분권의 이념과 지역 특성과 여건을 고려한 치안서비스 제공을 목표로 제도 도입을 추진하였다(이상훈·박병욱·남재성, 2021). 박근혜 정부의 자치경찰제 도입방안은 기초단위에서 자치경찰제를 제한된 사무범위에서 시행하는 것을 내용으로 한다는 점에서 이전 정부의 논의와 유사하다고 할 수 있다.

2) 도입 단위

대개 자치경찰제 도입 단위는 경찰활동의 지역적 경계와 관련된다. 통상 행정구역에 따라 정하게 되는데, 도입단위에 관한 논의는 ① 특별시·도 중심의 광역단위 자치경찰제 도입안 ② 시·군·구 중심의 기초단체 자치경찰제 도입안 ③ 광역자치단체와 기초자치단체 모두에 도입하는 절충안 등으로 나뉜다. 시·군·구 등 기초단위 자치단체에 자치경찰을 도입하는 경우에는 자치경찰은 방범순찰 등 주민생활과 직결되는 업무로 사무가 제한되는 경우가 많고, 특별시·도 등 광역단위에 자치경찰을 설치하는 경우에는 자치경찰도 국가경찰과 같이 광역적 경찰 사무와 권한을 갖고 탈지역적인 범죄 수사나 정보·경비·보안 업무를 담당할 여지가 커진다(송병일, 2015: 46).

박근혜 정부가 추진한 자치경찰제 도입·실시 단위는 시·군·구를 중심으로 하는 기초단위 자치경찰제이며, 광역단위에는 통합 및 조정기구를 설치하여 미비점을 보완하는 방식이다. 시범실시 후 지역 여건 등을 고려하여 운영이 어려운 시·군·구는 필요시 인근 기초자치단체와의 통합을 통한 운영도 가능하도록 하였다.

3) 사무와 권한

자치경찰 사무는 주민생활 밀착형 사무와 특별사법경찰 사무로 제한하였다. 주민생활 밀착형 사무에는 방범·질서유지·교통 소통 및 관리·학교폭력·성폭력·가정폭력 등 사회적 약자 보호 활동 등이 있으며, 특별사법경찰 사무에는 식품·환경·공중위생·농축산물 분야 및 지적재산권 침해·무면허 운수사업 단속 등이 있다.

이러한 자치경찰 사무의 구상에 대해서는 기존의 시·군·구청의 단속 업무를 확대해 놓은 것에 불과하며, 순찰 및 경비는 범법자 발견시 바로 수사단계로 넘어가야 하는데, 자치경찰에게는 일반 형사범에 대한 긴급체포권도 인정하지 않고 교통단속 과정에서 음주 또는 무면허 운전자를 적발하였을 때도 일반 사법경찰권이 없어서 적발된 운전자를 국가경찰에 인계하는 등 업무의 중복과 비효율을 초래한다(송병일, 2015: 48)는 우려가 있었다.

4) 조직과 인사

자치경찰의 기본 조직으로는 기초단위 자치단체인 시·군·구에 설치하는 자치경찰단을 두도록 하였다. 단장은 개방형 직위로 인구규모와 업무량을 고려하여 적정한 계급으로 대우하고, 시·군·구에 자치경찰위원회를 설치하여 주요 현안을 심의·의결하도록 하였다. 시·도에는 광역기구로 시·도자치경찰위원회를 두어 인사교류와 분쟁조정을 담당하도록 하였는데, 단장은 광역기구인 '단장 후보 추천위원회'에서 후보 3명을 추천한 후 기초자치단체장이 임명하도록 하였다.

5) 재원과 재정

자치경찰의 재원으로는 지방소비세 규모를 확대하고 과태료의 징수 이관과 자치경찰교부금제도를 도입하고, 자치경찰의 단속 범칙금은 지방자치단체에 귀속하는 등의 기존 재원 충당의 수단을 동원함으로써 국민에게는 제도 시행에 따른 부담이 전가되지 않도록 하였다. 원칙적으로 자치경찰 재정은 지방자치단체의 자체 수입으로 충당하는 것이 이상적이기는 하나 자치경찰 운영예산을 시행 초기부터 지방자치단체의 소관으로 일임하는 것은 무책임하다는 비판이 있었다.

9. 문재인 정부의 자치경찰

1) 개관

역대 정부와는 달리 문재인 정부(2017~2022)의 자치경찰제 도입을 위한 추동력은 검찰개혁에서부터 시작되었다. 검찰개혁이 경찰개혁을 요구하고, 경찰개혁은 자치경찰제 도입을 요구하는 식의 조직이론에서 목표와 수단의 연계(goal-meas chain) 현상이 발생한 것이다(양영철, 2018: 145). 검찰개혁으로 수사권의 경찰 이양과 고위공직자범죄수사처 출범(2021)이 이루어져서 검찰 조직과 사무는 축소되었다. 수사권을 이양받은 경찰의 비대화는 경찰권 분권을 통한 자치경찰제의 도입으로 이어지게 된다. 바야흐로 광역단위 자치경찰제가 전국적으로 확대·실시된 것이다.

기초단위 자치경찰제는 태생적으로 조직과 인력이 적고 사무 역시 제한되어서 자치경찰의 역량 강화가 제한되고, 인구절벽에 따른 지방소멸 위기를 맞아 초광역단위 행정제도 개편을 통해 지방자치단체의 통합으로 효율성을 추구하려는 국가 전반의 정책 기조와도 다분히 배치되어 있었다. 특히 교육자치가 이미 광역자치단체를 기준으로 시행되고 있다거나, 기초자치단체 간 재정 편차가 여전히 심한 상태여서 자치경찰제를 기초단위 중심으로 실시하게 되면 지역별 치안 불균형이 더욱 극명하게 나타날 우려가 있다는 현실적인 고려도 있었다.

2) 경찰법 전부 개정을 통한 전국적 확대·실시

문재인 정부에서는 정권 출범 직후인 2017년 7월 19일 '문재인 정부 100대 국정과제'에 자치경찰제 도입을 포함했으며, 2017년 11월 경찰개혁위원회는 광역단위 자치경찰제 도입안을 제시했다. 2018년 3월 20일 「지방자치분권 및 지방행정체제에 관한 특별법」 제정을 통해 대통령 직속으로 '자치분권위원회'를 설치한 후, 2018년 11월 13일 문재인 정부는 자치경찰제 도입 초안을 발표하였다(권오성 외 23인, 2022: 549). 2019년 2월 14일 고위 당·정·청 협의를 통해 정부안을 확정한 후 3월 11일에 홍익표 의원이 문재인 정부 제1호 자치경찰제 도입 법안인 「국가경찰과 자치경찰의 조직 및 운영에 관한 법률」을 발의하였다.[7]

---

7 소위 '홍익표 의원안'은 문재인 정부 초기의 자치경찰제 도입안으로, 조직구조에 있어서 시·도자치경찰위원회 및 (시·도)자치경찰본부와 (시·군·구)자치경찰대를 신설하고, 일부 지구대·

하지만 홍익표 의원의 자치경찰제 도입법안은 20대 국회 종료로 인해 자동 폐기되었고, 제21대 국회가 구성되자 2020년 7월 30일 당시 여당과 정부, 청와대는 다시 당·정·청 협의를 통해 소위 '광역단위 일원적 자치경찰제' 도입모델을 발표하여 급진전한 논의 결과를 제시하였다. 동 법안은 12월 9일 국회 본회의에서 의결되었으며, 2021년 6월까지의 시범 기간을 거친 뒤 7월 1일부터 본격 시행되었다(이상훈 외 2, 2021). 전국 17개 광역시·도에서 18개 시·도자치경찰위원회(경기도는 남부 및 북부로 2개)가 시·도별 준비를 마치는 대로 2021년 7월까지 설치되어 본격적으로 운영에 들어간 것이다.

3) 서울시의 자치경찰 모델: 연방제 수준의 자치경찰제

2018년 2월, 서울특별시는 한국정책학회의 연구용역을 거쳐 서울시가 구상하는 자치경찰제 추진 방안을 제시한 바 있다. 시·도경찰청 이하 모든 경찰조직을 광역자치단체로 이관하는 모델이다. 이 모델은 대공, 외사, 광역수사 등 일부 예외만 두고 주민과 가까운 자치경찰이 모든 수사권을 갖고 치안업무를 담당하도록 하자는 방안으로 당시에는 이른바 '연방제 수준의 자치경찰제' 모델로 평가를 받는 등 실질적 자치분권의 실현에 가장 부합하는 모델로 평가된다.

파출소를 자치경찰 소속으로 편제하며, 경찰인력은 지방공무원 신분을 가지는 자치경찰공무원으로 구성·운영하는 것이 골자다. 당시 국가경찰 11만 7,617명 중 약 4만 3,000명(36%)을 자치경찰로 전환하는 내용도 담고 있다. 동 법안에서의 자치경찰 사무에는 보안·외사 등의 국가사무를 제외한 전체 경찰사무 중 생활안전·교통·경비 등 생활치안 영역 사무 및 특별사법경찰 사무(자치경찰에 대한 공무집행방해사건·직무과정에서 단속한 음주운전사건 및 주민의 기초적인 사회관계 형성과정과 밀접하게 관련된 범죄인 학교폭력·가정폭력·성폭력 사건에 대한 수사권 등) 등이 있다.

자치경찰 조직으로는 시·도지사 소속으로 시·도경찰청을 두고, 그 산하에 경찰서를 두는 형태로 기존 지방경찰청 이하 경찰서, 지구대·파출소를 자치경찰 조직으로 전환하도록 하였다. 합의제 의결기관으로 시·도 경찰위원회를 설치하고 집행기관으로 국가경찰에서 이관 받은 지방경찰청과 경찰서, 지구대·파출소를 두도록 하였다.

신분 및 인사에 있어서는 시·도경찰청장과 경찰서장은 시·도경찰위원회 추천(3배수)으로 시·도지사가 임명하도록 하였다. 자치경찰 사무는 원칙적으로 생활안전, 여성·청소년, 교통, 경비, (모든) 수사 등 포함하여 대부분의 경찰사무를 자치경찰 사무(보충성 원칙 적용: 현행 국가경찰 조직에서 국가에 꼭 필요한 사무만 제한적으로 남기는 방안)로 전환하도록 하였다. 국가경찰은 '정보·대공·외사·광역수사 사무'를 담당하도록 하고, 이러한 국가경찰 사무 외 모든 사무는 자치경찰 사무로 정하도록 하였다.

자치경찰 재정에 관해서는 일단 당시의 지방경찰청 예산을 자치경찰에 재배정하는 방안을 제시하였고 사무(조직) 이관 시 그동안 국가경찰이 사용해 왔던 건물·장비 등도 시·도가 이관받는 것을 원칙으로 하였다.

4) 조직과 인사

경찰법의 전부개정으로 탄생한 「국가경찰과 자치경찰의 조직과 운영에 관한 법률」에 따라 기존의 국가경찰 조직은 경찰청장, 국가수사본부장, 그리고 시·도자치경찰위원회가 저마다의 기능에 따라 지휘·감독하는 3원적(三元的) 조직으로 재탄생하였다(이른바 "한 지붕

세 가족"). 경찰청장과는 별도로 국가수사본부장이 수사와 형사 사무를 담당하고, 시·도자치경찰위원회는 생활안전, 여성·청소년(사회적 약자), 교통 사무 등을 나누어 맡게 되었다. 하지만 지방자치단체 소속의 시·도자치경찰위원회를 통해 시·도경찰청장을 지휘·감독하는 방식으로 자치경찰 사무를 수행하는 조직 체계여서 지구대·파출소에 대한 직접적 운영 수단이 없었다. 특히, 자치경찰 사무를 수행할 자치경찰 인력의 분리가 이루어지지 않아서 국가경찰공무원이 자치경찰 사무를 자신의 담당 업무로 수행하는 형태(소위 '일원화 자치경찰제')로 운영된다. 인사에 있어서는 시·도지사에게 경위와 경감으로의 승진임용권을 부여하고 있고 시·도자치경찰위원회에는 경장과 경사로의 승진임용권이 주어져 있다.

5) 국가의 재정지원과 예산

자치경찰 사무를 수행하기 위한 예산과 관련하여 국가는 지방자치단체가 이관받은 사무를 원활히 수행할 수 있도록 인력·장비 등 소요 비용에 대하여 재정적 지원을 하여야 하고(「경찰법」 제34조), 자치경찰 사무의 수행에 필요한 예산은 경찰청장의 의견을 들어 시·도자치경찰위원회의 심의·의결을 거쳐 시·도지사가 수립한다. 시·도지사는 자치경찰사무 담당 공무원에게 조례에서 정하는 예산의 범위에서 재정적 지원 등을 할 수 있다. 시·도의회는 관련 예산의 효율적인 관리를 위하여 의결로써 자치경찰사무에 대해 시·도자치경찰위원장의 출석 및 자료 제출을 요구할 수 있다(「경찰법」 제35조).

10. 윤석열 정부의 자치경찰

1) 정권 초기의 실질화 의지

윤석열 정부(2022~현재)는 자유와 공정의 가치를 표방하였고, 이에 대통령직인수위원회는 2022년 4월 현재 시행되고 있는 일원화 자치경찰제를 보완하여 보다 실질화된 자치경찰제를 적극적으로 추진할 예정이라고 밝혔다. 대통령직인수위원회 지역균형발전특별위원회도 '지역균형발전 비전 대국민 발표'를 통해 윤석열 정부의 국정과제로 지방분권 강화를 선언하고, 그에 대한 실천 과제 중 하나로 '자치경찰권 강화'를 밝힘으로써 현행 일원화 자치경찰제의 제도적 변화를 시사하였다. 이것은 일원화 자치경찰제하에서 이루어지고 있는 운영방식, 즉 국가경찰이 자치경찰 사무를 담당하도록 하는 것이 결국 '이름만 자치경찰인 국가경찰' 시스템이라는 비판을 염두에 둔 것이다.

대통령직인수위원회 역시 지방정부의 자치사무를 국가가 담당하는 경우를 전 세계적으로 찾아보기 어렵기 때문에 현행 일원화 자치경찰제는 결코 바람직하지 못하며, 이 때문에 윤석열 정부에서는 자치경찰에 대한 지도·감독권은 물론 인사권까지 지방자치단체로 넘기는 이원화 자치경찰제가 시행될 것이라는 의지를 피력하기도 하였다. 대통령직인수위원회는 이를 보다 구체화하여 자치경찰제 개편을 위한 세부 실행 방안을 제시하면서 이원화된 자치경찰제를 도입해 시·도 소속의 자치경찰이 자치경찰 사무를 집행하고, 시·도지사가 지휘권과 인사권을 행사하는 방식을 강조한 것이다. 나아가 현재 시·도 중심의 광역단위 자치경찰제 모델이 운영되고 있으나 궁극적으로는 시·군·구 기초자치단체로도 자치경찰제를 확대하기 위해 기초자치단체 단위 자치경찰제 시범사업 실시를 적극 검토하겠다는 의지도 밝혔다.

2) 시·도자치경찰위원장협의회의 정책 건의

2022년 5월 10일 윤석열 정부 출범 이후, 자치경찰 논의는 정부 출범 초기의 정치적 상황 등 국내·외의 여건으로 인해 제도개선을 위한 논의가 소강상태로 빠져들었다. 2022년 6월 22일 전국자치경찰위원장협의회에서는 자치경찰제 추진을 위한 정부 정책 발표에 앞서 선제적으로 자치경찰제 개편방안을 공개 건의하여 본격적인 논의를 재활성화하고자 하였다.

먼저 「경찰법」 개정 없이도 이루어질 수 있는 제도 개선방안으로 자치경찰위원회의 실질적 인사권 확보를 위해 '지구대·파출소' 소속 경찰관 직제를 112치안종합상황실에서 생활안전과로 옮겨 자치경찰제 시행 이전으로 환원하고, 자치경찰위원회 내에 '보통승진심사위원회' 및 '보통징계위원회'를 설치하는 방안 등을 제안하였다.

법률개정이 필요한 사항에 대해서는 이원화된 자치경찰제 도입을 위한 독립된 「자치경찰법」 제정, 「지방자치법」 개정을 통한 자치경찰 사무 개념의 명확화, '자치경찰특별회계 및 자치경찰 교부세 조항 신설' 등으로 안정적 재원 조달 방안 등을 제시하였다. 또한 자치경찰위원회 파견 경찰공무원의 정원의 실제 수요 반영, '자치경찰권 강화'라는 대통령직인수위원회가 제시한 국정과제 이행을 위한 행정안전부와 경찰청의 조속한 협력 체계 구축을 촉구하였다.

3) 윤석열 정부의 자치경찰제 실질화 로드맵

윤석열 정부가 제시한 이원화 자치경찰제로의 개편을 위한 단계별 세부 로드맵은 다음과 같다. 2023년에는 이원화 자치경찰제 시범실시를 위한 모델을 마련하고 시범실시의 법적 근거를 마련하기 위한 입법 정비를 마무리하여, 2024년에는 제주, 세종, 강원, 그리고 전북 등 특별자치시·도를 중심으로 이원화 자치경찰제를 시범실시한다. 2025년에는 이원화 자치경찰제 시범실시 결과를 분석하고 이를 토대로 시범실시 결과에 따른 법령 및 제도를 정비한다. 2026년에는 정비된 법령과 제도에 기반하여 「지방자치법」, 「경찰법」 등의 개정은 물론, 독립적인 「자치경찰법」 제정 등 이원화 자치경찰제의 전면 도입을 위한 구체적인 입법적 개선작업을 완료한다. 2027년에는 기초단위 자치경찰제 도입방안까지 검토하여 이원화 자치경찰제가 광역단위는 물론 기초단위 행정구역까지 전면 시행될 수 있도록 적극 추진한다.

4) 경찰제도발전위원회의 활동과 이원화 자치경찰제 시범실시 논의

윤석열 정부는 자치경찰제도를 포함한 경찰제도 개선방안을 논의하기 위해 2022년 9월 국무총리소속 '경찰제도발전위원회'를 출범하였다. 자치경찰제 실질화, 경찰대 개혁, 국가경찰위원회 실질화, 현장경찰 역량 강화 등 4개 분야를 중점적인 논의 주제로 선정하였다. 하지만 윤석열 정부 초기의 의욕과는 달리 자치경찰제 실질화와 이를 위한 로드맵 중의 하나인 제주, 세종, 강원, 전북 등 특별자치시·도 중심의 이원화 자치경찰 시범실시가 2024년으로 예정되어 있었으나, 다른 정책 우선순위에 밀려나는 양상을 보이고 있다.

제 2 장

자치경찰 탄생의 의의

김순은

1. 자치경찰 탄생의 경과

1) 자치경찰에 관한 논의의 경과

1991년 지방자치의 부활에도 불구하고 치안기능은 국가사무로서 존치되었다. (고)김대중 대통령은 지방자치의 부활은 물론 지방분권의 필요성에 초점을 두고 민주주의를 발전시킨 지도자이다. 지방자치제의 도입이 없이는 공정선거를 기대할 수 없고 공정선거가 없이는 민주주의의 발전을 이룰 수 없다는 확고한 신념으로 우리나라의 민주주의 발전에 기여하였다. 대통령으로 당선된 이후에는 형식적인 지방자치의 도입만으로는 부족하고 지방정부의 기능이 강화되어야 실질적인 지방자치가 가능하다는 인식하에 중앙행정권한의 지방이양을 개시하였다.

김대중 정부는 이와 더불어 지방기능의 강화라는 차원에서 자치경찰의 중요성을 강조하였다. 지방자치의 오랜 경험을 가진 국가의 경우 교육과 치안은 지방정부의 중요한 양대 기능으로 작용하고 있다. 그럼에도 우리나라는 교육과 치안이 국가사무로 분류되거나 지방교육사무가 일반자치사무와 분리되어 지방자치의 부활에도 불구하고 지방자치의 체감도를 낮추는 요인으로 작용하였다. 제1장에서 논의한 바와 같이 김대중 정부 이후 문재인 정부에 이르기까지 자치경찰의 필요성을 공감하고 우리나라에 적합한 자치경찰의 모형 등이 논의되어 왔다. 비록 정부별로 내용상의 차이점은 컸으나 자치경찰이라는 사무에 관한 국민 간의 공감대를 형성하는 데에는 나름 기여하였다. 이러한 논의를 거쳐 문재인 정부에 들어 자치경찰이 도입되는 상황에 이르렀다. 문재인 정부가 도입한 자치경찰의 시대적 당위성과 추진배경은 아래와 같다.

2) 문재인 정부의 자치경찰

(1) 자치경찰에 대한 사회적 분위기

① 지방행정서비스론적 관점

우리나라 지방자치의 부활은 행정서비스의 개선보다는 공정한 선거를 위한 정치적인 성격이 매우 강했다. 임명직 단체장들이 관권선거에 앞장서 여·야 간의 평화로운 정권교체가 현실적으로 어려웠었다. 이를 개선하고자 (고)김대중 대통령은 13일간의 단식을 마다하지 않았다. 그 결과 도입된 1991년 이후의 지방자치는 여·야 간의 정권교체가 가능하도록 하게 한 정치 체제로 자리 잡았다.

지방자치의 부활이 낳은 긍정적 성과에도 불구하고 행정서비스의 질적인 개선과 주민참여라는 측면에서는 많은 과제를 안고 있다.

행정서비스에 대한 주민체감도가 낮고 지방자치에 대한 주민들의 관심과 참여의 수준이 낮은 것은 지방자치의 핵심적 사무가 일반자치의 대상으로부터 제외된 데에 있다(김순은, 2020). 자치교육과 자치경찰이 여기에 속한다.

교육자치는 노무현 정부 때 선출직 교육감과 교육위원의 도입으로 실현되었다. 그러나 교육자치와 일반자치의 분리로 인하여 일반자치와의 연계와 협력이 낮은 수준이었으며, 통합의 필요성이 꾸준히 제기되었으나 이루어지지 않았다.

지방자치의 주민 체감도를 높일 수 있는 또 하나의 사무가 자치경찰이다. 주지하다시피 우리나라의 치안상태는 선진국 중에서도 매우 양호한 편이다. 완전하다고는 할 수 없으나 아직은 그래도 야간외출에 커다란 두려움을 갖지 않아도 되는 편이다. 역설적으로 양호한 치안상태가 자치경찰의 도입을 가로막는 요인 중의 하나일 수도 있었다.

75년간 우리나라의 치안은 국가경찰이 담당하였다. 법집행은 물론 치안서비스의 영역까지 중앙정부가 담당함으로써 치안행정의 비효율과 지방자치의 체감도를 낮추었다. 치안의 영역에 자치의 관점이 접목되는 자치경찰의 도입은 지방행정서비스의 질을 획기적으로 개선하여 지방자치의 체감도를 제고할 수 있다는 분위기가 성숙되었다. 자치경찰의 도입은 주민의 참여와 관심을 제고할 수 있기 때문이었다(김순은, 2020).

② 자치분권의 관점

김대중 정부가 1999년 「중앙행정권한의 지방이양 촉진 등에 관한 법률」을 제정하여 지방분권을 개시한 이후 노무현, 이명박, 박근혜, 문재인 정부를 거쳤다. 김대중 정부의 제도적 도입기, 노무현 정부의 혁신적 실행기, 이명박 정부의 미온적 조정기, 박근혜 정부의 정책적 시련기, 문재인 정부의 포용적 르네상스기(김순은, 2020) 등으로 시대적 평가는 상이하다.

그럼에도 불구하고 김대중 정부는 지방이양추진위원회, 노무현 정부는 정부혁신지방분권위원회, 이명박 정부는 지방분권촉진위원회와 지방행정체제개편위원회, 박근혜 정부는 지방자치발전위원회, 문재인 정부는 자치분권위원회라는 자치분권의 추진 주체를 설치하여 자치분권 종합계획 및 실행계획의 수립과 추진을 담당하였다. 비록 정책추진에 다소 소극적이었던 정부의 시절에도 계획수준에서는 매우 심층적이고 체계적이었다는 평가가 가능하다(정정화, 2017; 소순창, 2016; 김홍관 외1, 2018).

같은 차원에서 각 정부는 자치분권의 계획을 수립함에 있어서 자치경찰에 관한 사항도 포함하였다. 제1절에서 논의한 바와 같이 각 정부는 정부의 관점에 맞추어 자치경찰의 모형 및 제도적 이슈들을 제시하였다. 김대중 정부는 광역단위의 자치경찰, 노무현 정부, 이명박 정부, 박근혜 정부는 기초단위의 자치경찰에 관한 계획을 수립하고 추진하였다. 자치경찰을 포함한 자치분권에 관한 20여 년의 논의가 문재인 정부에 들어서는 광역단위의 자치경찰로 마무리되는 데 기여하였다.

이와 같은 성과를 거둘 수 있었던 데에는 자치분권에 관한 제도적 기초가 마련되어 있었기 때문이었다. 비록 한시법의 성격을 띠었지만 이어지는 정부들이 제도를 폐기시키지 않고 지속적으로 연장함으로써 자치분권의 의지를 보였다. 제도에 기초한 논의의 지속가능성은 자치분권에 관한 사회적 자본의 축적으로 이어졌다.

김대중 정부의 「중앙행정권한 지방이양 촉진 등에 관한 법률」, 노무현 정부의 「지방분권특별법」, 이명박 정부의 「지방분권 촉진에 관한 특별법」과 「지방행정체제 개편에 관한 특별법」, 박근혜 정부의 「지방분권 및 지방행정체제 개편에 관한 특별법」, 문재인 정부의 「자치분권 및 지방행정체제 개편에 관한 특별법」 등이 이어져 왔다. 제도에 기초한 자치분권에 관한 본위원회 위원, 전문위원회 및 실무위원회 위원들을 통해 자치분권에 관한 다양한 이슈와 논의들이 정부를 초월하여 지속적으로 계승됨으로써 문재인 정부 들어 결실을 맺는 결과로 이어졌다. 자치경찰도 여기에 포함된다. 이런 관점에서 볼 때 윤석열 정부의 지방시대 하에서 자치분권 및 지역균형발전을 통합하는 제도의 변화로 제도적 기초와 그에 따른 정책추진 주체의 중요성이 새삼 느껴지고 있다. 제도의 통합으로 자치분권에 관한 그 동안의 사회적 자본이 훼손될 가능성이 커졌다.

③ 경찰권 견제의 관점

문재인 정부의 국정과제 중에는 국가권력기관의 개편이 중요한 자리를 차지하였다. 비정상의 정상화를 위하여 경찰의 국내정보 기능을 강화하고 검찰과 경찰 간의 오랜 과제였던 수사권을 조정하는 것이 핵심이었다. 국내정보를 담당하는 부처가 국가정보원에서 경찰청으로 이관되고 경찰이 요구하는 검·경수사권이 조정되면 경찰의 힘은 더욱 강력해질 것으로 예상되었다. 이를 합리적으로 견제하는 방안 중의 하나가 경찰기능을 국가경찰사무와 자치경찰사무로 양분하는 것이었다. 자치경찰의 도입이 비대화되는 국가경찰을 제도적으로 견제하는 기제로서 인식되었다.

④ 점증적 성숙효과와 정책의지의 관점

자치경찰에 관한 논의가 개시된 지 20여 년이 되었다. 성과로는 이어지지 않았지만 자치경찰의 필요성 등에 대해서는 대체로 수긍하는 분위기가 성숙되었다. 지방자치가 발전하면 할수록 자치경찰의 필요성은 더욱 커졌다. 정부에 따라 비록 자치경찰의 모형이나 내용에 관한 방법론은 차이가 컸지만 필요성에 대해서는 점진적으로 동의하는 상황이 전개되었다.

이러한 분위기를 토대로 문재인 정부의 정책의지가 더해져 성과로 이어지게 되었다. 문재인 정부는 정부 출범 이후 지속적으로 자치와 분권에 초점을 둔 정책을 추진하였다. 특히 자치분권의 추진주체인 자치분권위원회의 위원장을 그 분야의 전문가로서 위촉하였다. 뿐만 아니라 충분한 임기를 보장함으로써 소기의 성과를 내도록 배려하였다.

(2) 문재인 정부 자치경찰 추진 배경

제1절에서 논의한 바와 같이 김대중 정부가 1999년 「중앙행정

권한의 지방이양 촉진 등에 관한 법률」의 제정으로 중앙행정권한의 지방이양을 강조한 이후 자치경찰사무도 지방분권의 주요한 의제로 채택되었다. 뒤를 이었던 각 정부도 자치경찰의 실시에 대한 계획을 수립하였다. 그럼에도 성과로 이어지진 못했다. 그 이유를 추론해 보면 집권여당의 치안에 대한 신중한 견해 때문인 것으로 보인다.

제1장에서 논의된 바와 같이 자치분권의 이슈에 소극적인 보수정부는 논외로 하더라도 자치분권에 대하여 적극적이었던 진보 정부들도 자치경찰에 대해서는 매우 신중한 접근방식을 보였다.

우리나라에서 경찰은 국가의 안정과 존립에 필수적인 국가 중추기능으로 인식되어 왔다. 75년간 치안이 국가의 전속사무로 제도화된 배경에는 이러한 인식이 내재되어 있다. 경찰과 관련된 제도와 관행을 개혁하는 데에는 집권여당으로서는 매우 신중할 수밖에 없다. 자치경찰의 도입이 자칫 경찰조직의 균열로 이어져 사회적 혼란을 초래하는 것을 바라지 않기 때문이다.

경찰의 입장에서도 사회의 안정을 위해 전국적으로 일사분란하게 이루어지는 명령체계를 선호할 수도 있다. 사회의 치안 상태가 매우 양호한 국가라고 평가되는 상황하에서 양호한 치안에 위해가 될 개혁에는 신중할 수밖에 없었다. 바꾸어 말하면 자치경찰의 도입이라는 개혁에는 자치경찰의 도입에 따른 리스크를 상쇄하고도 남을 개혁의 이점이 가시적이어야 한다. 문재인 정부는 앞의 정부들이 추진하였던 사례를 반면교사로 삼아 자치경찰의 이슈에 대응하였다. 특히 경찰청이 자치경찰의 도입에 적극적인 자세를 보이는 상황을 만들기에 공들였다.

문재인 정부하에서 자치경찰은 한편으로는 국가 권력기관의 개혁이었으며 한편으로는 자치분권의 개혁이었다. 전자는 국정과제 13번인 "국민, 국민을 위한 권력기관의 개혁"이며 후자는 국제과제 14번인 "획기적인 중앙권한의 지방이양"이었다. 양자를 합리적으로 조합한 성과가 되도록 정책적 상황을 활용하였다.

문재인 정부하에서 권력기관 개혁과 자치분권 개혁의 지렛대 역할을 한 이슈가 검·경 수사권 조정이었다. 경찰의 입장에서 검·경 수사권 조정은 오랜 숙원사업이었다. 검·경 수사권 조정에 대한 정부의 의지도 매우 강했기 때문에 문재인 정부하에서 검·경 수사권 조정이 이루어질 것에 대한 믿음이 강했다. 그 결과 경찰의 입장에서는 강력하고 비대해지는 경찰권 및 경찰조직을 견제하는 차원에서 자치경찰의 도입은 피할 수 없는 과제였다. 자치경찰의 도입에 따른 관련 당사자 간의 견제와 균형 관계를 구축하고 자치경찰이 당사자 간의 합리적인 대화를 통한 결론을 지원하는 차원에서 문재인 정부는 자치분권위원회에 본 과제의 책임을 부여하였다(김순은, 2023).

그 결과 경찰청, 행정안전부, 검찰청 등 관련 당사자들은 자치경찰제에 관한 부처의 견해와 주장을 자치분권위원회에 제출하였다. 아울러 자치분권위원회가 주관하는 회의에 적극적으로 참여함으로써 각 기관의 의견을 제시하였다. 자치분권위원회에서 조정된 의견을 토대로 정부안이 만들어지고 당·정협의를 통해 입법화되는 절차를 거치게 되었다.

(3) 문재인 정부 자치경찰 추진과정

① 자치경찰제특별위원회의 발족

문재인 정부는 "국민의, 국민을 위한 권력기관 개혁"의 차원에서 광역단위의 자치경찰 도입을 100대 국정과제로 포함하였다. 이에 맞추어 경찰청 경찰개혁위원회는 2017년 11월 제주도에 설치된 자치경찰단의 개선방안을 발표하였다. 여기에는 자치경찰 사무와 권한을 확대하고, 수사권도 일부 부여하는 방안이었다(자치분권위원회, 2022).

자치경찰의 추진 주체로서 자치분권위원회는 산하에 자치경찰의 이슈를 이론적이고 체계적으로 연구·검토할 자치경찰제특별위원회를 설치하였다. 자치경찰제의 중요성을 감안하여 자치분권위원회 부위원장이 자치경찰제특별위원회 위원장으로 위촉되었다. 이 외에 위원으로 경찰법, 경찰행정, 행정법, 경찰행정, 사회학, 범죄학, 여성학 등의 전문가를 위촉하였다.

자치경찰제특별위원회는 2018년 3월 9일부터 2019년 2월까지 회의 개최 총 15회, 총 5회의 일선 치안현장 방문, 일본경찰기관 방문 1회, 대토론회 2회, 워크숍 1회, 경찰청·대검·법무부·지방4대 협의체 등 관계 기관의 의견수렴을 거쳐 대안을 마련하였다(자치분권위원회, 2022).

② 자치경찰제특별위원회의 활동

자치경찰제특별위원회는 첫 회의가 개최된 2018년 4월 5일 자치경찰제의 도입 원칙을 논의하였다. 첫 회의에서 향후 자치경찰의 도입에 맞추어 반드시 고려되어야 정책방향과 고려사항을 논의하였다(〈표 1〉 참조). 3개의 정책방향과 4개의 고려방안이 논의되었다(자치분권위원회, 2022). 자치경찰제 논의가 진행되는 동안 3개의 정책방향과 고려사항은 논의의 지침이 되는 등 매우 중요한 원칙으로 작용하였다. 3개의 정책방향은 경찰권의 민주적 설계, 정치적 중립성 확보, 주민밀착 치안활동력 증진, 4개의 고려사항은 치안력 약화방지, 치안의 불균형 방지, 재정투입 최소화, 제도 도입에 따른 치안혼란 최소화였다(김순은, 2021a).

표 1 위원회, 자치경찰제 도입 원칙

정책방향	• 경찰권의 민주적 설계
	• 정치적 중립성 확보
	• 주민밀착 치안 활동력 증진
고려사항	• 치안력 약화 방지
	• 치안 불균형 방지
	• 재정투입 최소화
	• 제도 도입에 따른 치안혼란 최소화

출처: 자치분권위원회, 자치분권백서, p.284

첫 번째의 정책방향은 경찰권의 민주적 설계였다. 경찰권의 민주적 설계는 크게 2가지 관점에서 논의되었다. 첫 번째의 관점은 경찰권의 역사적 발전과 관련된 사항이었다. 대략 13만의 인력을 가진 경찰은 항상 국민과 주민의 편에 있었던 것만은 아니었다. 때로는 정권의 유지를 위해 국민의 권익에 반하는 반민주적 방식으로 경찰권이 행사된 적도 적지 않았다(김순은, 2021b). 새로운 자치경찰을 설계하면서 민주성이 강조되는 것도 우리나라 경찰의 발전역사와 무관하지 않다. 두 번째는 지방자치의 확대라는 관점이었다. 문재인 정부하에서 추진된 지방자치는 단체자치보다는 주민자치에 역점을 두었다. 주민친화적이며 주민의 참여를 통한 민주적 통제가 가능한 자치의 실현에 자치분권의 목표를 두었다. 자치경찰도 이러한 관점에서 정책방향을 가져야 한다는 것이 자치경찰제 특별위원회의 입장이었다. 이를 종합하면 경찰을 국가경찰과 자치경찰로 분리·분산하고 상호 간의 견제와 균형을 통하여 민주적 경찰권을 보장하는 것이었다. 여기에 주민참여의 원리가 더해져 주민의 참여와 통제도 민주적 경찰권의 발전에 기여할 것으로 기대되었다(김순은, 2021c). 후에 구체적인 이슈들을 논의할 때 자치경찰의 집행조직으로 독임제 기관보다 행정위원회가 적극적으로 논의된 것은 자치경찰의 민주적 통제에 방점을 두었다고 할 수 있다.

자치경찰의 정치적 중립성 확보가 두 번째의 정책방향이었다. 주지하다시피 국가경찰의 발전은 정치적 중립의 수준을 높이는 것이었다. 1974년까지 경찰은 주무 부처인 내무부 내무국에 소속되어 장관의 직접적인 지휘·감독을 받았다. 내무국에서 치안본부로 승격되어 정치적 중립의 수준이 보다 상향되었으며 급기야 1991년 경찰청 시대를 열었다. 경찰청이 내부무로부터 분리·독립되면서 정치적 중립이 보장되었다. 경찰청은 국가경찰위원회의 자문을 받아 경찰사무를 집행하였다(김순은, 2021b). 자치경찰을 지휘·감독하는 자치경찰위원회의 설치를 논의할 때 자문기관인 국가경찰위원회도 행정위원회로의 전환을 논의한 바가 있다. 만약 국가경찰위원회의 자문기관의 성격을 직접 집행기구인 행정위원회로 전환하였더라면 국가경찰의 정치적 중립성은 더욱 높아졌을 것이다.

유사한 맥락에서 자치경찰을 논의할 때도 정치적 중립성이 논의되었다. 중앙-지방의 관계에서 지방정부의 권한이 미약함에도 불구하고 지방정부의 레벨에서 단체장에게 "제왕적"이라는 표현을 사용해도 어색하지 않다. 지방행정의 인사, 조직, 재정권이 단체장에게 귀속되어 단체장의 전횡이 때로는 지방자치의 발전을 저해한다는 평가가 주를 이루었다. 이러한 상황에 자치경찰권까지 단체장에게 귀속되면 자치경찰의 정치적 중립성이 크게 훼손될 것이라는 우려가 컸다. 외국의 경우 정치적 중립의 확보를 위하여 합의제 행정기관(위원회형)이나 독임제의 경우 단체장과는 별도의 선거제를 도입하는 이유도 같은 이유에서이다.

우리나라는 주민자치보다는 단체자치의 전통이 강한 나라이다. 주민의 참여에 따른 자기결정, 자기책임, 자기부담 등 주민자치의 원칙이 부재하다. 여기에 치안은 더욱이 국가사무로서 주민의 선호와 요구에 대응하기보다는 중앙정부의 관점에서 전국적으로 통일적인 방식으로 운영되는 것이 보편적이었다. 세 번째 정책방향은 이러한 전통과 관행을 수정하는 것이었다. 전국적인 통일성보다는 지역의 특수성과 고유성에 기초한 치안의 강화하는 것이 자치경찰의 설치 목적이라고 볼 때 기존의 하향식 방식을 주민밀착 치안으로 전환하여야 한다는 방향이 논의되었다. 주민밀착 치안은 주민의 요구와 선호에 신속하게 대응하는 상향식 접근을 의미하였다.

이러한 방향을 전제로 자치경찰제 논의 시 반드시 고려할 사항으로 치안력 약화방지, 치안불균형 방지, 재정투입 최소화, 치안혼란 최소화를 제시하였다. 우리나라의 국가경찰이 평가받는 높은 치안력은 세계가 인정하는 수준이다. 외국인에게도 여행하기에 안전한 국가 중의 하나이다. 이러한 높은 치안력이 자치경찰의 설치를 앞두고 걱정하리만큼 훼손된다면 자치경찰의 설치 의의가 반감된다. 자치경찰의 이슈에 대해 중앙부처 행정안전부, 경찰청, 대검, 법무부, 지방정부 등 간에 적지 않은 이견이 존재한다. 검찰과 경찰 간에는 갈등의 소지마저 안고 있다. 비록 서로 다른 견해를 지니고 있어도 적어도 치안력을 훼손시키지 않도록 상호 간 배려의 정신이 요구된다.

두 번째의 고려사항은 치안불균형을 예방하는 작업이다. 문재인 정부의 자치경찰은 광역단위의 체제이다. 그런데 우리나라의 광역지방정부 즉 시·도는 매우 다양하다. 광역지방정부를 구성하는 인구의 규모가 다양하다. 경기도가 1,300만 명, 강원도가 150만 명, 제주특별자치도가 65만 명, 세종특별자치시가 40만 명에 근접하고 있다. 재정적인 측면에서도 매우 다양하다. 재정자립도가 50%를 넘는 시·도는 서울특별시(76.1%), 경기도(58.6%), 인천시(54%), 세종시(59.3%) 등이다. 반면 50% 이하의 시·도는 강원도(25.8%), 전라북도(24.9%), 제주특별자치도(32.9%) 등이다(통계청, 2021). 지역 내 1인당 지역 총생산을 보면 울산광역시가 최고의 7,751만 원, 최하의 대구광역시가 2,674만 원, 그 외 서울특별시가 5,161만 원, 부산광역시가 3,161만 원, 인천광역시가 3,579만 원, 광주광역시가 3,090만

원, 대전광역시가 3,368만 원, 세종특별자치시가 3,788만 원, 경기도가 3,977만 원, 강원특별자치도가 3,443만 원, 충청북도가 4,862만 원, 충청남도가 5,894만 원, 전라북도특별자치도가 3,266만 원, 전라남도가 5,162만 원, 경상북도가 4,389만 원, 경상남도가 3,650만 원, 제주특별자치도가 3,115만 원이다. 대표적으로 인구 및 지역총생산을 보면 시·도 간의 편차가 커 자칫 지방행정 서비스의 측면에서도 차이가 발생할 가능성이 크다. 적어도 치안영역에 있어서는 전국최저기준(national minimum)의 확보라는 차원에서 치안불균형이 발생하지 않도록 하여야 한다.

세 번째의 고려사항은 재정투입의 최소화이다. 국가경찰은 이미 대략 13만 명의 인력을 보유하고 있다. 경찰기능이 노동집약적인 점을 고려하면 소요 재정의 대부분이 인건비에 속한다. 자치경찰의 설치를 명분으로 경찰력을 증대시킬 경우 재정적 부담이 크게 늘어날 수 있다. 자치경찰의 제도화는 전혀 새로운 영역의 기능을 창설하는 것이 아니라 기존 국가경찰이라는 수행하는 기능의 일부를 분리하는 것이며 국가경찰인력을 사무이양 분리에 따라 적절히 분리신설하여 가능한 한 재정의 소요를 최소화하여야 한다. 그럼에도 이원화 모형처럼 국가경찰을 분리할 경우 시설 및 고위직의 신설 등으로 재정의 증가가 예상되었다.

마지막 고려사항이 치안혼란의 최소화였다. 우리나라는 지난 75년간 국가경찰의 단일 체제하에서 매우 우수한 치안을 유지하였다. 단일의 국가경찰 체제하에서 경찰의 치안은 매우 효율적이기도 하였다. 자치경찰의 논의와 갈등으로 자칫 치안상황의 혼란이 염려되는 상황이 전개된다면 논의의 진행이 쉽지 않을 수 있다. 우수한 치안상황이 바람직한 경찰개혁을 가로막는 역설적인 상황이 반복되는 것이다. 자치경찰의 논의에서는 중앙정부의 정책과 지역의 특수성이 상이하여 발생하는 차이를 슬기롭게 조정하고 극복하는 방안의 마련이 요구되었다.

자치경찰제특별위원회를 중심으로 서울특별시안, 경찰개혁위원회안, 국내·외의 사례, 대토론회 개최, 관계 기관의 의견수렴을 거쳐 자치경찰에 관한 다양한 쟁점들이 논의되면서 자치경찰제특별위원회의 합의에 따른 '광역단위 자치경찰제 도입방안'을 마련하였다. 이를 토대로 자치분권위원회는 제12차 본회의(2018. 11. 30)에서 자치경찰의 도입방안을 의결하였다(자치분권위원회, 2022).

2018년 4월 12일에 개최된 제2차 회의에서는 그때까지 제시된 권고안을 비교·논의하였다. 여기에는 경찰개혁위원회, 경찰청, 서울특별시 등에서 제시한 4개의 모형이 포함되었다.

2018년 4월 19일에 개최된 제3차 회의에서는 경찰개혁위원회와 서울특별시가 제시한 건의안의 절충점으로 1999년 경찰청 시안이 주로 논의되었다.

제4차 회의를 앞두고 2018년 5월 3일 행정안전부, 경찰청, 제주특별자치도 자치경찰단 등 관계기관, 지방4대 협의체, 지방정부, 학회, 시민단체 등 150명이 참여한 대토론회가 개최되었다. 자치경찰제의 도입방향과 향후 과제 등이 중점 토론의 대상이 되었다.

대토론회가 종료된 이후 바로 이어진 제5차 회의에서는 이상적인 완전한 모형을 추구하다가는 목표시한 내에 실현이 어려울지도 모른다는 현실론을 감안하여 실현가능한 대안을 중심으로 논의를 좁혀가자는 데에 위원들 간 합의가 이루어졌다. 주로 1999년 경찰청 시안, 경찰개혁위원회 권고안 수정안을 중심으로 논의를 맞추어 가자는 데 합의하였다.

2018년 5월 7일부터 8일까지 1박 2일로 이루어진 워크숍에서는 자치경찰제특별위원회의 잠정안이 결정되었다. 잠정안은 1999년 경찰청 시안을 토대로 경찰개혁위원회 권고안의 장점과 우려사항을 반영한 수정안으로 결정되었다.

2018년 5월 15일 개최된 제5차 회의에서는 자치경찰제특별위원회가 결정한 잠정안의 모형에 따라 경찰관 신분전환, 시·도경찰청장 인사 등이 논의되었다. 2018년 5월 17일 개최된 제6차 회의에서는 시·도경찰청에 대한 세부인사 절차와 방법 및 국가수사본부에 관한 논의가 있었다.

2018년 5월 24일 개최된 제7차 회의에서는 주로 국가수사본부의 설치와 자치경찰제도 간 관계에 관한 사항들이 심층적으로 논의되었다. 이 이슈는 2018년 5월 31일 개최된 제8차 회의까지 지속되었다. 자치경찰제도와 국가수사본부와는 밀접한 관계가 없다는 점을 감안하여 자치경찰제특별위원회는 국가수사본부의 설치에 대하여 별도의 의견을 제출하지 않는 것으로 합의하였다. 아울러 제8차 회의에서 자치경찰제특별위원회의 잠정안에 대한 경찰청과의 질의·응답이 이어졌다. 경찰청은 자치경찰제특별위원회의 잠정안에 대한 치안력 약화, 현장직원 및 시·도지사의 반발 등의 우려하에 경찰개혁위원회의 권고안에 우호적인 견해를 피력하였다.

2018년 6월 14일 제9차 회의는 자치경찰제특별위원회가 실시한 일본 경찰관계 기관의 방문에 대한 평가의 자리였다. 방문기관은 일본의 경찰청, 국가공안위원회, 가나가와현 경찰본부, 가가초경찰서 및 코반 등이었다. 일본 방문의 평가에 있어서는 제도의 현상뿐만 아니라 제도가 안고 있는 역사적, 문화적 맥락을 잘 이해하여야 한다는 의견이 대부분이었다. 대검찰청 미래기획단이 제시한 자치경찰에게도 일반 수사권을 부여하여야 한다는 이슈에 대하여 논의하였다. 현실성이 약하다는 의견도 제시되었다.

2018년 7월 5일에 개최된 제10차 회의에서는 경찰의 계급정년 및 직급구조와 자치경찰의 정치적 중립 방안이 논의되었다. 지방정부의 장이 부당하게 개입할 수 있는 여지를 방지하는 대안들이 논의되었다.

2018년 7월 19일에 개최된 제11차 회의에서는 자치경찰제특별위원회가 논의한 잠정안(일원화안)과 경찰개혁위원회 권고안 수정안(이원화안)에 대한 논의가 재개되었다. 국가수사본부의 설치가 상수가 되는 분위기에서 일원화안이 정치적 중립성의 훼손 등을 야기할 수 있다는 우려의 소리가 있음을 감안한 것이다.

2018년 7월 26일 개최된 제12차 회의에서는 경찰청이 준비한 '광역단위 자치경찰제 도입방안'에 대하여 설명이 이루어졌다. 경찰개혁위원회 권고안의 문제점으로 지적된 업무중복에 의한 비효율, 분권효과 미흡, 국민 혼란, 재정부담 가중 등의 문제점을 해소하려는 경찰청의 노력이 보였다. 자치경찰제특별위원회는 결론적으로 기존에 논의하던 일원화안과 경찰청의 도입방안(이원화안)을 모두 검토하는 것으로 하였다.

2018년 8월 2일에 개최된 제13차 회의에서는 경찰청의 이원화안을 세부적으로 검토하였다. 경찰기능배분에 관한 사항이 주를 이루었다. 생활안전·여성청소년·교통 등 민생치안사무를 국가경찰사무, 공동주관사무, 자치경찰사무로 재편하고, 이에 따른 세부 사무별 배분에 관한 논의가 있었다. 합리적으로 사무배분을 논의하기 위하여 '사무배분검증 소위원회'와 '단계별 모형 구체화 검토 소위원회'를 구성하여 검토하는 방식을 채택하였다.

2018년 8월 16일에 개최된 제14차 회의에서는 시·도경찰위원회의 성격, 지역경찰의 자치경찰 이관 및 사무처리 절차, 단계적 시범실시 방안 등 주요 쟁점을 논의하였다.

2018년 10월 18일 제15차 회의에서 이원화안을 기초로 한 '광역단위 자치경찰제 도입계획(안)'을 확정하였다. 이후 2018년 11월 8일 당·정·청 협의를 거쳐 2018년 11월 13일 자치경찰제 대토론회를 통해 '광역단위 자치경찰제 도입방안'을 발표하였다. 시·도 단위의 자치경찰로서 주민밀착형 사무와 일부 범죄에 대하여 수사권을 갖는 경찰이었다.

③ 자치경찰제특별위원회 자치경찰제 대안의 특징

자치경찰제특별위원회가 마련한 광역단위 자치경찰제의 특징은 크게 2가지로 요약할 수 있다. 첫 번째의 특징은 이원화 모형이라는 점이다. 이원화 모형이라는 것은 국가경찰과 자치경찰을 별개의 조직으로 구성하여 운영하는 형태를 의미한다. 이제까지 국가경찰이 수행하던 260여 개의 경찰기능을 국가사무와 자치경찰사무로 대분하고 자치경찰사무를 수행할 자치경찰조직을 신설하는 방안이 이원화 모형이다. 이원화 모형에서는 경찰사무를 국가사무와 자치사무로 이원화 하는 작업과 자치경찰사무를 수행할 자치경찰조직을 구성하는 것이 핵심이었다.

두 번째의 특징은 단계별 모형이라는 점이다. 75년간 수행하던 경찰기능을 국가사무와 자치경찰사무로 대분하고 자치경찰 조직을 신설하는 작업이 관계 기관 간 이견으로 자칫 혼란의 소지가 있었다. 이를 방지하기 위하여 이원화 모형의 실현을 3단계로 나누어 초기, 중기, 마무리 단계 등으로 실행함으로써 분리에 따른 부작용을 최소화하고 이견의 적응력을 제고하려고 하였다. 이에 대한 자세한 논의는 아래에서 다루었다.

2. 자치경찰제의 주요 내용[1]

1) 제1차 합의안(이원화 모형)

자치경찰제특별위원회가 도입한 광역단위 자치경찰 시안은 〈그림 1〉와 같다. 〈그림 1〉은 "국가경찰의 현재 치안 역량을 유지하면서도, 자치분권과 민주성·주민지향성, 지방행정·치안정책의 연계 등의 가치를 보완할 수 있도록 국가경찰과 자치경찰이 병존하는 이원화 모델을 제시하고 있다(자치분권위원회, 2022, p.289)."

1 보다 상세한 논의는 김순은, 2021a, 자치경찰제의 추진과정과 의의 및 향후과제 참조

개편방안에 따르면 현행의 국가경찰기능을 국가사무와 자치경찰 사무로 대분하여 전자는 국가경찰이 후자는 자치경찰이 담당한다. 현행 국가경찰조직의 조직형태는 유지하면서 지방경찰청에 대응하는 자치경찰본부, 경찰서에 대응하여 자치경찰대, 일선치안조직으로 지구대·파출소를 설치하는 내용이다.

그림 1 **자치경찰제 이원화 모형**

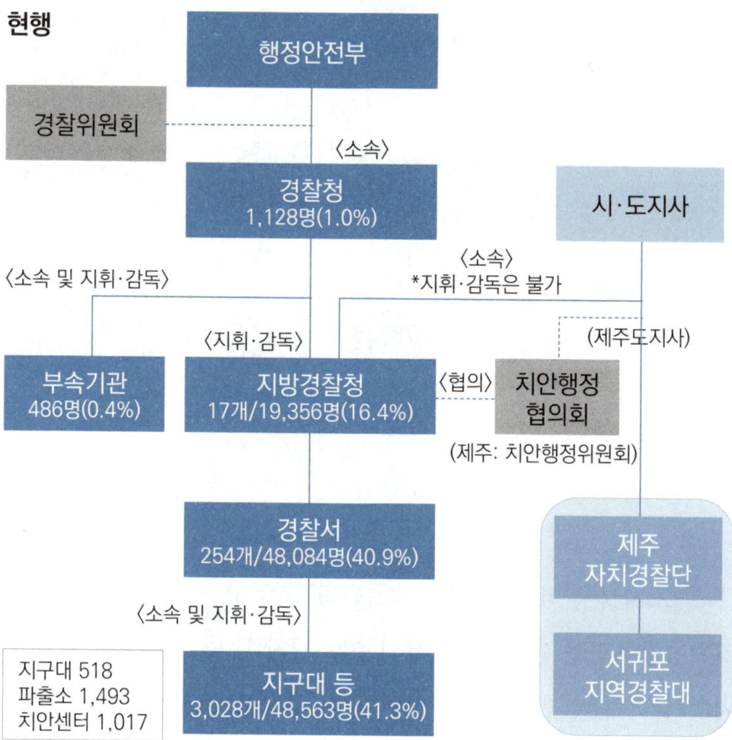

개편

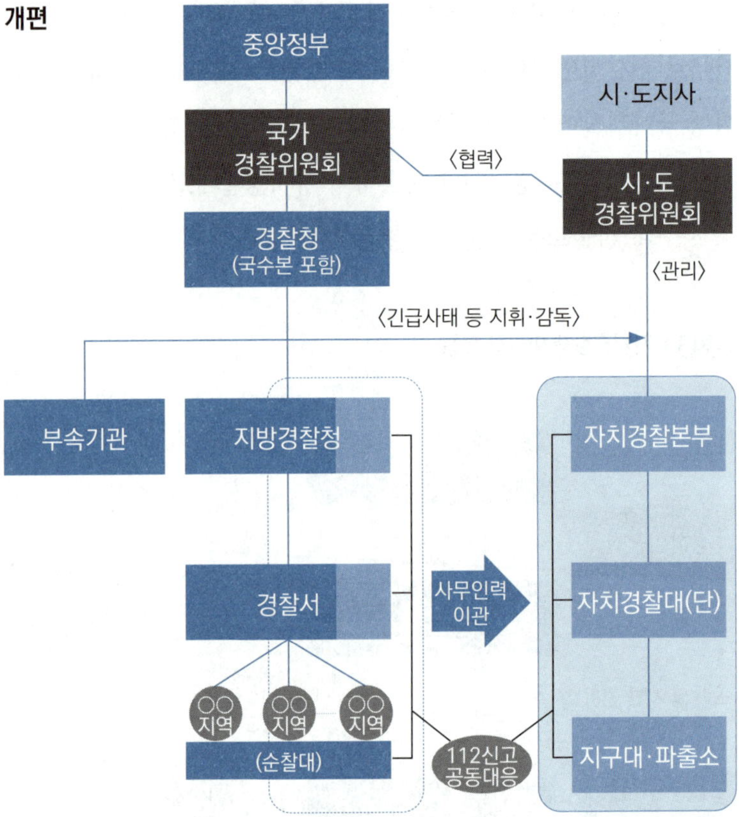

출처: 자치분권위원회, 2022, 자치분권백서

(1) 조직과 인력

시·도지사 산하에 시·도경찰위원회[2]를 두고 시·도경찰위원회가 자치경찰조직인 자치경찰본부와 자치경찰대 및 지구대·파출소를 지휘·감독하는 것으로 설계되었다. 자치경찰의 조직과 인력을 설

2 이원화 모형을 논의할 때에는 자치경찰의 지휘·감독하는 조직의 명칭이 시·도경찰위원회였으나 일원화 모형을 논의하면서 시·도자치경찰위원회로 변경됨

계함에 있어서 앞에서 논의한 자치경찰의 정책방향과 고려사항을 준수하였다. 재정적 소요를 최소화하기 위하여 지방정부의 자치경찰 인력을 신규로 증원하는 대신에 국가경찰 인력 약 13만 명 중의 43,200명을 단계별로 자치경찰로 이관하는 것을 골자로 하였다(자치분권위원회, 2019).

〈표 2〉에서 보는 바와 같이 제1단계에는 일부지역과 일부사무를 이양한다. 서울, 세종, 제주 외 2개 시·도에 일부 수사권을 포함하여 자치경찰사무의 약 50%를 이양한다. 이때 필요한 인력의 이관은 7,000~8,000명 수준이다. 제1단계의 실시 시점은 2019년이었다.

제2단계에서는 전국을 대상으로 일부 수사권을 포함한 자치경찰사무의 70~80%를 이양하는 내용이었다. 이때의 이관인력은 30,000~35,000명 수준으로 예상되었으며 실시 시점은 2021년이었다.

제3단계에서는 전국을 대상으로 자치경찰사무의 100%를 이양하며 이관인력이 100%에 이른다. 실시 시점은 2022년으로 예상하였다. 그 후 최종단계는 평가를 거친 이후 추가 확대가 필요하다고 판단되면 추가로 확대한다는 내용이었다.

지역의 밀착부서인 지구대와 파출소는 자치경찰사무의 이관에 따라 자치경찰로 이관한다는 내용도 포함되었다. 경찰 측의 입장도 주민밀착사무인 치안사무의 이관에 따라 지구대와 파출소의 이관도 불가피하다는 판단이었다. 뒤돌아보면 일원화 모형 자치경찰의 출범을 앞두고 지구대와 파출소의 소속을 112종합상황실로 이관하여 국가조직의 일선조직으로 유지하였던 사례를 보면 지구대와 파출소가 경찰청 내에서 자지하는 중요성을 가늠할 수 있다.

표 2 자치경찰제 단계별 도입 방안

구분	1단계 (일부지역+ 일부사무)	2단계 (전국+ 일부사무)	3단계 (전국+ 전체사무)	최종단계
대상 지역	5개 지역 (서울·세종·제주 외 2개 시·도)	전국	전국	전국
사무	자치경찰 사무 약 50% (일부 수사권 포함)	자치경찰 사무 약 70~80% (일부 수사권 포함)	자치경찰 사무 100%	평가 후 추가 확대
인력	7,000~ 8,000명	30,000~ 35,000명	43,000명	
시점	2019년	2021년	2022년	정착수준에 맞춰 평가 후 판단

출처: 자치분권위원회(2019)

(2) 정치적 중립

출범하는 자치경찰의 정치적 중립을 확보하는 방안도 자치경찰의 중요한 이슈 중의 하나였다. 시·도지사의 소속하에 설치함에도 불구하고 시·도지사의 부당한 간섭과 통제로부터 자치경찰의 정치적 중립을 확보할 수 있는 방안이 다각도로 검토되었다. 특정 기관에 소속은 하나 통제받지 않는다는 의미의 일본식 '소할(所割)'도 검토되었으나 최종적으로 합의제 행정기관이 자치경찰을 지휘·감독하는 것으로 합의되었다.

합의제 행정기관으로 '시·도경찰위원회'를 설치하며 시·도경찰위원회가 자치경찰을 시·도지사의 간섭과 통제를 받지 않고 중립적으로 지휘·감독하게 되었다.

(3) 사무배분

기존의 경찰이 담당하던 사무의 수가 대략 260여 개에 이르며 이 중에서 120여 개의 사무를 자치경찰사무로 이관해야 하는 것으로 암묵적 합의가 진행되고 있었다. 대기능을 중심으로 볼 때 생활안전, 여성·청소년, 지역교통, 지역경비 등 주민밀착형 사무 및 지역경찰(지구대·파출소), 교통사고 및 가정폭력 등 민생치안 밀접 수사 등은 자치경찰사무로 분류하였다. 반면 국가경찰사무는 정보·보안·외사·경비 및 112종합상황실, 광역범죄, 국익범죄, 일반형사 등 수사, 민생치안사무 중 전국적 규모나 통일적인 처리를 필요로 하는 사무가 해당되며 지역 순찰대도 국가사무에 속하는 것으로 논의되었다. 민생치안사무 중 전국적 규모나 통일적인 처리를 필요로 하는 사무의 범위 등은 당사자 협약으로 규정할 수 있다.

새로운 자치경찰이 실행되는 초기에 업무 혼선과 국민불편을 최소화하기 위하여 112 신고 출동 및 현장초동조치는 공동으로 대응하도록 하였다. 자치경찰에게도 긴급조치가 필요한 사건 현장에 대한 현장 보존 등 초동조치권을 부여하는 것으로 예정되었다(자치분권위원회, 2019).

(4) 재정소요

자치경찰의 실시에 소요되는 재정은 최소화하는 것이 중요한 고려사항이었다. 초기 시행단계에 필요한 경비는 원칙적으로 국가가 부담하는 것으로 하였다. 단계별로 확대되는 경우 별도의 재정지원 방안을 강구하도록 하였다. 새로운 신규인력의 증원 없이 국가경찰에서 자치경찰을 분리함으로써 인건비 등 운영경비는 국비로부터 충원될 예정이었다. 시설·장비 등은 공동으로 활용함으로써 초기에 소요되는 신규재정을 최소화하였다.

(5) 이원화 모형의 폐기

자치분권위원회는 2018년 11월 30일 제12차 본회의에서 이미 발표된 '광역단위 자치경찰제 도입방안'을 의결하였다. 자치분권위원회, 경찰청, 행정안전부, 기획재정부, 인사혁신처, 법제처 등 관계기관 합동 "자치경찰 법제 TF 회의"가 2018년 12월부터 2019년 1월 사이에 개최되었다. 2019년 2월 19일 당·정·청 회의를 거쳐 법안 내용을 확정하였다.

자치분권위원회가 제안한 이원화 모형을 토대로 당·정·청 회의를 거친 이후 여당에서 홍익표 의원대표발의로 자치경찰법안이 2019년 3월 발의되었다. 「국가경찰과 자치경찰의 조직 및 운영에 관한 법률(이하 자치경찰법)」로 개정하여 국회 사법개혁특별위원회에 회부되었다. 선거법·공수처법·검경수사권 조정법안 등이 신속처리대상안건(패스트트랙)으로 지정됨으로써 여·야 간의 대립과 갈등으로 사법개혁특별위원회에서 법안심사가 이루어지지 못하고 특별위원회 활동기한이 만료되었다. 이에 따라 2019년 9월 국회행정안전위원회에 법안이 상정되어 법안심사 소위원회에 회부되었다. 그런데 2020년 2월부터 악화된 코로나19 상황에 처해지면서 2020년 5월 29일 제20대 국회의 임기만료로 자치경찰법안은 논의도 못하고 자동적으로 폐기되었다(자치분권위원회, 2022).

2) 제2차 수정안(일원화 모형)

(1) 일원화 모형의 추진배경

여당을 중심으로 자치경찰법안이 만들어지는 과정에서 자치분권위원회가 제안한 대안보다 적지 않은 수정이 이루어졌다. 대표적으로 자치분권위원회가 제시한 모형과 자치경찰법안과의 괴리, 치안기능의 단위사무별 분리 및 이양의 문제점, 국가경찰의 자치경찰에 대한 간섭과 통제의 문제점 등이 지적됨과 동시에 이원화 모형의 문제점, 이원화 모형의 재정부담 등이 제시되었다. 여기에 2020년 1월 말부터 악화된 코로나19 상황은 재정부담이 따르는 자치경찰 모형의 수정을 요구하는 상황으로 발전하였다. 그 결과가 일원화 모형이었다.

일원화 모형은 아래에서 설명하는 바와 같이 기존의 조직을 활용하는 방안이었기 때문에 2020년 5월 제21대 국회가 개원하면서 바로 발의하여 2020년 12월 9일 국회의 의결을 거쳐 2021년 1월 1일부터 발효할 수 있었다. 2021년 1월 1일 이후부터 시범실시가 개시되었다. 2021년 7월 1일부터 전국에 걸쳐 전면시행되었다. 전자의 시범실시는 준비된 시·도부터 시작되어 시·도의 준비노력이 실시에 영향을 미쳤다.

(2) 일원화 모형의 주요 특징[3]

① 재정투입 최소화 모형

앞에서 자치경찰의 고려 사항 중 재정투입 최소화 모형을 논의하였다. 신규 채용 없이 국가공무원인 국가경찰을 지방으로 이양하는 등 재정적 부담이 발생하지 않도록 깊은 배려가 있었음에도 불구하고 새로운 직위와 조직의 창설은 막대한 재정적 부담을 초래할 것으로 추론되었다.

이원화 모형하에서 고비용을 초래하는 요인은 자치경찰조직의 신설로부터 발생하는 것이었다. 새로운 조직으로 현재 18개 지방경찰청과 256개의 경찰서에 대응하여 18개 자치경찰본부, 256개 자치경찰대를 신설하여야 한다. 여기에서 파생하는 새로운 직위에는 치안감, 경무감 및 총경직이며 이의 수가 300개를 초과할 것으로 예상되었다. 사무실 공간이 추가로 필요로 함은 물론이다. 막대한 예산의 투입을 초래하는 이원화 모형은 코로나19 상황하에서는 합리적인 방안이 되지 못했다. 자치경찰의 일원화 모형은 이에 대한 대안이었다.

자치경찰의 일원화 모형은 전통적인 우리나라 지방행정체제에 기초하였다. 우리나라 중앙정부는 중앙정부의 정책을 집행하는 집행기구로서 특별지방행정기관 및 기관위임사무와 단체위임사무의 활용을 통한 지방행정기관 등을 활용하였다. 전자의 체제와 가장 부합하였던 영역의 기능이 경찰이었다. 2020년 5월을 기준으로 5,137개의 특별지방행정기관 중에서 2,300개가 경찰행정과 관련

3 상세한 논의는 김순은, 2021a, 자치경찰제의 추진과정과 의의 및 향후과제 참조 바람

된 것이었다(하혜영, 2021). 자치경찰의 일원화 모형은 특별지방행정기관의 조직을 적극적으로 활용한 것이었다.

자치경찰 일원화 모형의 실시로 시·도경찰청이 국가경찰사무와 수사사무를 집행하는 형태는 위임행정의 대표적인 사례이다. 기존의 특별지방행정기관을 지방행정으로 전환하는 방안인 시·도경찰청을 창설하는 방안은 새로운 조직을 신설하지 않고 거버넌스만 변경하기 때문에 재정투입 최소화 모형이라고 평가되었다.

그림 2 자치경찰의 조직모형

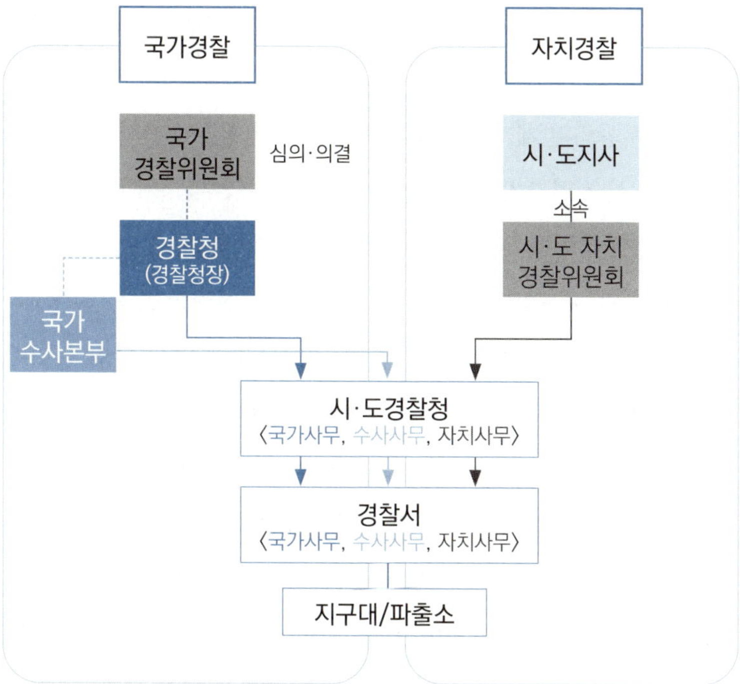

출처: 자치분권위원회(2022)

② 중앙-지방 협력모형

문재인 정부의 자치분권은 중앙-지방 간 협력강화라는 틀 속에서 진행되었다(김순은, 2023). 중앙-지방협력 모형은 지방자치법 제9장의 명칭 변경으로부터 확인할 수 있었다. 구 지방자치법 제9장의 명칭이 "국가의 지도와 감독"이었으나 신 지방자치법은 "국가와 지방자치단체의 관계"로 명기함으로써 변화된 인식을 제도에 반영하였다(김순은, 2023). 종전에는 국가는 우월한 지위에서 지방정부를 하위 행정기관으로 인식하고 지도하고 감독하는 관행이 지배적이었다. 그러나 신 지방자치법하에서는 지방정부를 국정의 파트너로 인식하고 국정의 효율성과 효과성 제고를 위하여 지방정부와의 협력을 강조하였다.

중앙-지방의 관계가 상하수직적 관계에서 상호수평적 관계로 발전하면서 신 지방자치법은 중앙-지방의 협력의무와 중앙-지방협력회의를 제도화하였다. "구체적으로 주민에 대한 균형적인 서비스 제공과 지역 간 균형발전을 위한 국가-지방 간 협력의무를 명문화(김순은, 2023, p. 81)"하였다. 신 지방자치법은 국가와 지방의 협력이 국정 거버넌스의 구축에 매우 중요한 요인이라는 것을 제183조의 신설을 통하여 제도화하였다.

국가와 지방의 협력을 위한 구체적인 소통의 장으로서 중앙-지방협력회의를 설치하였다. 신지방자치법에 중앙-지방협력회의의 설치근거를 마련하고 중앙지방협력회의의 구성과 운영에 관한 사항은 별도의 "중앙지방협력회의의 구성 및 운영에 관한 법률"에서 규정하였다.

중앙-지방 국정 거버넌스의 효과를 제고하기 위하여 2022년 1월 13일 역사적인 제1차 중앙-지방협력회의가 개최되었고 2022년 10월 7일 제2차 회의도 울산에서 속개되었다. 2023년 2월 10일에는 전북에서 제3차 회의가 속개되어 대통령이 자치분권의 당위성을 강조하였다.

2023년 4월 6일 부산에서 개최된 제4차 중앙-지방협력회의에서는 부산세계박람회의 유치가 지역균형발전에 기여할 것으로 강조되었다.

제5차 회의는 2023년 10월 27일 경북에서 개최되었으며 이 회의에서는 지방의 자율과 책임이 조화되는 자주조직권의 확충 방안을 의결하였다. 제6차 회의는 2024년 2월 27일 영빈관에서 개최되었으며 의료개혁과 늘봄학교 등의 이슈가 논의되었다. 제7차 중앙-지방협력회의는 2024년 7월 25일 충남에서 개최되었다. 저출생 및 외국인 정책에 관한 사항들이 논의되었다. 2024년 11월 6일에는 강원도에서 제8차 중앙지방협력회의가 개최되었다. 이때는 윤석열 정부의 4대 특구, 지방시대의 벤처펀드, 지방소멸에 대응하는 빈집 및 폐교 활용 방안 등이 논의되었다. 문재인 정부가 도입하고 윤석열 정부가 적극적으로 활용하는 국정기구가 되었다.

중앙-지방의 협력모형에 가장 적합하게 이루어진 개혁 중의 하나가 자치경찰의 일원화 모형이었다. 경찰 역사 75년간 경찰과 치안은 전적으로 국가사무로 100% 중앙정부가 처리해 온 사무였다. 중앙정부는 지방의 행정단위까지 중앙정부의 집행기관인 특별지방행정기관을 설치하여 주민밀착 치안까지도 직접 집행하는 방식을 유지하였다. 지방경찰청, 경찰서, 지구대와 파출소를 포함하여 2020년 5월을 기준으로 5,137개의 특별지방행정기관 중에서 2,300개가 경찰행정과 관련된 것이었다. 이러한 전통과 관행을 개선하고 중앙-지방의 협력모형 하에 도입된 것이 자치경찰이었다.

자치경찰 일원화 모형은 〈그림 2〉에서 보는 바와 같이 시·도 경찰청의 설치와 성격에서 중앙-지방 협력관계를 인지할 수 있다. 우선 경찰사무를 국가사무, 수사사무, 자치사무로 대분하고 새로 설치되는 시·도경찰청이 세 가지 사무를 모두 수행하는 형태이다. 다만 새로운 기구를 실제로 창설하는 것이 아니라 기존 지방경찰청의 거버넌스를 개선하여 시·도경찰청으로 전환하는 것이기 때문에 외부에서는 변경된 거버넌스를 감안하지 않으면 명칭 변경으로만 오해될 소지가 많았다. 실제로 시·도경찰청을 국가조직으로 보는 주장도 있다. 그러나 시·도경찰청을 국가조직으로 해석할 경우 국가조직이 자치사무를 위임받아 처리하는 모순이 발생하기 때문에 그런 해석에는 신중할 필요가 있다. 시·도경찰청은 반국가-반지방의 특수한 지위를 갖는 과도기적 조직으로 해석하여야 할 것이다.

경찰사무에 대해서는 사무의 구분에 따라 동일체의 조직이 수행한다는 점에서 국가와 지방 간의 협력의 필요성이 매우 높다. 국가사무와 수사사무는 경찰청과 국가수사본부의 지휘와 감독을, 자치사무에 대해서는 시·도의 자치경찰위원회의 지휘·감독을 받는 반국가-반지방의 조직으로 시·도경찰청을 통하여 국가와 시·도의 협력적 관계가 형성된다.

(3) 일원화 모형의 입법화

코로나19 상황하에서 21대가 국회가 개원하면서 자동폐기된 이원화 모형을 갈음하여 일원화 모형으로의 도입에 합의가 이루어졌다. 더불어 민주당 김영배 의원은 당·정·청 협의내용을 토대로 일원화 모형에 입각한 자치경찰제 도입을 위하여 경찰법과 경찰공무원법의 전부 개정안을 2020년 8월 4일 대표발의하게 되었다.

행정안정부, 경찰청 등 유관기관, 시·도 관계자, 전문가, 현장 경찰관 등 의견수렴이 2개월에 걸쳐 이루어졌다. 의견수렴의 방식은 간담회, 국회 토론회, 당·정회의, 공청회 등이었다(자치분권위원회, 2022).

법안 논의가 진행되는 가운데 국민의힘 서범수 의원이 2020년 11월 20일 경찰법과 경찰공무원법의 전부개정하는 법률안을 대표발의하였다. 김영배 의원의 안을 존중하면서 사무내용, 시·도자치경찰위원회, 시범운영, 제주자치경찰 등의 쟁점 사항들의 일부가 수정된 내용이었다.

김영배 의원의 안과 서범수 의원의 안이 행정안전위원회 법안소위에서 동시에 검토되었다. 2020년 12월 3일 제382회 국회(정기회) 제17차 행정안전위원회 전체회의에서 소위원회의 심사결과를 수용하여 위원회 대안을 제안하기로 의결하였다. 위원회 대안은 2020년 12월 8일 법사위원회를 거쳐 2020년 12월 9일 본회의를 통과하였다. 2020년 12월 22일 법률의 공포를 거쳐 2021년 1월 1일부터 시행되었다(자치분권위원회, 2022).

3. 자치경찰 탄생의 의의

1) 제도의 도입

만 75년 만에 우리나라에도 자치경찰의 출범을 알리는 자치경찰법이 2020년 12월 9일 입법화되었다. 역사적인 입법임에도 불구하고 일원화 모형의 특성과 한계로 인하여 무늬만 자치경찰이라는 비판도 강했다. 자치경찰의 정체성이 불분명하다는 것이 주된 비판의 핵심이었다. 우리나라의 일원화 모형이 거버넌스의 개선에 초점을 맞추었기 때문에 주민들에게는 체감도가 높지 않을 수 있다고 논의 과정에서도 거론되었다. 문재인 정부의 만료시점을 감안하면 아직도 1년 반의 시간이 남았고 국회도 여당이 다수당을 차지하고 있었기 때문에 좀 더 시간을 두고 보다 개선된 대안을 위해 논의를 이어가자는 의견도 있었으나 2020년 12월 9일의 국회 의결은 타이밍상 매우 적절하였다. 이에 대한 근거는 다음과 같다.

2020년 12월 9일은 자치분권 관련 중요한 국회 입법이 이루어졌다. 만 32년 만의 지방자치법 개정과 이에 기초한 중앙-지방협력회의 구성 및 운영에 관한 법률이 의결되었다. 여기에 더불어 만 75년 만에 국가경찰로부터 자치경찰이 탄생되는 자치경찰법이 의결되기도 하였다. 이때가 문재인 정부가 노력하여 조성한 자치분권의 분위기가 한창 절정기를 이룬 상황하에서 중요한 입법들이 결실을 맺는 과정이었다. 만약 그때를 실기하였더라면 향후 결과를 아무도 장담할 수 없었을 것이다. 결과론적으로 2021년 악화되었던 정국상황을 되돌아보면 2020년 12월 9일의 의결은 매우 적절한 것이었다.

따라서 첫 번째 자치경찰제의 의의는 제도가 도입되었다는 점에서 찾을 수 있다. "시작이 반이다"라는 우리의 속담처럼 비록 불완전하지만 일단 도입된 자치경찰제는 예상보다 훨씬 빠르게 발전하고 있다. 실제로 2006년에 도입되어 제주특별자치도에서 시범적인 차원에서 설치되었던 자치경찰단이 자치경찰의 전면적 논의 시 매우 유익한 기초와 출발점이 되었다는 것은 주지의 사실이다. 처음 출발하는 전면적 자치경찰의 논의는 최소한 제주특별자치도의 자치경찰단이 시금석이 되었다.

우리나라의 지방자치 부활 시 개정되었던 지방자치법의 모습도 유사하였다. 2할자치 또는 무늬만 자치라는 비판을 받았던 1988년 개정된 지방자치법도 32년이 지나 명실공히 자치분권2.0 시대와 부합하는 지방자치제도로 발전된 예도 제도의 시작이 갖는 의의를 보여주고 있다.

2024년 6월을 기준으로 벌써 자치경찰이 출범한 지 3년이 경과하였다. 자치경찰이 제도적 용어가 되어 이미 대학교의 강의, 지방자치 관련 학회의 연구주제로 자리 잡고 있다.

자치경찰 현장에서는 지역에 맞는 주민밀착 서비스의 향상을 위하여 지역마다 지역의 특수성에 부합하는 치안서비스 개발에 성과를 내고 있다. 〈표 3〉은 각 시·도의 특색있는 자치경찰의 성과를 비교하고 있다.

현재와 같이 자치경찰의 발전이 이루어지면 과도기적 모형이었던 2021년 자치경찰의 모습을 보다 진일보된 형태로 발전시켜야 한다. 윤석열 정부에서도 세종, 제주 등 특별자치지역에는 발전된 형태의 자치경찰을 시범적으로 도입하겠다는 약속이 있었다. 시험적으로는 이원화 모형이나 일원화 강화모형을 검토해 볼 수 있을 것이다. 이원화 모형은 자치분권위원회가 의결하였던 내용을 토대로 작성하면 바람직할 것이다. 일원화 강화모형은 반국가·반지방의 시·도경찰청을 지방조직으로 전환하는 것을 토대로 자치경찰이 국가경찰사무를 위임받아 처리하는 형태이다.

자치경찰제의 발전을 위하여 무엇보다도 가장 시급한 것은 국가조직으로 112상황실에 소속된 지구대와 파출소를 자치경찰조직으로 개편하는 것이다. 지구대와 파출소가 주민들을 접촉하는 최일선 조직으로서 주민밀착 치안서비스를 수행하기 때문이다.

표 3 각 시·도 자치경찰관련 주요 시책 발굴·운영

구분	내용
서울	• (여성이 안전한 도시 만들기) △안심마을보안관 운영 및 순찰강화 △골목길 스마트 보안등 설치 △불법촬영 근절 홍보 △희망센터 상담사 추가 배치 △범죄취약시 환경개선 관련 조례 개정추진
부산	• (해수욕장 범죄예방활동) 코로나19로 해외여행 제한으로 여름철 피서객 예상, 범죄예방활동 전개
대구	• (시민중심 네트워크 협의체 운영)자치경찰 분야 시민참여 활성화를 위한 '시민중심 네트워크 협의체'운영, 시민단체 등과 MOU 체결 등 추진
인천	• ('어린이가 안전한 인천' 선정) 어린이 보호를 위한 10대 과제(29개 세부과제) 선정, 자치경찰위원회를 어린이 안전의 허브로 구축하고, 관계 기관 간 협력 강화 추진 中
광주	• ('어린이 교통안전 종합대책') 타 지역 대비 높은 어린이 인구 비율을 고려, '어린이 교통안전 종합대책'을 1호 사업으로 선정, △단속 △홍보 캠페인 △시설점검 및 개선 위주로 대책 수립
대전	• ('정신질환자 응급입원 체계 고도화') 제1호 사업으로 응급입원 체계 개선 선정, 관계 기관 논의 후 단계별 개선대책 수립

구분	내용
울산	• ('더 빠르고 충실한 교통안전 환경 조성' 선정) 교통안전시설 설치 時 경찰·지방 자치단체의 사업검토 △예산집행 절차를 대폭 간소화하여 주민요구를 신속하고 충실하게 반영
세종	• ('지역경찰장 주민추천제' 추진) '주민추천심의위원회*'를 구성, 보직 희망자를 심사한 후 투표를 통해 다수 득표자를 추천하는 방식으로 지역경찰장 보직 인사 時 주민 의견 반영 * △25명 규모 △자치경찰위원회, 지역주민, 세종청·서 직장협의회 참여
경기 남부	• (어린이·청소년 안전확보 종합대책) 통학안전 확보 및 학교폭력 예방을 위해 △통학로 홍보·시설진단, 스쿨존 불법주정차 지도·단속 △학생대상 사례 중심 참여형 범죄예방교육 △학교주변 순찰강화 등 추진
경기 북부	• 주취자·정신질환자 대응 강화) △권역별 주취자 응급의료센터 구축 △의정부의료원 정신과 전문의·공중보건의사 배치로 24시간 정신질환자 응급입원체계 추진
강원	• ('지구대·파출소 환경개선') 지구대 환경 개선을 제1호 사업으로 선정하고 도비 6억 원을 투입, 세부과제 추진
충북	• ('지역별·시기별 농산물 도난예방 종합대책')△농산물별 수확시기를 고려한 순찰 강화 △마을 CCTV 점검·개선 등 추진
충남	• ('주취자 응급의료센터 개설') 제1호 사업으로 응급의료센터 개설 선정, 道 내 주취자응급의료센터 4개소 신설 추진
전북	• ('사회적 약자(아동·청소년) 종합 안전대책' 마련) 전북道 정책소통플랫폼 등 다양한 소통 채널을 통해 주민 의견 수렴, 관계기관 협의를 통해 사회적 약자 보호 강화
전남	• ('어르신 범죄피해예방 종합 안전대책') 도민 고령화 및 1인 가구 노인이 증가하는 특성 반영, 노인 보호 예방 정책 수립
경북	• (정신질환자 응급치료센터 설치) 포항의료원과 업무협약 체결, 의료원 내 응급실 확장을 통한 권역별 응급의료센터 설치 추진
경남	• ('집에서 학교까지 안전한 어린이 통학로 조성 사업') 관계 기관 협업 (도-경남청-도로 교통공사-교육청 등)하여 관내 어린이 통학로 전수 조사, 결과를 정책 수립에 반영
제주	• ('휴가철 안심 제주 4YOU') 지역 특성을 반영, 본격적인 피서철 前 성범죄 △교통사고 예방 등 주요 관광지 치안 대책 수립

출처: 자치분권위원회, 2022, p. 301

2) 시·도 경찰청의 출범

우리나라의 자치분권 상의 문제점 중의 하나는 특별지방행정기관의 과다로 행정의 중복과 비효율이 높다는 점이다. 중앙정부의 지방행정기관과 지방정부의 기능이 중복되어 정리의 필요성이 노무현 정부 이후부터 자치분권의 추진주체를 통해서 이어져 왔다.

노무현 정부는 제주특별자치도에 한정해 시범적으로 특별지방행정기관을 정리·합리화하였다. 제주특별자치도 내에서 국토관리, 노동위원회, 보훈 등의 기능은 완전히 중앙정부에서 제주도로 이관되었다. 이명박 정부 때에는 국토와 하천, 해양과 항만, 식의약품 분야의 일부 사무가 위임형식으로 지방으로 이양되었다. 박근혜 정부는 특별지방행정기관의 정리화를 검토하였으나 성과에는 이르지 못했다.

이런 관점에서 문재인 정부는 괄목한 만한 성과를 창출하였다. 자치경찰제 도입의 두 번째 의의는 시·도경찰청의 명칭에서 찾을 수 있다. 중앙정부의 지방행정조직은 기관의 명칭 앞에 "지방"이라는 단어가 붙여진다. 지방경찰청을 포함하여 지방국세청, 지방보훈청, 지방환경청, 지방병무청, 지방국토청, 지방환경청 등 전국에 2020년 5월을 기준으로 5,137개의 특별지방행정기관이 설치되어 있었다. 이 중에서 2,300개가 경찰행정과 관련된 것이었다(하혜영, 2021).

2021년 1월 1일부터 지방경찰청에서 "지방"이라는 단어를 삭제하고 시·도경찰청으로 변경함으로써 경찰기능의 집행을 위한 특별지방행정기관을 정리하는 의의를 낳았다. 앞에서 논의한 바와 같이 일원화 모형하에서 자치경찰사무를 시·도경찰청이 집행하게 되었다. 이때 지휘와 감독기관이 경찰청이 아니고 새롭게 신설된 시·도 자치경찰위원회가 되었다. 따라서 자치경찰위원회와 시·도경찰청의 출범으로 경찰기능을 집행하기 위한 특별지방행정기관이 중앙-지방협력조직으로 변화되었다. 지방경찰청의 반국가-반지방의 시·도경찰청으로의 변화는 우리나라 특별지방행정기관을 정리한 효과를 낳았다. 향후 그 밖의 특별지방행정기관을 정리할 때 시·도경찰청의 사례가 좋은 참고자료가 될 수 있다.

3) 자치경찰사무의 지방정부 사무에 추가

1988년 지방자치법의 전부개정에 이어 1991년 지방의회, 1995년 지방정부의 장 선거로 지방자치가 부활하게 되었다. 지방자치의 부활을 기대하였던 민주 인사들의 바람대로 지방자치의 부활은 공정선거에 기여하였다. 선거에 의하여 여·야간에 평화로운 정권교체가 가능하게 되어 우리나라 민주주의 발전에 크게 기여하게 되었다.

그럼에도 불구하고 국민들의 주민주권에 기초한 주민의식은 크게 변하지 않았다. 자기결정, 자기책임, 자기부담이라는 주민자치의 기본적 원리도 크게 개선되지 않았다. 관치시대의 전통과 관행이 남아있는 곳이 많았다. 결론적으로 지방자치의 주민 체감도가 높지 않았다.

국민이나 주민들이 지방자치의 체감도를 가장 쉽게 느낄 수 있는 곳은 서비스가 이루어지고 있는 매일 매일의 일상이다. 그런데 매일 매일 접할 수 있는 공공 서비스이면서도 국가가 집행하고 관리하게 되면 주민들의 참여기회가 반감되어 체감도를 낮춘다. 중앙정부 관점의 치안 서비스가 주민 관점의 치안 서비스가 상이하기 때문이다. 주민관점의 치안 서비스는 주민친화적, 주민밀착형 서비스의 제공에 초점을 맞춘다. 치안이 법집행을 넘어 치안 서비스화를 의미하기도 한다.

자치경찰법 등 관계법령의 개정으로 자치경찰이 출범하였다. 시·도자치경찰위원회와 시·도경찰청이 창설되고 자치경찰사무의 집행이 이루어지고 있다. 제도적으로 치안기능도 국가사무와 자치사무로 대분되었다. 지방정부의 사무 중에 치안도 포함되게 되었다. 지방정부의 기능이 치안영역으로 확대된 것이다. 이제는 지방자치법 제13조제2항제8호로 "자치경찰사무"를 넣게 되면 자치경찰 도입의 의의가 배가될 것이다.

4) 행정위원회로서 시·도자치경찰위원회의 설치

자치경찰 논의의 첫 번째 정책방향이 경찰권의 민주적 통제였다. 경찰권의 민주적 통제가 어느 논의보다도 중요한 것은 우리나라 과거의 경찰사와 무관하지 않다. 현재는 든든한 시민생명과 재산의 파수꾼이지만 종전에는 반민주적 행태로 경찰청장이 사과한 사례도 적지 않았다.

자치경찰의 민주적 통제기제로서 도입된 제도가 행정위원회 성격의 자치경찰위원회였다. 자치경찰위원회를 합의제 행정기관인 행정위원회의 지위로 제도화함으로써 자치경찰위원회의 정치적 중립은 물론 전문성을 확보하였다. 의결기관인 행정위원회로서 시·도지사로부터 독립성을 확보하였으며 위원의 추천권자를 시·도지사, 지방의회, 교육감, 위원추천위원회, 국가경찰위원회 등으로 다양화함으로써 전문성 확보에도 노력하였다. 특히 사회적 약자보호를 위해 인권전문가 또는 여성의 참여를 위한 배려도 포함하였다. 별도의 사무기구를 설치함으로써 행정적인 측면에서도 독립성을 확보하였다. 국가경찰위원회도 행정위원회의 지위를 보장받지 못한 현실을 감안할 때 자치경찰위원회의 행정위원회화는 매우 의의가 크다.

5) 중앙-지방협력 모형

자치경찰의 출범은 중앙-지방의 지도·감독관계가 중앙-지방협력관계로 변화되고 있다는 것을 시사하는 가장 적절한 제도이다. 제반 상황을 고려하여 별도의 지방조직을 설치하는 대신에 기존의 지방경찰청을 반국가-반지방의 시·도경찰청으로 전환하여 국가사무, 수사사무, 자치사무를 집행하도록 제도화하였다.

향후 다양한 정책분야에 있어서 중앙-지방의 협력이 필요하다. 특히 지방정책의 협력을 위하여 중앙-지방협력회의를 설치하였다. 일정한 주기로 중앙-지방협력회의를 통하여 중앙정부와 지방정부가 지방정책을 조정·협력하고 있다.

같은 관점에서 일상의 행정을 집행하는 과정에서 중앙-지방의 상호협력의 대표적인 사례가 자치경찰이 되었다. 치안분야에 중앙-지방 협력관계는 새로운 국정 거버넌스의 시도라는 의의를 지녔다.

4. 결론

대략 13만의 공무원 조직이 경찰이다. 정보업무의 조정, 검·경수사권의 조정 등으로 비대해진 경찰조직을 분리·견제하려는 방안 중 하나가 자치경찰의 창설이다. 자치경찰은 또 한편 자치분권의 요구이기도 하다. 비록 우리에게는 익숙하지 않지만 치안은 지방정부의 핵심적 기능 중의 하나이다. 20여 년 이상 우리도 자치경찰의 도입을 위하여 많은 연구와 논의를 거듭하였다. 문재인 정부에 들어 그 분위기가 성숙되어 구체적인 첫발을 내딛게 되었다.

제20대 국회에서는 13만 명의 경찰조직에서 43,000명을 분리하는 자치경찰조직을 창설하고 이를 3단계에 걸쳐 실행하는 이원화 모형이 채택되었다. 그러나 이원화 모형의 문제점, 치안기능의 분리 어려움, 국가경찰의 지나친 간섭과 통제, 코로나19 상황하의 재정부담 등으로 이원화 모형은 20대 국회의 만료로 자동폐기되었다.

제21대 국회가 개원되면서 재정투입의 최소화와 중앙-지방의 협력모형에 기초하여 과도기적 성격의 일원화 모형이 제도화되었다. 자치경찰의 정체성 약화라는 비판도 제기되었지만 2021년 1월 1일 이후 자치경찰법이 발효되었다. 7월 1일 전국적으로 실시되었다.

불완전하지만 1988년 지방자치법 개정이 1991년 지방자치의 부활로 이어지고 30여 년 이후에 전면개정으로 이어져 자치분권2.0 시대를 열었듯이 2020년 12월 9월 자치경찰법의 개정은 향후 자치경찰의 발전에 첫발을 딛는 중요한 의의를 지녔다. 자치경찰사무의 제도화는 지방정부의 사무범위를 확대시켰으며 지방경찰청의 시·

도경찰청으로의 전환은 특별지방행정기관의 정리하는 자치분권적 성과를 아울러 거두었다.

자치경찰이 이미 대학교 및 학회 등에서 중요한 연구 및 강의 주제가 되었다. 3년의 경험으로 이미 자치경찰이 지역의 특수성에 맞는 치안 서비스의 확충에 성과를 거두고 있다. 자치경찰이 세간의 염려와는 달리 빠르게 개선된 모형으로 발전될 것임을 의미하고 있다.

언젠가는 지방자치법이 규정하는 지방정부의 사무로서 자치경찰 사무가 포함되고 이를 구체적으로 규정하는 제도로서 자치경찰법이 제정되는 형태로 자치경찰의 제도적 모습이 바뀌어야 할 것이다. 이를 위하여 이어지는 새로운 정부마다 그 시대적 상황에 맞추어 본 장에서 논의된 자치경찰의 의의를 토대로 자치경찰의 발전이 이루어져야 할 것이다.

제 2 부

자치경찰의 3년

제 3 장

자치경찰위원회의 구성 및 운영

박동균

1. 비정상에서 정상으로

2021년 7월부터 우리나라에서 실시하고 있는 자치경찰제에서는 국가경찰 공무원의 신분으로 자치경찰 업무를 수행하고 있다. 지방자치 제도를 실시하고 있는데 대구시 공무원은 행정안전부 소속의 국가공무원이라는 말과 같다. 자치경찰관이 없는 자치경찰 제도이다. 이를 국가경찰과 자치경찰의 일원화 모델이라고 부른다. 사실 일원화 모델은 진정한 의미의 자치경찰이 아니다. 실제로 자치경찰의 주요 업무가 생활안전, 사회적 약자 보호, 교통안전 등으로 주민의 일상생활과 매우 밀접하기 때문에 지방자치단체장의 책임과 권한 하에 처리하는 것이 맞다. 이것이 자치경찰의 장점이다. 그래서 어느 학자는 일원화에서 이원화로의 전환을 '비정상에서 정상'으로의 전환이라고 부르기도 한다.

자치경찰제가 출범한 지 이제 3년이 훨씬 지났다. 국가경찰과 자치경찰이 분리된 이원형 모델이 아닌 국가경찰의 신분으로 자치경찰 업무를 수행하는 일원형 모델로 출발한 탓에 일부에서는 '무늬만 자치경찰제', '페이퍼 컴퍼니', '짝퉁 자치경찰제', '대국민 사기극'이라는 비아냥 소리도 들린다.

심지어는 자치경찰제를 지역에 있는 자율방범대와 같은 것으로 생각(○○○ 시의원)하거나 자치경찰제와 생활안전협의회를 유사하게 생각(○○○ 공무원)하는 사람들도 있다.

하지만 자치경찰제가 일단 출발했다는 데 의미를 두고 싶다. 과거 수많은 논의 속에 자치경찰제 도입이 물거품이 된 적이 많았기 때문이다. 아무리 좋은 제도나 정책을 만들더라도 실제로 시행되지 않으면 아무 소용이 없다. 먼저 시행해 본 다음, 나타나는 문제점을 차근차근 보완해 나가는 지혜가 필요하다. 실제로 과거부터 자치경찰제에 대해서 국회의원과 경찰청이 미온적이었다. 자치경찰은 국회의원들의 눈에는 표가 되지 않는다. 광역지방자치단체장에게 자치경찰 인사 및 감독권이 가는 것도 국회의원들의 입장에서는 별로다. 경찰청은 더욱 그렇다.

우여곡절 끝에, 2020년 12월, 경찰법 전부 개정으로 자치경찰제 도입이 확정됨에 따라 드디어 시·도에 따라 약간씩 출범일자는 다르지만 2021년 7월 1일부터 공식적인 활동에 들어갔다. 여기서는 자치경찰관이 없는 자치경찰제, 즉 일원형 자치경찰제 속에서 1기 자치경찰위원회의 구성과 운영을 중심으로 살펴보고자 한다.

2. 자치경찰위원회의 구성

경찰 역사 76년 만에 가장 획기적인 변화라고 할 수 있는 '자치경찰제'가 출범하였다. 경찰청장을 정점으로 하는 중앙집권적인 국가경찰 구조가 경찰청장(국가경찰), 자치경찰위원회(자치경찰), 국가수사본부장(수사경찰)의 '3원' 체제로 바뀐 것이다. 자치경찰은 아동·청소년·여성 등 사회적 약자 보호, 교통지도·단속 및 교통질서 유지, 범죄예방과 생활안전 업무 등 시민들의 가장 가까운 곳에서 시민들의 안전 업무를 수행한다. 자치경찰은 주민자치행정과 경찰행정을 연계할 수 있는 장점이 있고, 지방분권의 이념을 바탕으로 시민들의 목소리를 더욱 신속하고 상세하게 경찰업무에 반영하는 데 그 의의가 크다.

「국가경찰과 자치경찰의 조직 및 운영에 관한 법률」(경찰법)의 시행으로 국가경찰 사무와 자치경찰 사무가 분리되었고, 자치경찰 업무를 지휘·감독하는 자치경찰위원회가 신설되었다. 쉽게 말해서, 자치경찰제는 주민자치행정과 치안행정을 잘 연계하고, 지역의 특성에 맞게 시민안전 치안 서비스를 제공하기 위한 제도이다.

자치경찰위원회는 자치경찰 제도를 운영하는 데 핵심적인 역할을 하는데, 시·도지사 소속으로 지역맞춤형 치안 서비스를 지휘·감독하는 역할을 담당한다. 경찰법에는 자치경찰 사무를 "관할 지역의 생활안전, 교통, 경비, 수사 등에 관한 사무"라고 정의하고 있고, 구체적으로는 지역 내 주민의 생활안전 활동, 지역 내 교통 활동에 관한 사무, 지역 내 다중운집 행사 관련 혼잡교통 및 안전관리, 소년범죄, 아동학대, 교통관련 범죄 등과 관련한 수사사무로 규정하고 있다. 자치경찰은 지역주민의 가장 가까운 곳에서 주민을 보호하는 안전지킴이다.

현행 우리나라의 자치경찰제는 국가경찰과 자치경찰의 조직을 분리하지 않고 사무만 구분하여 국가경찰사무는 중앙의 경찰청이, 자치경찰사무는 시·도 단위의 자치경찰위원회가 지휘·감독하며, 자치경찰사무 담당 경찰관의 신분도 국가경찰로서 유지하는 일원화 모형이다. 시·도자치경찰위원회는 합의제 행정기관으로서 그 권한에 속하는 업무를 다른 기관의 간섭을 받지 않고 독립적으로 수행하고, 자치경찰 업무에 대해서 시·도자치경찰위원회의 심의, 의결을 통해서 해당 시·도 경찰청장을 지휘·감독한다.

자치경찰제를 실시하는 데 있어서, 자치경찰이 시·도지사 소속으로서 너무 시장과 도지사에 의해 좌지우지되는 것 아니냐 하는 우려가 있었다. 하지만 이 문제는 '자치경찰위원회'가 있어서 어느 정도 해결된다고 할 수 있다. 자치경찰위원회는 시·도지사 소속이지만 직무상 독립성을 유지할 수 있도록 합의제 행정기관으로 법률에서 보장하고 있다. 그런 측면에서 오히려 시·도지사의 정치적 영향력에서 자치경찰위원회가 방어벽의 역할을 한다고 할 수 있다. 다시 말해서 자치경찰위원회는 시·도지사 소속이지만 합의제 행정기관이며, 자치경찰 사무에 대하여 독립적으로 직무를 수행한다. 자치경찰위원회는 자치경찰사무에 관하여 시·도경찰청장을 지휘·감독하게 되어 있다.

자치경찰위원은 7명의 위원으로 구성된다. 시·도의회(2명), 국가경찰위(1명), 교육감(1명), 위원추천위(2명) 추천, 시·도지사(1명) 지정한 자를 시·도지사가 임명하게 되어 있다. 위원장은 시·도지사가 임명하고, 상임위원 겸 사무국장은 위원 중에서 호선하도록 되어 있다. 이것은 정치인인 시·도지사가 임명한 위원장을 견제하는 의미도 있는 것이다. 또한, 위원 구성에 있어 여러 기관으로부터 추천을 받아 지역의 다양한 의견이 반영될 수 있도록 했다. 자치경찰제가 본격적으로 시행되면서 혹시라도 있을 수 있는 지방자치단체장의 전횡과 지역 유지들과의 유착 등을 방지하기 위한 측면도 있다.

이렇듯 현재 시행되고 있는 자치경찰위원회는 시·도지사와 시·도 경찰청장의 중간 사이에 있다. 시·도자치경찰위원회가 중립에 있는 이유는 자치경찰의 정치적 중립 유지와 경찰력의 혼선 방지, 시·도지사와의 연결 고리 차단을 위해서다. 중립지역에 있는 자치경찰위원회는 어느 기관의 눈치를 보지 않고, 중립적이고 공정하게 소관 업무를 수행할 수 있는 장점이 있다.

문제는 시·도지사가 시·도 경찰위원회에 대한 권한이 없기 때문에 책임도 없다고 방치하거나 무관심할 경우다. 또 다른 경우로 시·도 경찰청장이 지나치게 자치경찰 업무에 관여하여 자치경찰위원회를 무력화하려는 경우도 있을 수 있다. 이런 경우에는 큰 갈등이 발생할 수 있고, 이때 자치경찰관은 그들의 인사권을 가진 시·도 경찰청장 편에 설 것임은 자명하다.

이런 상황은 자치경찰과 국가경찰을 이원화하지 않고, 국가경찰관 신분으로 자치경찰 업무를 수행하기 때문에 발생하는 것이다. 이른바 '자치경찰관이 없는 자치경찰 제도' 때문이다. 이것은 진정한 자치경찰제가 아니다.

아울러, 현행 법률상 시·도자치경찰위원회 위원은 판사·검사·변호사 또는 경찰의 직에 5년 이상 있었던 사람, 변호사 자격이 있는 사람으로서 국가기관 등에서 법률에 관한 사무에 5년 이상 종사한 경력이 있는 사람, 대학이나 공인된 연구기관에서 법률학·행정학 또는 경찰학 분야의 조교수 이상의 직이나 이에 상당하는 직에 5년 이상 있었던 사람, 그 밖에 관할 지역주민 중에서 지방자치행정 또는 경찰행정 등의 분야에 경험이 풍부하고 학식과 덕망을 갖춘 사람 중 어느 하나에 해당하는 자격을 갖추어야 한다. 또한, 시·도자치경찰위원회 위원장은 위원 중에서 시·도지사가 임명하고, 상임위원은 시·도자치경찰위원회의 의결을 거쳐 위원 중에서 위원장의 제청으로 시·도지사가 임명한다.

아울러 정당의 당원이거나 당적을 이탈한 날부터 3년이 지나지 아니한 사람, 선거에 의하여 취임하는 공직에 있거나 그 공직에서 퇴직한 날부터 3년이 지나지 아니한 사람, 경찰, 검찰, 국가정보원 직원 또는 군인의 직에 있거나 그 직에서 퇴직한 날부터 3년이 지나지 아니한 사람, 국가 및 지방자치단체의 공무원이거나 공무원이었던 사람으로서 퇴직한 날부터 3년이 지나지 아니한 사람 중에서 어느 하나에 해당하는 사람은 위원이 될 수 없고, 위원이 어느 하나에 해당한 경우에는 당연퇴직한다. 또한 시·도자치경찰위원회 위원장과 위원의 임기는 3년으로 하며, 연임할 수 없다. 임기를 3년으로 하고, 연임을 할 수 없도록 한 이유는 위원장과 위원들이 연임을 위한 지방자치단체장과 추천 기관과의 결탁 가능성을 사전에 차단하고, 임기 동안 소신 있게 일할 수 있도록 하기 위해서다. 하지만 자치경찰위원회 위원들의 임기를 3년으로 제한한 것은 과도한 규제이다. 자치경찰 업무의 전문성과 연속성을 위해 연임제한을 철폐하는 것이 타당하다.

또한, 제1기 전국 자치경찰위원회 전체 위원들의 출신을 분석해 보면, 경찰 출신이 32명(25.4%), 교수 출신이 45명(35.7%)이다. 이어서, 변호사 출신이 25명(19.8%), 인권 및 시민단체 출신이 16명(12.7%)의 순이다. 특히, 전국 자치경찰위원회의 상임위원(사무국장) 18명 중에 16명이 경찰관 출신이고, 자치경찰위원장 중에는 5명이 경찰관 출신이다. 아마도 자치경찰 출범 초기이기 때문에 경찰 업무에 정통한 유능한 인사들이 대거 추천되었기 때문일 것이다.

자치경찰의 정치적 중립성과 민주성, 공정성을 위해서 '자치경찰위원회'의 역할이 중요하다. 합리적이고 이상적인 자치경찰위원회 구성 방법에 대한 논의도 활발하다. 자치경찰위원회가 다루는 치안 문제는 지역사회의 다양한 구성원과 관계있다는 점에서 성별, 연령, 경력 등이 다양한 사람들로 구성할 필요가 있다. 교수나 전직 경찰 등 특정한 직업에 편중되는 것은 바람직하지 않다.[1] 시·도자치경찰

1 자치경찰위는 3년 전 최초 출범 당시 상임위원들 대부분이 경찰 출신이었다. 1기 전국 시·도 자치경찰위 상임위원(사무국장)은 전직 경찰간부 출신이 90%에 달하는 것으로 알려져 많은 비판이 제기되기도 했다. 하지만 올해 새로 출범하는 2기는 상임위원을 넘어 비상임위원까지 '60대·경찰출신·남성' 위주로 구성돼 인선에 대한 우려가 크다. 인천시 2기 자치경찰위는 위원 구성 7인 중 4명이 퇴직 경찰이다. 위원 명단을 보면 17대 인천경찰청장, 18대 서울지방경찰청장을 지낸 한진호 인천자치경찰위원장 내정자를 포함해 박준길 전 경찰청 정보국 정보2분실장, 조정필 전 인천중부경찰서장, 정승용 전 인천경찰청 부장 등이 포진돼 있다. 퇴직 경찰이 1명이었던 1기 때와 달리 4명으로 늘어나면서 2명이었던 대학교수는 1명으로 줄었고, 1명씩이던 인권단체 출신과 퇴직교사는 2기에 아예 포함되지 못했다. 지난달 출범한

위원회의 지역 대표성을 위해 여성과 언론, 시민단체 등 지역사회의 의견을 다양하게 반영할 수 있도록 여러 직업군들의 위원들이 임명되는 것이 바람직하다.

이를 위해서는 몇 가지 방법을 생각해 볼 수 있다. 예를 들어, 각각 2명을 추천하는 시·도의회와 위원추천위원회는 양성 비율을 한 명씩 추천하는 방법을 생각해 볼 수 있다(서울시 의회 추천 : 남성 1명, 여성 1명). 또한 위원장과 상임위원(사무국장)은 동일직업(군)으로 선임할 수 없게 하는 방법도 생각해 볼 수 있겠다. 예를 들어 위원장이 경찰출신이면, 상임위원(사무국장)은 비경찰 출신으로 선정하는 방법이다.

아울러 자치경찰위원장에 대해서는 공모형식[2] 또는 시·도의회 동의를 거치는 등 검증 절차를 강화하는 것도 적극 검토되어야 할 것이다. 자치경찰위원회 위원 구성을 다양하게 분산하기 위한 제도적 정비가 필요하다.

▣ 현행 법률상 자치경찰위원회 구성(「경찰법」 제19조, 제20조)

○ 위원 구성: 7명[상임 2(위원장, 상임위원), 비상임 5]

2기 대전시 자치경찰위도 위원 7명 가운데 박희용 전 세종경찰청장을 비롯해 박명규 전 대전대덕경찰서장, 태경환 전 대전중부경찰서장, 오용대 전 대전둔산경찰서장 등 4명이 퇴직 경찰이었다. 박미랑 한남대 경찰학과 교수와 김동문 전 대전서부교육지원청 교육장, 선진혜 변호사 등 3명만 민간위원이다(아시아 투데이, 2024. 5. 15).

2 2024년 제2기 자치경찰위원장을 선임할 때, 대구시와 경상남도에서 공모 절차를 거친 것으로 알려졌는데, 구체적으로 진행된 절차나 과정은 공개되지 않았다. 앞으로 보다 공정하고 객관적인 기준을 통해 우수하고 적합한 자치경찰위원장을 선임하는 것이 필요하다.

시장 지명	기관 추천			
	시의회	시교육감	국가경찰委	위원추천委
1명	2명	1명	1명	2명

- (위원장) 위원 중에서 시장이 임명 * 2급 상당 정무직공무원
- (상임위원) 위원 중에서 위원회 의결→위원장 제청→시장이 임명
  * 3급 상당 정무직공무원

□ **위원장과 상임위원**은 상시근무 공무원 신분으로 **겸직제한 규정에 적용**
☞ 예) **변호사: 변호사업 휴업신고**(→지방변호사회 및 대한변호사협회),
대학교수: 휴직신청(→소속학교)

○ 임기: 3년('24. 5. 20. ~ '27. 5. 19.) / 연임 불가

▣ 자치경찰 위원 자격기준 및 결격사유(「경찰법」 제20조)

자격요건	결격사유(당연퇴직)
① 판사·검사·변호사 또는 경찰의 직에 5년 이상 있었던 사람 ② 변호사 자격이 있는 사람으로서 국가기관 등에서 법률에 관한 사무에 5년 이상 종사한 경력이 있는 사람 ③ 대학이나 공인된 연구기관에서 법률학·행정학 또는 경찰학 분야의 조교수 이상의 직이나 이에 상당하는 직에 5년 이상 있었던 사람 ④ 그 밖에 관할 지역주민중에서 지방자치 행정 또는 경찰행정 등의 분야에 경험이 풍부하고 학식과 덕망을 갖춘 사람	① 정당의 당원이거나 당적을 이탈한 날부터 3년이 지나지 아니한 사람 ② 선거에 의하여 취임하는 공직에 있거나 그 공직에서 퇴직한 날부터 3년이 지나지 아니한 사람 ③ 경찰, 검찰, 국가정보원 직원 또는 군인의 직에 있거나 그 직에서 퇴직한 날부터 3년이 지나지 아니한 사람 ④ 국가 및 지방자치단체의 공무원(국립 또는 공립대학의 조교수 이상의 직에 있는 사람은 제외)이거나 공무원이었던 사람으로서 퇴직한 날부터 3년이 지나지 아니한 사람 ⑤ 「지방공무원법」 제31조 각 호의 어느 하나에 해당하는 사람

→ 위원은 특정 성(性)이 10분의 6을 초과하지 아니하도록 노력

→ 위원 중 1명은 인권문제에 전문적 지식과 경험이 있는 사람이 임명되도록 노력

▣ 위원 추천위원회 구성·운영

○ 위원 구성: 5명(당연 1, 추천 4) *위원장은 추천위원 중 호선(互選)

- (당연직) 市 기획조정실장
- (추천기관)구·군의장협의회(1), 구청장·군수협의회(1), 경찰청장(1), 대구지방법원장(1)

☞ 추천위원의 자격요건은 법령에서 규정하고 있지 않음(제한 없음)

○ 임기: 자치경찰위원회 위원 추천 완료 후 자동 해산

○ 역할: 자치경찰위원회 위원 추천(2명)

- (추천위원) 자치경찰위원회 위원 추천을 위한 심사대상자 제시

* 각 추천위원이 제시하는 심사대상자의 수는 추천위원회 의결로 결정

- (추천위원회) 심사 및 의결을 거쳐 자치경찰위원회 위원(2명)을 선정

○ 의결방법: 재적위원 과반수의 찬성으로 의결

【추천위원회 추천 과정】

위원회 구성	1차 위원회	심사대상자 제시	2차 위원회	위원회 해산
추천위원 (4명) + 기획조정실장	» 위원장 선출 » 심사방법 결정	» 위원 별 대상자 제출 (서면)	» 대상자 심사 » 최종 추천자 (2명) 선정·통보	위원 추천 후 자동 해산

※위원회 세부 운영은 추천위원회 결정에 따라 변경될 수 있음

3. 자치경찰위원회의 운영

1) 회의 운영

자치경찰위원회는 합의제 행정기관이다. 따라서 정기회의 및 임시회의 등의 체계적인 운영이 중요한 과제이다. 자치경찰위원회의 합리적인 회기 운영 계획 사전 수립을 통한 내실 있는 회의 운영과 적극적인 안건 발굴 및 심의 활성화로 자치경찰위원회 지휘·감독 역할과 기능이 무엇보다 중요하다.

▣ 자치경찰위원회 회의 운영개요

○ (근거) 「국가경찰과 자치경찰의 조직 및 운영에 관한 법률」 제26조

「자치경찰사무와 시·도자치경찰위원회의 조직 및 운영 등에 관한 규정」 제13조

○ (기능) 자치경찰위원회 소관사무(법 제24조)에 대한 심의·의결

○ (구성) 위원장, 상임위원(사무국장), 비상임위원 5

○ (운영) 월 1회* 정기회의, 필요시** 임시회의 개최

* 「자치경찰사무와 시도자치경찰위원회의 조직·운영 등에 관한 규정」 제13조(월 1회이상 개최)

** 「국가경찰과 자치경찰의 조직 및 운영에 관한 법률」 제26조(위원장·시장 필요 인정 시, 위원 2명 이상 요구 시)

2023년 대구시 자치경찰위원회 회의를 통한 자치경찰 사무 주요 치안시책 심의·의결

- 정기회의(12회) 및 임시회의(16회) 개최(총 106개 안건 처리) ('23.12.31. 현재)

<table>
<tr><th colspan="7">회의 개최</th><th colspan="7">안건 처리</th></tr>
<tr><th rowspan="2">합계</th><th colspan="3">정기</th><th colspan="3">임시</th><th rowspan="2">합계</th><th colspan="5">의결 안건</th><th rowspan="2">보고안건</th></tr>
<tr><th>소계</th><th>대면</th><th>영상</th><th>소계</th><th>대면</th><th>영상</th><th>소계</th><th>원안</th><th>수정</th><th>보류</th><th>기타*</th></tr>
<tr><td>28</td><td>12</td><td>11</td><td>1</td><td>16</td><td>-</td><td>16</td><td>106</td><td>68</td><td>54</td><td>3</td><td>-</td><td>11</td><td>38</td></tr>
</table>

* 기타(11) : 선정1, 추천10

또한, 회의 결과의 신속한 통보 및 대외 공개를 통해 위원회 운영의 투명성 제고 및 시민의 알권리 충족시켰다. 회의 개최 결과는 홈페이지에 게재하여 시민들에게 공개하고 있다.

지난 3년 제1기 자치경찰위원회를 평가해 보면, 76년 만에 대한민국에서 실시하는 자치경찰위원회의 주춧돌을 놓았다고 볼 수 있다. 아무것도 없는 백지상태[3]에서 시작한 자치경찰은 3년간 각종 인사 및 회의 등 사무규정, 자치경찰 관련 제도, 시민안전 정책을 개발하는 데 역량을 집중했다.

2) 자치경찰위원회의 핵심, 실무협의회

자치경찰위원회는 유관 기관 간 협력체계 구축을 통한 자치경찰사무의 원활한 추진을 도모하고, 국가경찰사무와 자치경찰사무의 합리적 조정 및 협력 지원을 위해 실무협의회를 운용하고 있다.

대구시 자치경찰위원회는 2021년 8월 6일 1층 대회의실에서 제1차 실무협의회를 개최해 대구시 자치경찰의 발전과 사회적 약자 보호를 위한 자치경찰의 방향에 대해 협의했다.

실무협의회는 「대구시 자치경찰사무와 자치경찰위원회 조직 및 운영 등에 관한 조례」 제10조에 근거해 자치경찰 사무의 원활한 수행 및 국가경찰과 자치경찰 사무의 협력·조정이 필요한 사항을 논의하는 기구이다. 구성은 대구시 자치경찰위원회 사무국장(상임위

3 2021년 5월 20일 비가 무척이나 많이 내리던 날에, 대구시 자치경찰위원 위촉식, 현판 제막식을 시작으로 5월 24일 제1차 회의에서 필자가 상임위원(사무국장)으로 선출되었다. 그 이후 대구시 관내 10개 경찰서 치안현장을 직접 찾아가서 현장 경찰관들과 소통하였고, 홈 페이지와 CI, 중기 발전계획과 각종 규정들을 새로 만들었다. 우리 사무국 직원들의 자치경찰 역량 강화를 위해 워크샵을 3차례 실시하였다. MZ 세대를 위한 SNS 홍보, 동영상·카드뉴스 제작, 찾아가는 주민자치 설명회, 칼럼 기고, 방송 출연 등으로 자치경찰 홍보에 주력하였다. 대구시, 경찰청, 교육청, 소방본부의 안전 관련 담당과장들로 구성된 '실무협의회'를 만들어 정보를 교환하고, 소통·협력해서 촘촘한 사회안전망을 만들기 위한 시민안전 정책들을 실행하였다(박동균, 자치경찰에세이 1권, 서문).

원)이 위원장이 되고, 당연직 위원으로 대구시청 8명, 대구경찰청 4명, 대구시 교육청 2명으로 총 15명으로 구성했다.

표 1 대구시 자치경찰위원회 실무협의회 위원 명단

○ 위원 : 당연직 15명(대구시 9, 대구경찰청 4, 대구교육청 2)

구분	소속	직위	성명	비고
위원장	대구광역시 (1)	자치경찰위원회 사무국장 (상임위원)	박동균	
위원	대구광역시 (8)	안전정책과장	서○목	
		어르신복지과장	이○미	
		장애인복지과장	정○홍	
		여성가족과장	김○현	
		청소년과장	서○용	
		교통정책과장	신○원	
		소방안전본부 현장대응과장	박○원	
		자치경찰위원회 자치경찰행정과장	이○상	
	대구경찰청 (4)	범죄예방대응과장	최○섭	
		여성청소년과장	박○영	
		교통과장	김○우	
		직장협의회 대표	문○영	
	대구교육청 (2)	생활인성교육과장	김○은	
		안전총괄과장	이○근	

이날 협의회에서는 대구시 자치경찰제도가 출범한 이후 지금까지의 과정과 현황 등에 대한 설명을 시작으로, 향후 대구시 자치경찰제의 추진방향 등에 대한 심도 있는 토론을 했다.

특히 이날 안건 중 성폭력·가정폭력·아동학대 등에 대해 365일

24시간 상담, 의료, 법률, 수사지원을 통합·제공하는 해바라기센터에 대한 추가 개소 및 전기통신금융사기(보이스피싱) 예방을 위한 대구 시민 문자발송에 대해 위원들의 공감대를 형성해 해당기관과의 협의를 이끌어냈다.

실무협의회 위원장인 박동균 사무국장(상임위원)은 "현재 아동과 여성, 노인 등 사회적 약자들을 대상으로 하는 가정폭력은 전 세계적으로 증가 추세에 있다. 또한 코로나19 감염병 확산 과정에서 발생하는 두려움과 불확실성은 다양한 형태의 폭력을 유발할 수 있는 요인이 되기 때문에 그 어느 때보다도 사회적 약자에 대한 관심과 지원이 필요한 때"이라며 "아동과 여성, 노인과 장애인 등 사회적 약자들은 온전하게 스스로를 보호하기 어렵고 주위의 도움이 절실히 필요하기 때문에 가장 가까운 곳에서 지역주민의 생명과 재산을 지키는 형사사법기관인 자치경찰이 신경 써야 할 부분이다. 이 협의회에서는 대구시, 대구경찰청, 대구시 교육청 등 다양한 분야의 의견들을 조정하고 반영해서 사회적 약자들을 위한 촘촘한 사회안전망을 만들어 나갈 것이다"라고 말했다.

또한, 대구시 자치경찰위원회는 10월 5일 오후 3시 제3차 실무협의회를 개최해 학교 불법촬영카메라 합동점검 및 학생 통학로 안전사고 예방, 대구형 자치경찰 정책제안 공모 협조 안건에 대해 협의했다.

이날 실무협의회는 대구시 자치경찰위원회 사무국장(상임위원)인 박동균 위원장 주재로 대구시청, 대구경찰청, 대구교육청 위원 및 관계자 20여 명이 참석한 가운데 3가지 안건에 대한 토의가 이루어졌다.

안건으로는 ▲학교 불법촬영카메라 합동점검 ▲학생 통학로 안전사고 예방 ▲대구형 자치경찰 정책제안 공모 홍보 협조를 내용으로 기관별 협력·지원 방안에 대해 논의했다.

이날 교육청은 날로 급증하는 디지털 성범죄에 대한 학교 내 불안감을 해소하고 불법촬영을 근절하기 위해 관할 경찰서 등 관련기관의 불법촬영카메라 합동점검 협조 안건을 상정했다. 또한 스쿨존 교통사고 예방을 위해 어린이보호구역 내 교통안전시설물 우선 설치, 실효성 있는 교통안전교육 프로그램 지원, 2건 이상 교통사고 발생 어린이보호구역에 대한 합동안전점검 지원 등에 대한 협조를 요청했다.

마지막으로 대구시 자치경찰위원회는 현재 시민참여를 통한 지역맞춤형 치안정책을 발굴하고자 대구형 자치경찰 정책제안 공모를 추진하는 중이며, 많은 시민들이 참여할 수 있도록 관계기관의 관심과 홍보를 부탁했다.

실무협의회 위원장인 필자는 박동균 사무국장(상임위원)으로서 "학생들이 마음 놓고 학교를 다닐 수 있도록 안전한 학교환경을 만들기 위해 관계기관과 함께 꼼꼼히 치안망을 정비하겠다"고 강조하고, "이번 정책제안 공모전을 통해 다양한 아이디어를 발굴하고 수요맞춤형 정책을 펼치기 위해 노력하겠다"고 말했다.

또한, 대구시 자치경찰위원회는 2021년 12월 21일 오후 자치경찰위원회 회의실에서 대구시와 대구경찰청, 대구교육청 관계자가 참석한 가운데 제4차 실무협의회 회의를 열었다.

이날 회의에선 '여성이 위험하다'를 주제로 의견을 나눴고, 연말연시 특별 치안 활동을 점검하고 기관별 협조 사항을 논의했다.

논의한 주요 내용은 ▷ 범죄예방 환경 디자인(CPTED)을 적용한 생활 안전 기반 조성사업 ▷ '샛별로 프로젝트'와 '동인동 언택트 빛나는 거리' 환경개선 사업 사례 ▷ 디지털 성범죄 예방과 여성안전 캠퍼스 환경조성 사업 ▷ 스토킹 데이트 폭력 근절 대책 ▷ 여성 1인 가구 세이프-홈(Safe-Home) 지원사업 등이다. 또 이달 14일부터 내달 2일까지 대구경찰청이 추진하는 '연말연시 특별 치안 활동'을 함께 점검하고 보완사항에 대해 의견을 나눴다.

실무협의회 위원장인 박동균 사무국장은 "사회적 약자를 보호하는 것이 대구자치경찰의 중요한 목표인 만큼 여성이 안전한 도시를 조성하고자 사회안전망을 구축해나갈 것"이라며 "시민들이 따뜻하고 평온한 연말연시를 보낼 수 있도록 철저히 준비하겠다"고 했다(매일신문, 2021. 12. 21).

대구광역시 자치경찰위원회 실무협의회 운영세칙

(제정) 2021. 7. 7.

제1조(목적) 이 세칙은 「대구광역시 자치경찰사무와 자치경찰위원회 조직 및 운영 등에 관한 조례」 제10조에 따라 대구광역시자치경찰위원회 실무협의회(이하 "실무협의회"라 한다)를 설치·운영하는데 필요한 사항을 규정함을 목적으로 한다.

제2조(설치 및 기능) ① 자치경찰 사무의 원활한 수행 및 국가경찰사무와 자치경찰 사무의 협력·조정 등을 위해 실무협의회를 둔다.

② 실무협의회는 다음 각 호의 사항을 협력·조정한다.

1. 대구광역시의 자치경찰사무의 원활한 수행에 관련된 사항
2. 대구광역시의 국가경찰사무와 자치경찰사무의 협력 및 조정에 관한 사항
3. 그 밖에 자치경찰사무 수행과 관련하여 협의가 필요한 사항

제3조(구성) ① 위원장은 대구광역시자치경찰위원회 상임위원(사무국장)으로 한다.

② 위원장을 제외한 실무협의회의 위원은 당연직 위원과 위촉직 위원으로 구분한다.

③ 당연직 위원은 다음 각 호에 해당하는 사람으로 한다

1. 대구광역시자치경찰위원회 자치경찰행정과장
2. 대구광역시 생활안전, 아동·청소년·노인·여성·장애인 등

사회적약자 보호, 교통, 재난안전 관련 과장

3. 대구광역시경찰청 자치경찰관련 과장
4. 대구광역시교육청 학교폭력예방 및 교육안전 관련 과장
5. 대구광역시소방안전본부 재난 등 발생 시 긴급구조 활동 관련 과장
6. 대구광역시경찰청(서) 직장협의회 대표

④ 위원장은 그 밖에 지역 내 자치경찰사무 수행과 관련하여 참여가 필요하다고 인정하는 사람을 위촉직 위원으로 위촉할 수 있다. 이 경우 실무협의회 협의를 거쳐야 한다.

▣ 운영개요

○ (근거) 「자치경찰사무와 시·도자치경찰위원회의 조직 및 운영 등에 관한 규정」 제15조
「대구광역시 자치경찰사무와 자치경찰위원회 조직 및 운영 등에 관한 조례」 제10조

○ (기능) 자치경찰사무의 원활한 수행 지원, 국가경찰·자치경찰 사무의 협력·조정 및 그 밖의 자치경찰사무 수행과 관련하여 협의가 필요한 사항 협의

○ (구성) 대구시, 대구경찰청, 대구교육청 자치경찰사무 관련 부서 소속 공무원 15명

○ (운영) 분기 1회 정기회의 개최, 필요시 임시회의 소집

▣ 2023년 추진실적

○ 5회 회의(정기4, 임시1) 개최, 5개 주제, 46개 안건 협의(보고 3, 주제 43)

○ 주요 성과

안건명	조치결과
개학기 스쿨존 내 불법 주정차 단속 강화	불법주정차 기동단속반 편성 '사고다발 스쿨존' 집중단속 (대구경찰청, 시 교통정책과)
체험·사례 중심 찾아가는 청소년 범죄예방 교육 추진 협조	대구교육청, 대구경찰청 협조로 '청소년 범죄예방 교육프로그램' 개발 및 보급 (시 자치경찰정책과)
빈발하는 이상동기 범죄 대응 긴급 임시회의 개최	시, 9개 구·군 업무담당 과·팀장, 대구교육청, 대구경찰청 등 참석, 범죄취약지역 CCTV 설치 확대 협의

자치경찰위원회 실무협의회의 활동을 이해하기 위하여 2023년 대구시 자치경찰위원회 실무협의회의 안건과 결과를 살펴보면 다음과 같다.

표 2 **대구시 자치경찰위 실무협의회 회의 결과**

○ 2023년 실무협의회 회의 결과

※ 기관명 : (시) = 대구광역시, (경) = 대구경찰청, (교) = 대구광역시교육청

<table>
<tr><th>회차</th><th>구분</th><th>상정부서</th><th>안건명</th><th>협의 부서</th><th>결과</th></tr>
<tr><td rowspan="10">1차
(정기)
2.23.</td><td>보고</td><td>(시)자치
경찰정책과</td><td>1. 하반기 자치경찰 정책수요 여론조사 결과</td><td>–</td><td>완료</td></tr>
<tr><td rowspan="9">주제토의</td><td colspan="4">(주제) 아동 안전 대책</td></tr>
<tr><td>(시)안전
정책과</td><td>2. 2023년 어린이 안전
시행계획 수립</td><td>–</td><td>자료
공유</td></tr>
<tr><td>(시)
청소년과</td><td>3. 위기 아동 보호 대책</td><td>(교)생활
인성교육과
(경)여성
청소년과</td><td rowspan="2">대책
공유 및
협의
사항
추진</td></tr>
<tr><td>(시)교통
정책과</td><td>4. 개학기 어린이보호
구역 안전점검 시행</td><td>(경)교통과</td></tr>
<tr><td>(시)교통
정책과</td><td>5. 어린이 교통랜드 운영</td><td>–</td><td>자료
공유</td></tr>
<tr><td>(경)여성
청소년과</td><td>6. 아동학대 예방 및
아동안전망 강화</td><td>(시)자치
경찰정책과
(교)생활
인성교육과</td><td rowspan="3">대책
공유 및
협의
사항
추진</td></tr>
<tr><td>(경)교통과</td><td>7. 어린이 교통안전
대책 추진</td><td>(시)교통
정책과
(교)안전
총괄과</td></tr>
<tr><td>(교)안전
총괄과</td><td>8. 학교 교통안전문화
확산 및 교통안전 교육강화</td><td>(시)교통
정책과
(경)교통과</td></tr>
<tr><td>(시)자치
경찰정책과</td><td>9. 아동학대 예방을 위한
인공지능 심리분석
시스템 운영</td><td>–</td><td>자료
공유</td></tr>
</table>

<table>
<tr><th>회차</th><th>구분</th><th>상정부서</th><th>안건명</th><th>협의 부서</th><th>결과</th></tr>
<tr><td rowspan="9">2차
(정기)
6.13.</td><td colspan="5">(주제) 청소년 안전 및 범죄예방 대책</td></tr>
<tr><td rowspan="8">주제토의</td><td>(시)
청소년과</td><td>1. 청소년상담 복지센터 운영</td><td>(경)여성
청소년과</td><td>자료
공유 및
협의
사항
추진</td></tr>
<tr><td>(시)
청소년과</td><td>2. 청소년 유해환경 감시단 운영</td><td>(경)생활
안전과</td><td>자료
공유 및
협의
사항
추진</td></tr>
<tr><td>(시)소방
안전본부</td><td>3. 청소년 안전문화 프로그램 추진</td><td>-</td><td>자료
공유</td></tr>
<tr><td>(시)보건
의료정책과</td><td>4. 대구시 마약류 중독 예방 대책</td><td>(교)체육
예술보건과
(경)여성
청소년과</td><td>대책
공유 및
협의
사항
추진</td></tr>
<tr><td>(경)여성
청소년과</td><td>5. 대구경찰청 청소년 안전 및 범죄예방 대책</td><td>-</td><td rowspan="3">자료
공유</td></tr>
<tr><td>(교)체육
예술보건과</td><td>6. 대구교육청 마약류 등 유해약물 예방 교육추진</td><td>-</td></tr>
<tr><td>(시)자치
경찰정책과</td><td>7. 학교폭력 및 청소년 마약예방 캠페인 추진</td><td>-</td></tr>
<tr><td>(시)자치
경찰정책과</td><td>8. 찾아가는 청소년 범죄예방 교육 추진</td><td>(경)여성
청소년과
(교)생활
인성교육과</td><td>대책
공유 및
협의
사항
추진</td></tr>
</table>

<table>
<tr><th>회차</th><th>구분</th><th>상정부서</th><th>안건명</th><th>협의 부서</th><th>결과</th></tr>
<tr><td rowspan="6">3차
(임시)
8.29.</td><td rowspan="6">주제토의</td><td colspan="4">(주제) 이상 동기 범죄(묻지마 범죄) 예방 대책</td></tr>
<tr><td>(구)북구
정보통신과</td><td>1. 다중밀집지역 범죄
대응을 위한 CCTV
집중관제 대응</td><td>-</td><td rowspan="5">대책
공유 및
협의사항
추진</td></tr>
<tr><td>(구)달성군
정보통신과</td><td>2. 등산로 및 근린공원
CCTV설치</td><td>-</td></tr>
<tr><td>(경)생활
안전과</td><td>3. 흉기난동 범죄 총력
대응을 위한 특별치안활동</td><td>-</td></tr>
<tr><td>(경)여성
청소년과</td><td>4. 특별치안활동 기간
SPO·APO 중심
현장 활동 강화</td><td>(교)생활
인성
교육과</td></tr>
<tr><td>(시)자치
경찰정책과</td><td>5. 산책길 진출입로 등
범죄취약지역 CCTV
확대 설치</td><td>(시)안전
정책과
(구)구·군</td></tr>
<tr><td rowspan="10">4차
(정기)
9.21.</td><td rowspan="3">보고</td><td colspan="4">2023년 추석맞이 특별치안 대책</td></tr>
<tr><td>(경)대구
경찰청</td><td>1. 추석명절 특별방범대책</td><td>-</td><td rowspan="2">대책
공유</td></tr>
<tr><td>(시)교통
정책과</td><td>2. 대구시 추석연휴 특별
교통대책</td><td>-</td></tr>
<tr><td colspan="5">(주제) 여성 대상 범죄 예방 대책</td></tr>
<tr><td rowspan="6">주제토의</td><td>(시)안전
정책과</td><td>3. 안심귀갓길
환경개선 사업</td><td>(경)생활
안전과</td><td>협의사항
추진</td></tr>
<tr><td>(시)안전
정책과</td><td>4. 스마트
안심택배서비스 제공</td><td>-</td><td rowspan="5">대책
공유</td></tr>
<tr><td>(시)여성
가족과</td><td>5. 스토킹 피해자
지원대책</td><td>-</td></tr>
<tr><td>(경)여성
청소년과</td><td>6. 스토킹방지법 시행에
따른 현장 대응력 강화</td><td>-</td></tr>
<tr><td>(시)자치
경찰정책과</td><td>7. 주거안전 취약가구
세이프-홈 지원 사업</td><td>-</td></tr>
<tr><td>(시)자치
경찰정책과</td><td>8. 범죄피해자 주거안전 확
보를 위한 홈-보안
서비스 지원사업</td><td>-</td></tr>
</table>

회차	구분	상정부서	안건명	협의 부서	결과
5차 (정기) 11. 27.	주제토의		(주제) 군위경찰서 편입에 따른 자치경찰 치안대책		
		(경)범죄예방대응과	범죄예방 관련 치안 현황 파악	-	대책 공유
		(경)여성청소년과	2. APO시스템 정비	-	
		(경)여성청소년과	3. 해바라기센터 피해자 연계 방안	-	
		(경)여성청소년과	4. 성·가정폭력·스토킹 피해자 보호·연계 방안	-	
		(경)여성청소년과	5. 117신고센터 시스템 정비	-	
		(경)여성청소년과	6. 군위군 초·중·고등학교 편입·관리	-	
		(경)교통과	7. 교통안전 시설 이관	-	
		(경)교통과	8. 교통외근(싸이카) 운영 방안	-	
		(경)교통과	9. 무인단속 장비 이관	-	
			(주제) 군위군 편입에 따른 부서별 안전대책		
		(시)안전정책과	10. 대구시민안전보험 군위군민 추가	-	대책 공유 및 협의사항 추진
		(시)어르신복지과	11. 노인분야 주요 지원사업 현황	-	
		(시) 청소년과	12. 청소년 분야 지원 대책	(경)여성청소년과	
		(시)교통정책과	13. 교통분야 지원 대책	-	
		(시)현장대응과	14. 소방 안전 분야 주요 대책	-	
		(교)안전총괄과	15. 군위군 학교 대상 안전대책	(시)교통정책과 (경)교통과	
		(시)자치경찰정책과	16. 자치경찰위원회 운영 사업 대상확대 및 협력강화	-	

이와 같이 실무협의회는 자치경찰제를 운영하는 데 있어 매우 중요한 역할을 하고 있다. 특히 지방자치단체, 경찰청, 교육청, 소방본부 등 시민안전을 위해 중요한 기관을 연결하고, 소통하고, 협업하는 아주 중요한 통로의 역할을 수행한다. 실무협의회가 잘 운영되는 자치경찰위원회는 실제로 자치경찰이 성공적으로 정착될 가능성이 높다고 할 수 있다. 그만큼 주민자치행정과 경찰행정이 잘 조화롭게 운용되는 것이기 때문이다. 앞으로 자치경찰위원회 실무협의회는 정기회의는 물론이고, 특정한 사안이 필요한 경우에 중요한 부서들끼리만 소집해서 실시하는 임시특별회의를 시행하는 것이 바람직하다. 아울러 실무협의회의 당연직 위원 이외에도 꼭 필요한 기관과 부서의 담당자들도 함께 하는 것이 필요하다. 예를 들면, 구청이나 군청 담당자, 성폭력 상담소와 같은 시민단체, 자율방범대, 녹색어머니회 등 관변단체 등도 함께 하는 현장 중심의 실질적인 실무협의회도 필요하다.

4. 결론을 대신하여

역대 정부에서 자치경찰제 도입에 대한 많은 논의가 있었다. 하지만 번번이 도입에는 실패했다. 실제로 자치경찰제는 경찰활동의 민주성·분권성·주민지향성을 향상시키기 위한 방안으로 좋은 제도이다.

미국이나 영국, 일본 등 주요 선진국들은 각 국가마다의 역사적 전통과 특성에 따라 자치경찰제를 이미 실시하고 있다.

1990년대 지방자치제 시행과 더불어 자치경찰제가 본격 논의되기 시작하였고, 2004년에는 지방분권특별법에 자치경찰제도 도입에 대한 명문화가 이루어졌다. 우리나라 최초 자치경찰제는 2007년 3월 제주특별자치도에서 시행하였고 출범 당시 38명으로 시작하여 꾸준히 증가하고 있다. 제주자치경찰은 제주특별자치도지사 소속 직속기관으로 주요 수행사무는 주민의 생활안전 활동에 관한 사무, 지역교통 활동에 관한 사무, 공공시설과 지역행사장 등의 지역경비에 관한 사무, 특별사법경찰사무 등이다. 일반행정과 치안행정의 다양한 연계 사무를 통해 많은 성과를 보여주었으며, 특히 최근 코로나19 상황에서 행정명령 지원 등 경찰력을 적극 지원함으로써 제주도 코로나19 방역에서 중요한 역할을 수행하였다.

자치경찰제는 2021년 7월 1일 전국적으로 공식출범했다. 원래 국민들이 기대했던 국가경찰제와 자치경찰제의 분리된 이원화 모형이 아닌 국가경찰 신분으로 자치경찰의 업무를 수행하는 일원화 모형으로 출범하였다. 앞으로 치안행정과 지방행정간 연계와 협력, 교통·셉테드(방범시설) 개선 등 자치단체와 자치경찰의 결합을 통해 치안서비스의 질을 향상시켜야 한다. 특히, 학교폭력, 치매노인 실종, 자살위험 신고 등 상황 발생 시 사건 처리와 피해자에 대한 복지행정과 연계된 지원 서비스가 동시에 진행될 수 있다. 또한 신호등·CCTV·가로등 설치 등 자치단체의 교통안전시설과 자치경찰의 범죄예방시설을 상호 유기적으로 연계하여 운영함으로써 치안 서비스의 질을 높이고, 관련 시설·장비를 신속하게 보완·개선할 수 있다.

현재의 제도는 광역자치단체 단위로 운영되기 때문에 기초자치단체와의 유기적 협조는 어려운 부분이 있다. 하지만 자치경찰제의 시행은 경찰역사에서는 큰 전환점이다. 일원화 모형이 갖고 있는 여러 가지 한계를 갖고 출발했다. 先(선)시행, 後(후)보완이라는 자세로 전국의 18개 자치경찰위원회가 많은 노력을 하고 있다. 실제로 자치경찰제 시행 이후 시민밀착형 치안서비스 등 많은 긍정적인 변화가 나타나고 있다.

자치경찰제가 안정적으로 정착되어 최고의 치안 안정성을 유지하면서 자치분권의 이념을 실현할 수 있도록 자리매김해야 한다. 하지만 자치경찰제를 실제로 운영하는 과정에서 여러 가지 한계점이 노출되고 있다. 이러한 한계를 극복하고, 진정으로 지역주민의 안전을 위한 자치경찰제로 정착되기 위해서는 쉽게 고칠 수 있는 것부터 바꾸어야 한다. 여기서 필자는 평소 국가경찰과 자치경찰의 이원화 시범 실시 전이라도 지금 당장 시행할 수 있는 것 두 가지를 제안하고 싶다. 이는 자치경찰 시행의 의지만 있다면 법률을 개정하지 않더라도 가능한 쉬운 일이기 때문이다.

첫째, 현재 파출소와 지구대는 국가경찰인 범죄예방대응과 소속이다. 파출소와 지구대는 원래 자치경찰인 생활안전과 소속이었는데, 자치경찰 시행 직전에 112치안종합상황실 소속으로 직제가 변경되었다. 예전처럼 파출소와 지구대를 자치경찰 소속으로 해서 지역주민들과 함께하는 공동체 치안을 만들고, 예방순찰을 강화해야 한다.

파출소와 지구대를 중심으로 지역주민과 함께 하는, 주민과 소통하는 지역사회 경찰활동(community policing)으로 나가야 한다. 파출소와 지구대의 지역경찰은 그들의 혼자만의 역량으로 그 지역의 치안을 유지하기는 거의 불가능하다. 지역주민들과 지역의 유관기관과의 소통과 협조가 필수적이다. 공동체 치안이 필요하다.

영국이나 미국, 독일 등 주요 선진국의 현대 경찰활동을 보면, 지역사회의 거의 모든 분야와 협력하여 범죄발생을 예방하고, 범죄로부터의 피해를 최소화하는 것을 목표로 하는 이른바 '지역사회 경찰활동(community policing)'으로 전환하고 있다. 따라서 현대 경찰활동의 가장 바람직한 전략은 지역사회로부터 여러 요구나 생각을 경청하는 것이며, 여기에는 경찰관의 합동 도보순찰, 지역사회 조직화, 시민친화적 접촉 강화 등이 포함된다.

아울러 지역에 있는 독거노인, 아동, 장애인 등 사회적 약자를 보호하는 촘촘한 사회안전망을 만드는 데 파출소와 지구대가 적극적인 역할을 할 필요가 있다. 앞으로 사회에 불만을 품은 외로운 늑대의 묻지마 범죄(이상동기범죄), 아동 및 노인학대 등 범죄예방에 꼭 필요하다.

둘째, 현재 시·도자치경찰위원회에는 최소한의 인사권도 없다. 현재 자치경찰위원회는 경정급 이하의 자치경찰에 대해 승진, 전보, 파견, 직위해제 등 임용권 및 징계 요구권을 행사할 수 있도록 되어 있다. 하지만 경찰 내부의 인사 시스템에 접근할 수도 없고, 모든 임용권 행사 시 시·도 경찰청장의 추천을 받아야 하며, 승진 대상자를 결정하거나 징계 여부와 수위를 결정하는 승진심사위원회, 징계위원회 등을 자체적으로 설치할 수도 없게 되어 있다. 다시 말해서, 자치경찰에 대한 실질적인 인사권한이 없는 것이다. 조직을 이끌어가기 위한 최소한의 인사권이 부여되어야 한다.

자치경찰위원회에 승진심사위원회와 징계위원회를 설치해서 어느 정도 제대로 된 인사권을 부여해야 한다. 책임과 권한이 같이 가야 한다. 제대로 된 자치경찰을 운영하기 위해서는 꼭 필요하다.

자치경찰제가 안정적으로 정착되려면 결국 광역 지방자치단체장에게 권한과 책임을 주어야 한다. 당장은 법률 개정 사항이고 쉽지는 않겠지만 방향은 이렇게 가야 한다.

자치경찰은 주민자치행정과 경찰행정을 잘 연계할 수 있는 장점이 있다. 지역주민들의 의견을 반영하고, 그들이 능동적으로 참여해서 한국형 자치경찰제 모델을 만들어 나가야 한다. 앞으로 한국형 자치경찰제는 초기 시행 과정에서 오류를 수정하고, 법률적, 제도적 보완과 개선이 있어야 한다. 결론적으로 국가경찰과 자치경찰을 이원화하여야 한다. 국가경찰의 신분으로 자치경찰 업무를 수행하는 지금의 일원화 모형은 한계가 있다. 시·도 경찰청장은 사무에 따라 각각 경찰청장, 국가수사본부장, 자치경찰위원회의 지휘를 받아 업무혼선이 불가피하다. 또한 자치경찰위원회가 자치경찰사무에 대한 집행기능이 없고 심의·의결만 가능하기 때문에 사무처리에 대한 직접적인 감독권 행사에 많은 제약이 있다. 무엇보다도 '자치경찰관'이 따로 존재하지 않아 자치경찰제도의 시행에도 불구하고 시민들이 변화를 체감하기가 어렵다.

따라서 자치경찰은 지방자치단체 소속으로 해야 한다. 이 문제는 시간의 문제이지, 향후 이원화 방향으로 갈 것으로 기대한다. 이원화하면 향후 자치경찰의 모집과 선발, 승진과 전보, 재정 문제는 자동으로 해결될 것이다.

우리나라에서 지방자치가 처음 출범할 때, "이 작은 나라에서 지방자치가 왜 필요하냐?", "예산 낭비다. 필요없다. 정치 공세다."라는 이야기가 많았다. 하지만 지방자치 제도는 나름 긍정적으로, 발전적으로 정착하고 있다. 자치경찰제도 마찬가지다. 이제 3살이 조금 넘었다. 계속 시민을 위한, 시민의 안전을 위한 제도로 진보, 발전할 것이다.

우리나라에 76년 만에 실시되는 대한민국형 자치경찰제의 모범답안은 아무도 모른다. 아니. 모범답안은 없다. 지금 당장 할 수 있는 것에 집중할 필요가 있다.

제 4 장

자치경찰의 치안적 성과와 한계

황문규

1. 이른바 일원적 자치경찰제의 양면성

2021년 7월 1일 대한민국에서 자치경찰제가 전면 시행되었다. '자치경찰시대'의 개막에 지역주민 맞춤형 치안서비스에 대한 기대가 적지 않았다. "국가경찰만이 치안을 독점하던 시대는 끝났다. 전국 18개 자치경찰위원회는 각 지역의 실정에 적합한 치안서비스를 제공하기 위해 때로는 국가경찰과, 때로는 자치경찰위원회 상호 간 협력적 경쟁(coopetiton)을 펼칠 것이다"라며 자치경찰시대 도래의 환영이 있었다(황문규, 2021). 그만큼 자치경찰제에 대한 기대가 있었던 것이다.

국가경찰 중심의 일원적 자치경찰제는 한마디로 '자치경찰사무는 있으나 자치경찰은 없는' 자치경찰제 모델이다. 그간 자치경찰제 도입 논란만 무성했던 역사에 비춰보면, 이러한 모델이 아니었다면 과연 전국적 시행이 가능했을까 라고 생각될 정도로 시행 그 자체로 커다란 의미가 있다. 제도를 시행하면서도 시행에 따른 부작용 또는 치안의 불안 요인은 거의 경험하지 못할 정도이다. 그만큼 일원적 자치경찰제 모델이 안정적이라는 것을 말해준다. 또한 향후 어떠한 자치경찰제 모델로 가더라도 부작용 없이 개선·발전 또는 최악의 경우 본래의 국가경찰제로 되돌릴 수 있는 등 모든 가능성을 열어놓고 있다. 제도의 시행이 결코 실패가 아니라는 의미이기도 하다. 실제로 기존의 국가경찰제 하에서는 상상하기 어려웠던 지방행정과 치안행정의 연계, 지역별로 다양한 지역주민맞춤형 자치경찰사업의 자율적·창의적인 추진, 자치경찰사무 담당 경찰공무원에 대한 후생복리 증진을 위한 예산편성 등이 현실화되고 있다. 그럼에도 이것은 현행 자치경찰제가 보여 주고 있는 한 단면일 뿐이다.

다른 한편으론 시행에 따른 변화를 체감하지 못할 정도로 자치경찰제의 본래 취지를 살리기 어려운 한계를 안고 있다. 지역주민들도, 현장경찰관들도 피부에 와 닿는 변화가 없다는 지적이다. 제도 그 자체가 안고 있는 한계와 더불어 이를 실제 운영함에 따른 장애물도 적지 않다(김원중·견승엽, 2023). 엄밀하게 볼 때, 이러한 한계는 사실 자치경찰사무 수행의 주체인 '경찰'에서 비롯한다고 해도 과언이 아니다. 경찰이 경찰법에서 의도한 제도를 축소지향적으로 운영하지 않을 수 없도록 만든 측면이 있다. 예컨대, 대통령령(경찰공무원 임용령)으로 경찰법에서 정하고 있는 자치경찰위원회의 임용권한을 유명무실하게 행사되도록 만들었다. 또한 지구대·파출소의 관리부서를 112치안종합상황실로 변경하고 자치경찰위원회 임용권의 대상에서 배제해버렸다. 자치경찰위원회의 영향력을 배제하고자 범죄예방 정책수립 부서인 생활안전 기능과 범죄예방·대응의 핵심 역할을 수행하는 지역경찰·112상황대응 기능을 분리하여 현장치안력을 약화시키는 무리수까지 강행한 것이다. 자치경찰제의 실제 운영 측면에서는 자치경찰위원회의 지휘·감독권을 '역 지휘·감독관계'로 만들어, 시도경찰청장에 대한 자치경찰위원회의 지휘·감독을 사실상 무의미하게 만들어버린 점도 간과할 수 없다.

게다가 경찰청의 자치경찰 관련부서(생활안전국 등)는 그대로 존속시켜 자치경찰위원회 사무국의 기능과 중첩되게 함으로써, 시도경찰청으로 하여금 경찰청과 자치경찰위원회에 '이중 보고'를 하게 만드는 등의 불만요인으로 작용하게 해버린 측면도 부인하기 어렵다. 최근에는 이상동기 범죄가 사회이슈가 되자, 그간 현장치안력을 약화시키고 있다는 지적을 핑계로 경찰조직 내, 특히 시도경찰청 이하 조직에서 '자치경찰부'를 '생활안전부'로 변경하는 등 '자치경찰'의 외관을 전부 삭제하여, 경찰을 자치경찰과 아무런 관련성이 없는 조직으로 만들어버렸다. 범죄예방 기능을 담당하는 자치경찰과 범죄진압 기능을 담당하는 국가경찰의 조화를 통해 이상동기 범죄 등으로 인한 범죄의 두려움을 해소하기보다, 국가경찰의 기능을 오히려 강화하는 방향으로 이루어졌다는 점에서, 최근의 경찰조직 개편은 '자치경찰권 약화'를 의도한 것은 아닌가라는 의구심을 던져주고 있다.

2. 자치경찰의 치안적 성과

1) 치안행정과 지방행정의 상호 이해 확대

현행 자치경찰제는 완전한 자치경찰제로 가기 위한 과도기적 모델로 이해할 때 역사적 가치가 있다. 전국 시도자치경찰위원회는 이러한 과도기적 모델을 경찰 임무 등 경찰 개념에 대해 지자체와 경찰 간 인식 차를 줄일 기회로 활용하고 있다.

사실 경찰에 대한 지자체와 경찰 간 인식 차는 지자체에서 자치경찰과의 협업사업으로 '금연구역 내 흡연 단속', '세금 체납 차량의 번호판 영치 시 지원', '불법 쓰레기 단속' 등을 제시하고(헤럴드경제, 2018. 12. 26.)[1], 이에 대해 현장경찰관들이 강하게 반발한 것에서 잘 드러난다. 이는 서로에 대한 이해 부족에서 비롯된다. 지자체 공무원은 물론 시도지사가 그동안 지방행정의 영역 밖에 있는 경찰행정을 접하기는 쉽지 않았기 때문이다. 이러한 현상은 특히 1991년 경찰청이 경찰중립화 방안으로 행정안전부 외청으로 독립되면서 더욱 심해졌다.

따라서 과도기적 자치경찰제를 통해 지자체에서는 경찰을 이해하고, 경찰은 시도의 지방행정을 이해할 기회로 적극 활용할 필요가 있다. 이는 향후 자치경찰제의 이상을 구현해 가는 데 커다란 밑거름으로 작용할 것이다. 실제로 시도 자치경찰위원회에서는 각 지자체 인재개발원에 자치경찰제에 관한 교육과정을 개설하는 등 인식

---

1 이는 2018. 11. 13. 대통령소속 자치분권위원회에서 자치경찰제 도입계획을 발표한 이후 일부 지자체에서 자치경찰과의 협업사업으로 제시한 내용이다.

제고를 위한 다양한 정책이 추진되고 있다.[2]

2) 치안의 협력적 경쟁시대의 개막

경찰은 1948년 창설 이후 지금까지 단일의 중앙집권적 국가경찰제를 유지해 왔다. 물론 2007년부터 제주특자도에 한해 자치경찰제가 실시되었으나 지역적으로 사무적으로 제한되어 있었으므로, 사실상 국가경찰만이 치안을 독점해온 것이나 다름없었다. 국가경찰에서 치안을 독점하다 보니, 전국 시도경찰청과 경찰서는 서울에 있는 중앙정부(경찰청)의 관점을 우선시하면서, 해당 지역에서는 '관리 중심의 지역치안'으로 안주해왔던 것이다. 시민 또는 지역주민이 아니라 국가 또는 경찰의 관점에서 치안이 펼쳐졌다. 경찰활동에 있어 경찰의 인사에 직접적인 영향을 주는 정치권력의 의중이 지역주민보다 더 우선적인 고려사항이 되었던 것은 부인할 수 없는 사실이다. 시도지역의 치안책임자라고 할 수 있는 시도경찰청장은 부임 후 1년을 채우기 쉽지 않은 현행 체제에서 책임 있는, 그리고 지속가능한 지역치안을 기대하는 것은 애초 불가능에 가깝다.

전국적으로 자치경찰제가 시행된다는 것은, 비록 국가경찰 중심의 일원적 자치경찰제라서 제한적이긴 하나, 국가경찰에 의한 치안 독점 시대는 끝났다는 것을 의미한다. 기존 일원적 국가경찰체제에서도 경찰서 또는 지구대·파출소 단위에서 지역실정에 부합하는 치안서비스를 전혀 제공하지 못하는 것은 아니지만, '계급의, 계급에

2 서울의 경우 위원회 사무국 내 경찰공무원과 서울시청 공무원 간 상호 이해를 위한 자체교육 '서자경지(서울 자치경찰의 지식샘)'를 운영한 사례가 있다.

의한, 계급을 위한' 계급시스템을 기반으로 한 경찰청장 중심의 상명하복식 지휘체계에서는 한계가 있었다(황문규, 2018). 지역주민을 위한 자율적·창의적 치안활동에는 지역과 가장 가까운 지자체에서 조직·운영하는 자치경찰이 다음의 점에서 유리하다. 첫째, 지역별 실정에 적합한 사업추진이 가능하다. 지역별로 발생하는 범죄의 양상이나 특성이 다르고, 또 그 대응에 있어서도 도시와 농어촌 산간지역 등 서로 상이한 지역적 환경을 고려할 수 있기 때문이다. 이는 2021. 7. 1.부터 24. 6. 30. 간 운영된 1기 시도별 자치경찰위원회에서 추진한 지역별 다양한 사업에서도 확인할 수 있다(전국시도자치경찰위원장협의회, 2023).

그림 1 **전국 시도자치경찰위원회 우수사례 현황**

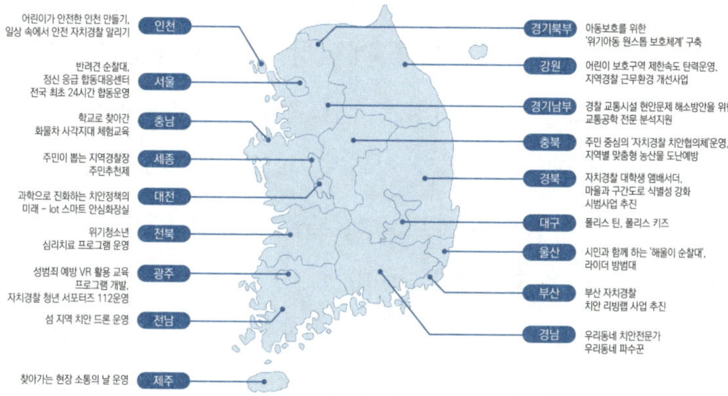

자료: 박동균(2023. 11.)

둘째, 자치경찰활동을 위한 탄력적·적시성 있는 사업 지원이 가능하다. 경찰청에서 일괄적으로 추진할 경우 여러 단계를 거쳐야 하는 등 절차가 번잡하고, 그로 인해 예산이 수반되어야 하는 등의 상황에서처럼 예상치 못한 대응이 필요한 경우에도 적시성 있는 대응에 한계가 있다. 전국적 통일성과 통일된 표준적 기준과 절차에 얽매일 수밖에 없어 지역별 다양한 수요 및 현장 상황 등을 반영하기도 곤란하다. 현장과 가까운 곳에 있는 자치경찰은 국가경찰의 이러한 한계를 유연하게 극복할 수 있다. 셋째, 지역별로 지속가능한 지역치안을 제고할 수 있다. 지역의 치안책임자인 시도경찰청장은 중앙에서 내려와 겨우 1년 남짓 머물기 때문에, 해당 지역의 지속가능한 치안 제고에 필요한 예산의 확보 및 관심을 보이는 데에도 뚜렷한 한계를 안고 있다. 당시까지 유지되어 온 필요최소한의 치안을 관리하는 수준을 넘어서기 쉽지 않은 이유다. 마지막으로 지자체의 인적·물적 자원과 결합하여 지역치안에 시너지 효과를 기대할 수 있다. 전국 18개 시도경찰청과 255개 경찰서로 하여금 중앙정부(경찰청)의 눈치를 보면서 관할지역에 대한 '관리 중심의 치안'에서 탈피하여 지역주민을 위한 자율적·창의적 치안활동을 전개하게 만들기 위해서도 필요하다. 이럴 때 비로소 시도경찰청 간 치안의 협력적 경쟁(Coopetition)을 촉진시킬 것이다.

3) 지방행정과 치안행정의 연계·융합

자치경찰제 도입을 위한 경찰법 개정의 취지에는 지방행정과 치안행정의 연계성을 확보하기 위해 자치경찰제를 도입할 필요가 있다는 점을 명확히 하고 있다. 실제로 전국 18개 시도자치경찰위원회에서는 지방행정과 치안행정을 연계 또는 융합하기 위해 많은 노력을 기울이고 있다. 지방행정과 치안행정의 연계·융합은 지자체에서 수행하고 있는 주민안전·치안관련 사업들을 (자치)경찰과 협력하여 추진할 수 있고, 나아가 지자체와 경찰 간 예산중복을 피하여 적은 비용으로 민생치안을 강화할 수도 있다. 또한 치안활동에 지자체의 인프라와 인적·물적 자원을 활용함으로써 종합 예방치안의 구현이 가능하다. 이로써 지자체는 주민들의 요구나 선호를 반영한 치안서비스 개발을 통해 지방자치 체감도를 향상할 수 있음은 물론, 치안행정에 대한 주민참여 기회를 확대하여 자치경찰이 주민생활과 밀접한 치안활동에 온전히 집중함으로써 치안만족도를 획기적으로 제고할 수 있다. 이는 행안부에서 관리하는 지역안전지수[3]에 대한 관심에서도 확인할 수 있다. 국가경찰의 경우 지역안전지수에 민감하게 반응하는 지자체와 온도차가 느껴진다. 국가경찰은 지역실정보다는 국가적·전국적 차원의 치안에 관심을 집중하기 때문에 현재 수준의 치안을 관리하는 차원을 넘어서기 쉽지 않다. 그간 지역안전지수에 대한 지자체의 대응은 경찰을 제외한 단편적 또는 부분적이었던 것에서 탈피하여 시도자치경찰위원회를 통해 범죄로부터 안전을 담당하는 자치경찰과 함께 종합적 대응이 가능해질 것이다.

다만, 아쉬운 것은 경찰이 지구대·파출소를 생활안전 소속에서

3 지역안전지수는 「재난 및 안전관리 기본법」에 따라 행안부에서 매년 12월 지역별 안전등급을 공표하는 제도를 말한다. 행안부는 이를 통해 지자체의 안전관리 책임성을 강화하고 취약분야에 대한 자율적 개선을 통하여 지역주민이 더 안전해지도록 유도하고 있다. 지역안전지수는 전년도 통계를 기준으로 교통사고, 화재, 범죄, 생활안전, 자살, 감염병 등 6개 분야별 안전수준을 보여 준다.

112치안종합상황실로 이관함으로써 자치경찰과 지방행정 간 서비스 연계에 있어 '잃어버린 연결고리(missing link)'가 되고 있다는 점이다(박준휘 외, 2021). 지구대·파출소의 지역경찰활동은 국가경찰사무와 자치경찰사무의 영역에서 동시에 이루어진다는 점을 고려하여 합리적인 대응책 마련이 필요하다. 또한 지자체에서도 지구대·파출소 경찰관에 대해 복지포인트 지급 또는 건강검진비 지원과 같이 복리후생지원 등의 다양한 인센티브를 고려할 필요가 있다.

한편, 지방행정과 치안행정의 연계·융합은 기존 국가경찰에서의 경찰 업무범위를 넘어서는 경우가 있어, 일선 경찰관들 사이에서는 자치경찰이 시도행정의 보조자로 전락하는 매개체가 되는 것 아닌가라는 우려가 있다. 이는 앞서 언급한 바와 같이 지자체가 (자치)경찰에 대한 이해와 경험이 부족한 상태에서 자치경찰에 대한 구체적인 업무가이드라인이 제시되지 않고, 지방행정과 치안행정의 연계에 대한 방향성이 명확하지 않음으로 인해 야기된다. 따라서 지방행정과 치안행정의 연계 및 협력은 자치경찰이 부여받은 치안사무와 권한의 범위 내에서 이루어진다든가 하는 구체적인 연계기준이 제시될 필요가 있겠다. 자치경찰(치안행정)과 지방행정과 연계를 통한 지역특성에 적합한 치안서비스 제공은 '공공의 안녕과 질서유지'라는 경찰작용을 효율적으로 수행하는 범위 내에서 이루어져야 함은 물론이다. 주민밀착형 치안서비스라고 하여 경찰작용과 무관한 일반(지방)행정사무에까지 그 범위가 확대되어서는 안 된다. 그러지 않을 경우 과잉 경찰활동 내지 경찰권 비대화, 경우에 따라서는 경찰국가화를 경계하지 않을 수 없을 것이다.

4) (자치경찰사무와 관련한) 경찰에 대한 민주적 통제

현재의 자치경찰제가 비록 과도기적 모습을 보이고는 있으나 본래 "자치경찰제를 도입함에 있어서는 경찰행정에 분권과 민주성에 대한 요구를 반영하는 동시에, (중략) 이에 현행법을 개정하여 경찰사무를 국가경찰사무와 자치경찰사무로 나누고, 사무별 지휘·감독권자를 분산하며, 시·도자치경찰위원회가 자치경찰사무를 지휘·감독하도록 하는 등 자치경찰제 도입의 법적 근거를 마련함으로써, 경찰권 비대화의 우려를 해소"하려는 것을 지향했다. 따라서 자경위는 자치경찰사무와 관련하여 시도경찰청장을 지휘·감독하는 등 시도경찰청에 대한 민주적 통제 역할을 해야 한다. 자경위의 권한에 많은 한계가 있지만, 시도경찰청에 대한 통제 역할을 하기 위한 장치, 예컨대, "7. 자치경찰사무 감사 및 감사의뢰, 8. 자치경찰사무 담당 공무원의 주요 비위사건에 대한 감찰요구, 9. 자치경찰사무 담당 공무원에 대한 징계요구, 10. 자치경찰사무 담당 공무원의 고충심사 및 사기진작, 11. 자치경찰사무와 관련된 중요사건·사고 및 현안의 점검" 등이 「경찰법」 제24조제1항에 규정되어 있다. 이를 위해서는 시도경찰청에서 하는 (주요)업무를 자경위에 보고토록 하는 시스템을 구축하는 것이 필요하다. 이를 통해 시도경찰청이 뭘 하는지 알아야 자경위의 시도경찰청에 대한 지휘·감독 및 이를 통한 민주적 통제가 가능해질 것이다. 다만 시도경찰청과 자경위의 관계, 실현가능성 등을 고려하여 갈등관계로 나아가는 것은 피해야 한다.

한편, 자경위는 자치경찰사무의 수행에 필요한 예산에 대한 시도의회의 심의·의결, 이와 관련하여 자치경찰위원장의 시도의회 출석 등을 통해 시도의회의 민주적 통제를 받고 있다. 이는 자경위를 매개로 시도경찰청이 시도의회의 통제를 받는 것을 의미한다. 즉, 시도자치경찰위원회는 시도경찰청에서 수행하는 자치경찰사무 전반에 대해 지휘·감독하고, 시도의회는 이러한 시도자치경찰위원회의 사무집행에 관한 감시·통제 기능을 담당하고 있다. 자치경찰제가 지역주민의 선거로 선출되는 시도의회에서 시도경찰청이 수행하는 자치경찰사무를 감시·통제할 수 있는 통로를 열어놓은 것이나 다름없다. 이러한 감시·통제 장치는 지역(자치)경찰로 하여금 지역주민의 요구에 민감하게 반응하고, 그 지역의 치안에 집중하도록 만들 것이다.

5) 제주형 이원화 자치경찰의 성과

(1) 행복치안센터의 운영

제주자치경찰단에서는 제주지역만의 특징인 중산간 마을에 2020년 3월부터 '행복치안센터'를 설치·운영하고 있다. 행복치안센터는 제주시 구좌읍 송당마을을 배경으로 중산간 지역의 고령화와 관광객 증가 등으로 갈등을 겪는 중산간 마을 공동체에 활력을 불어넣고, 정주 여건 개선을 위해 현장 중심의 행정과 치안의 융·복합 공간(또는 기구)이다. 제주 중산간 지역의 마을주민들은 지리적 특성상 행정기관이 원거리에 위치하여 치안·행정서비스 혜택에 상대적으로 소외되어 있었다. 행복치안센터가 처음으로 설치된 송당리의 치안서비스는 제주경찰청 동부경찰서 구좌파출소로부터 받고 있고, 저지리는 한경파출소 서비스를 받고 있었는데, 이들 파출소는 이 마을과 약 10km 이상 떨어져 있기 때문에 긴급성을 요하는 경우 즉각

대응하기가 어려운 실정이었다. 행복치안센터는 이러한 중산간 지역의 치안과 행정의 공백을 해소하기 위해, 경찰과 일반행정을 융합한 시도이다(양영철 외, 2021).

행복치안센터에서의 치안·행정 융합활동 치안서비스는 일방적·획일적 경찰활동에 얽매인 국가경찰이 그동안 관심을 주지 못했던 일종의 틈새치안이다. 지역주민들의 요구를 반영한, 지역실정에 맞는 치안서비스 제공이라는 자치경찰제의 취지가 가장 잘 드러난 사례이다. 행복치안센터는 크게 다음과 같은 긍정적 측면을 보여주고 있다(양영철 외, 2021). 첫째, 치안서비스가 행정과의 융합은 그동안 많이 시행되어 왔으나 일시적이거나 형식적인 경우가 대부분이었고, 치안서비스를 제공하는 과정에서 주민과의 결합은 주민을 공동생산자로 여기는 경향보다는 보조자 또는 단순 협조자로 생각해 왔는데, 이러한 한계를 뛰어넘었다는 점이다. 둘째, 행정의 뉴 패러다임인 행정융합적 아젠다를 보여 주고 있다는 점이다. 우리나라 행정은 칸막이 행정이라는 관료제의 병폐가 지속되고 있는데, 이러한 병폐는 결국 소규모 지역에는 인력·장비·시설·예산 부족 등을 내세워 주민맞춤형 행정서비스를 제공하는 데 한계를 보여왔다. 행복치안센터는 이러한 관료적 병폐를 해소하여 치안과 행정, 그리고 주민의 자치정신을 융합시켰다는 점이다. 셋째, 자치경찰의 이미지를 확산하는 데 기여했다. 그동안 경찰에 대한 지역주민들의 이미지가 주민 친화적이지 못하다는 평가를 받았는데, 행복치안센터의 운영으로 경찰, 특히 자치경찰에 대한 이미지가 긍정적으로 바뀌는 계기가 되었다는 평가다.

(2) 지역실정에 맞는 특사경의 운영

특별사법경찰제도(이하 '특사경'이라 한다)는 경찰, 검찰 등 형사사법기관의 수사관과 달리, 특수행정분야의 전문성을 갖춘 일반 중앙부처나 지자체 공무원들이 검사장의 지명을 받아 특수행정분야의 영역은 물론, 지역주민들의 일상적인 생활영역에서 전문성 있는 범죄수사를 하도록 한 제도이다. 특사경은 「사법경찰관리의 직무를 수행할 자와 그 직무범위에 관한 법률(이하 '사법경찰직무법'이라 한다)」에 근거하고 있다.

통상 지자체에서는 산림, 환경, 위생 등의 단속 및 수사를 담당하는 특사경을 두고 있는 데 반해 제주도에서는 제주자치경찰단에서 이러한 특사경 역할을 수행하고 있다. 즉, 지자체의 특사경은 사법경찰직무법에 근거하여 소속 관서장의 제청에 따라 해당지역을 관할하는 지방검찰청검사장이 지명하는 형식으로 이루어진다. 때문에 별도로 단속 및 수사를 담당하는 전담 직원을 두기보다, 기존의 행정업무를 수행하는 공무원이 특사경의 역할을 병행하는 것이 일반적이다. 그러다보니 대개 1년 단위로 이루어지는 공무원 인사에 따라 특사경 역할을 담당하는 직원도 1년 단위로 교체되어 업무의 전문성과 연속성을 유지하는 데 한계가 있다.

표 1 제주자치경찰과 타 시도의 특사경 비교

<table>
<tr><th>구분</th><th>타 시·도</th><th>제주자치경찰</th></tr>
<tr><td>수사주체</td><td>검사장 지명을 받은 특수행정분야 (환경·산림 등 포함)에 근무하는 공무원</td><td>검사장 지명 없이 제주자치경찰단 수사부서에 근무하는 자치경찰공무원</td></tr>
<tr><td>직무범위</td><td>시·도별 산림·환경·관광·식품위생 등 직렬별 업무특성에 따라 직무범위 다름</td><td>「제주특별법」 제90조, 「사법경찰 직무법」 제10조에 따른 19개 분야 90개 법률</td></tr>
<tr><td>수사환경
(시설·
장비)</td><td>① 디지털포렌식실 미구축
② 국가경찰과의 범죄경력 조회시스템 미연계로 국가경찰관서로 조회 요청
※ 단, ① 서울·경기 구축, ② 서울 구축</td><td>① 디지털포렌식실 구축('20)
② 범죄경력 조회시스템 연계('09)
③ 산림사범 단속 드론 3대 운영
④ 공간정보업무포털을 통한 연도별 산림형상변화 추적 모니터링 가능</td></tr>
<tr><td rowspan="4">장·단점</td><td colspan="2">장점</td></tr>
<tr><td>인·허가 업무 등 관련 법령에 정통, 행정과 수사 연계로 수사효율성 증대
지명 시 총 135개 법률까지 확대수사 가능</td><td>임용 전 수사전문교육 필수 이수, 임용 후 즉시 수사부서 근무 가능
수사 적격자 장기간 근무로 다양한 기획수사 및 신속한 사건처리 가능
수사전문가 다수 보유
수사효율성 증대</td></tr>
<tr><td colspan="2">단점</td></tr>
<tr><td>특사경 지명까지 1~2개월 소요
수사 부적응자 잦은 인사이동으로 전문수사관 발굴 어려움
행정에 능통하나 수사절차·노하우 등 수사경험 부족으로 전문수사관 양성에 오랜 시간 소요</td><td>90개 법률에 한하여 수사
인·허가 업무 등 특수행정분야에 대한 전문성 부족으로 행정과 협업 요구</td></tr>
</table>

출처: 고정근, 제주자치경찰 특별사법경찰 주요 성과와 향후 과제, 2023, 2면.

그러나 제주의 경우 제주자치경찰단 소속 자치경찰공무원은 관할 지방검찰청 검사장으로부터 지명을 받지 않고도 제주특별법 및 사법경찰직무법에 따라 특별사법경찰업무를 수행할 수 있게 되었다. 이러한 특사경을 법정특사경이라고 하는데, 제주자치경찰단에는 현재 24명이 근무하고 있다. 또한 사법경찰직무법에 따라 관할 지방검찰청 검사장으로부터 지명을 받아 특사경 업무를 수행하는 소방, 수산, 카지노, 세정 담당부서 공무원 56명에 대해서도 제주자치경찰단에서 총괄적으로 관리하고 있다. 이러한 제주 특사경은 타시도 특사경과 비교하여 아래 표와 같이 수사주체, 직무범위, 수사환경 등에서 차이를 보여주고 있다. 이러한 차이는 수사 전문성·효율성·협업 등의 장점으로 이어지고 있다는 점에서 매우 긍정적이다(고정근, 2023).

실제로 특사경 운영의 우수사례로 소개되고 있는 서울특별시와 경기도의 1인당 사건처리건수를 비교해도, 제주특사경은 1인 33.6건으로 약 5배 가까운 성과를 보여주고 있다. 또한 제주시청의 공무원 역시 자치경찰 쪽으로 일원화되면서 전반적인 경험이나 노하우들이 축적되고 전문성이 강화되었다는 평가이다(박준휘 외, 2022).

표 2 제주 및 서울과 경기의 특사경 운영 실적

구분	'21 처리건수(송치/내사종결)	수사관 인원/1인 당 처리 건
제주자치경찰단	605건 (579건/26건)	18명 / 33.6건
서울시 민생사법경찰단	609건 (547건/62건)	87명 / 7건
경기도 특별사법경찰단	1,492건 (1,381건/111건)	198명 / 7.5건

출처: 박준휘 외, 특별사법경찰에 관한 연구(Ⅰ), 2022, 101면.

이처럼 제주자치경찰단의 특사경이 보여준 성과는 향후 자치경찰제 개선·발전 과정에서 현행 자치경찰의 수사사무에서 제외된 특사경을 포함할 필요가 있음을 말해준다. 현재 실시 중인 자치경찰제에서는 학교·가정폭력 및 교통과 관련하여 제한적인 범위의 수사사무가 인정된다. 그러나 「경찰법」 제28조제3항에서는 시도경찰청장에게 자치경찰사무에 대해서는 자치경찰위원회의 지휘·감독을 받도록 하면서, 자치경찰의 수사사무에 대해서는 국가수사본부장의 지휘·감독을 받도록 하고 있다. 자치경찰위원회에서는 자치경찰의 수사사무를 담당하는 경찰관의 인사에는 관여하나, 자치경찰의 수사사무 그 자체에 대해서는 관여하지 못하고 있다. 여기에는 자치경찰제 도입을 위한 경찰법 개정 과정에서 보여준 "자치경찰위원회의 개별 사건에 대한 구체적 지휘·감독을 배제하여 부당한 수사개입이 발생하지 않도록 제도를 설계할 필요가 있으며, 수사사무를 관장하는 국가수사본부장의 자치경찰사무 중 수사사무에 대한 지휘·감독권이 명시적으로 인정될 수 있도록 법제화하여 수사사무의 독립성을 확보하고 성폭력범죄와 같이 지역을 한정해서 발생하지 않거나 사이버상의 범죄가 발생하여 전국적인 대응이 필요한 경우에는 경찰청 차원의 통일적 대책 마련이 가능하도록 할 필요"가 있다는 인식이 작용하고 있다(국회 행정안전위원회, 2020). 자치경찰의 수사사무에 대한 인식이 이러하다면, 자치경찰사무에서 수사사무를 완전히 배제하는 것이 낫다. 오히려 자치경찰사무에 제주자치경찰단에서와 같이 특사경의 직무를 포함시킬 필요가 있다. 지자체 소속 특사경의 수사 역량을 제고한 제주자치경찰의 사례를 감안하면, 특사경을 자치경찰사무에 포함시킬 필요성은 더 크다고 하겠다.

3. 자치경찰의 치안적 한계

1) 법·제도적 문제점과 한계

(1) 자치경찰사무는 있으나 자치경찰은 없는 자치경찰제

경찰법은 자치경찰제 도입을 위한 개정 취지에서 "경찰권 비대화의 우려를 해소하면서 지방행정과 치안행정의 연계성을 확보하여 주민 수요에 적합한 다양한 양질의 치안서비스를 제공하는 한편 국가전체의 치안역량을 효율적으로 강화"하는 것을 내세우고 있다. 그러나 현행 자치경찰제가 과연 이러한 취지에 부합하는지는 의문이다. 첫째, 국가경찰과 구분되는 자치경찰의 사무만 구분해놓고 있을 뿐 국가경찰의 조직과 인력을 그대로 유지하고 있다. 오히려 자치경찰제 시행을 계기로 전국 시도경찰청에 치안감급 자치경찰차장 1개 직급(서울)과 경무관급 자치경찰부장 12개 직급을(대전·경남 등), 그리고 자치경찰위원회에 전국적으로 17개 총경 직급을 신설하였다. 경찰권 비대화의 우려를 해소하는 것이 아니라 경찰조직의 확대, 경우에 따라서는 "견제장치는 없이 막강한 권한만 갖게 된 공룡조직으로의 재탄생"[4]이라고 해도 과언이 아니다.

둘째, 지역주민들에게 치안서비스를 제공하는 현장경찰관들은

---

4 이는 이은주 의원이 2020. 12. 9. 제382회 국회(정기회) 국회본회의에서 김영배 의원의 자치경찰제 도입을 위한 경찰법 개정안에 대해 제기한 반론의 일부분이다.

자치경찰제 시행과 관계없이 여전히 국가경찰공무원이다. 이들은 또한 기존 국가경찰제에서와 마찬가지로 시도경찰청장→경찰서장→지구대·파출소장으로 이어지는 지휘체계에 따라 활동하고 있다. 이러한 상황하에 있는 현장경찰관들에게서 과연 그간의 국가경찰제에서와는 달리, 보다 더 지역주민들을 위한 자율적·창의적인 치안활동을 수행할 것이라 기대할 수 있겠는가이다. 이들은 지금까지 수행해오던 임무를 '기존의 방식과 관행대로' 수행하면 되기 때문이다. 자치경찰의 정체성 확보가 결코 쉽지 않다는 것을 말해준다.

바로 이 점에서 현행 자치경찰제는 무늬만 자치경찰제, 자치성이 배제된 타치 경찰제라는 비판이 제기되고 있다. 그럼에도 그간 자치경찰제 도입을 위한 논의만 무성했을 뿐 그 결실을 맺지 못했던 점을 감안할 때 "지금 실시"하고 있다는 점에서 "가장 좋은 자치경찰제"라고 할 수 있다(양영철, 2021). 다만, 현행 자치경찰제가 '진정한 자치경찰제로 가는 징검다리' 역할을 하기 위한 과도기적 모델로 이해하고, 현 상태에서 보다 완전한 자치경찰제로 발전되는 방향으로 나아가는 노력과 제도개선이 뒤따를 때 비로소 역사적 가치가 있을 것이다.

(2) 자치경찰제 시행을 위한 경찰법 소관의 문제

경찰법은 국가경찰과 자치경찰에 관한 사항을 통합적으로 규율하고 있다. 즉, 경찰법에는 국가경찰과 자치경찰 공통에 관한 사항, 국가경찰에 관한 사항, 자치경찰에 관한 사항 등이 담겨있다. 이는 경찰조직 전체의 체계성, 관리·운영상의 통일성 및 치안의 통일성을 우선적으로 고려하였기 때문이다.

그러나 기존 중앙집권적 국가경찰에 의한 획일적인 치안활동에서 탈피하여 자율적이고 창의적인 치안활동을 도모하자는 자치경찰제의 취지를 고려한다면, 자치경찰에 관한 사항은 경찰법과 독립된 이른바 '자치경찰법' 단독으로 제정할 필요성이 있다. 향후 이원적 자치경찰제 모델로 발전해 간다면 독립적인 자치경찰법 제정의 필요성은 더욱 커질 것이다. 다만, 현행 자치경찰제 하에서도 자치경찰과 국가경찰에 관한 사항을 동시에 규율하고 있는 경찰법의 소관을 자치경찰제 도입 이전과 다름없이 여전히 경찰청 단독으로 하여야 하는가는 재고할 필요가 있다. 국가경찰과 자치경찰은 상호 밀접하게 연결되어 있어 국가경찰 규정에 따라 자치경찰 규정이 영향을 받을 수밖에 없고, 그 반대도 마찬가지이기 때문이다.

문제는 경찰법뿐만 아니라 경찰공무원법 등 관련 법률과 그 하위법령(대통령령, 행안부령 등)의 소관부서도 경찰청 단독으로 된다는 점이다. 악마는 디테일에 있다고 했듯이, 일반적·추상적 사항을 담고 있는 법률의 구체적 사항은 하위법령에서 규율된다. 그런데 이 하위법령의 제·개정에는 국회에서 제·개정되는 법률과 달리 외부에서 관여하기란 쉽지 않다. 실제로 경찰법에서 '자치경찰사무 담당 공무원의 임용, 평가 및 인사위원회 운영'을 자치경찰위원회의 소관 사무로 규정하고, 경찰공무원법에서 '경찰공무원의 임용권 일부'를 시도지사를 경유하여 자치경찰위원회에 위임하도록 규정하면서도 '대통령령으로 정하는 바'에 따르도록 하고 있다. 경찰청은 그 대통령령에 자치경찰위원회의 승진심사를 위한 심사위원회 구성·운영에 관한 사항을 규율하지 않고 있다. 또한 대통령령인 경찰공무원임용령에서 지구대·파출소 소속 경찰공무원을 임용권 위임의 대상에서 제외시켜 버렸다. 지구대·파출소 소속 직제의 경우에도 자치경찰제 시행을 위한 경찰법이 시행되기 하루 전인 2020. 12. 31. 전격적으로 「경찰청과 그 소속기관 직제」규정(대통령령)을 개정하여, 그 관리부서를 종전 '생활안전'에서 '112치안종합상황실'로 변경해 버렸다. 경찰청은 자치경찰에 관한 사항에 영향을 주는 관련 하위법령을 임의대로 개정해 오고, 또 자치경찰위원회의 개정요구를 거부하고 있다. 자치경찰위원회가 유명무실화되는 요인 중의 하나이다.

따라서 현행 일원적 자치경찰제 하에서 독립적인 자치경찰법의 제정은 어렵다고 하더라도, 자치경찰에 관한 사항을 개정하는 경우 예컨대 행안부 관련부서 또는 시도자치경찰위원회와 협의를 거치도록 의무화하는 최소한의 장치를 마련할 필요가 있다. 아울러, 시도지사에게도 시도자치경찰위원회의 의결을 거치는 방법 등을 통하여 경찰법 개정 법안에 관한 의견을 제출하게 하는 방안도 적극 고려할 만하다.

(3) 광역단위 자치경찰제의 한계

자치경찰제는 그 실시를 기초지자체 단위에서 하는 기초단위 자치경찰제와 광역지자체 단위에서 하는 광역단위 자치경찰제로 구분할 수 있다. 현행 자치경찰제는 경찰권 분산의 효과, 범죄대응성, 지방행정과 치안행정의 연계 측면, 그리고 기초단위 자치경찰제에 대한 일본에서의 실패 사례(오승은, 2017) 등을 고려하여 광역지자체 단위에 자치경찰위원회를 운영하는 광역단위 자치경찰제이다.

이러한 광역단위 자치경찰제는 지역주민과 가장 가까운 곳에서 지역주민이 필요로 하는 치안수요에 부응하는 데에 한계가 있다.[5] 기초단위에 경찰서 및 지구대·파출소가 설치되어 있음에도, 기초지자체에 자치경찰제에 대한 역할이 전혀 부여되어 있지 않다. 때문에 광역단위 자치경찰제만으로는 주민의사 반영 및 주민참여 활성화 측면에서 한계를 드러낼 수밖에 없다.

「경찰법」 제2조에서는 치안에 대한 책무를 국가와 더불어 지자체에도 부여하면서, 굳이 기초와 광역을 구분하지 않고 있다. 기초지자체에서도 자치경찰제에 참여할 수 있다. 그러나 이 만으로는 선언적 을 넘어 기초지자체에 구체적인 역할을 부여한다고 보기 어렵다. 따라서 진정한 자치경찰제로 나아가기 위해서는 자치경찰제에 대한 기초지자체의 역할 또는 기초지자체와 자치경찰위원회를 제도적으로 연결하는 장치가 마련될 필요가 있다. 이는 현행 지방자치행정이 기초지자체를 기본으로 하고 있다는 점에서 더욱 그러하다. 다만, 적지 않은 시도자치경찰위원회에서는 기초지자체를 자치경찰 운영에 적극 참여하게 하는 다양한 정책을 추진하고 있다는 점을 간과해서는 안 된다. 광역단위 자치경찰제라도 결국 그 운영에 있어서는 기초단위 자치경찰제와 혼합하여 운영될 가능성이 높다는 점을 말해준다.

5 광역단위 자치경찰제의 이러한 한계는 기초단위 자치경찰제를 도입하여야 한다는 논거가 된다. 기초단위 자치경찰제에 대해서는 김원중(2017)을 참고할 만하다.

(4) 자치경찰사무 담당 공무원에 대한 임용권의 한계

자치경찰사무를 담당하는 경정 이하의 경찰공무원에 대한 자치경찰위원회의 임용권은 현재 경찰청장으로부터 시도지사를 거쳐 위임받은 인사권(승진·전보·파견·휴직·직위해제·복직)과 징계권(정직·강등·복직·해임 및 파면)이다.

그러나 자치경찰위원회는 승진 심사를 위한 승진심사위원회와 징계사건 심의·의결을 위한 징계위원회를 둘 수 없다. 경찰법에서 자치경찰위원회의 소관사무로 "자치경찰사무 담당 공무원의 임용, 평가 및 인사위원회 운영"을 명시하고 있음에도 경찰공무원법[6] 및 경찰공무원승진임용[7]과 경찰공무원징계령[8]에서 이를 구체화하기 위한 절차 을 두지 않고 있기 때문이다. 그로 인해 자치경찰위원회의 임용권은 전보인사 이외는 시도경찰청장의 추천을 받아 사후적으로 승인하는 '대서방'이나 다름없다. 전국 시도자치경찰위원회가 임용권의 대부분을 다시 시도경찰청에 재위임한 이유이기도 하다. 자치경찰위원회가 임용권을 실질적으로 행사하기 위해서는 대상자에 대한 인사정보를 담고 있는 경찰의 인사관리시스템에 접근이 가능

6 경찰공무원법 제17조(승진심사위원회) ① 제15조제2항에 따른 승진심사를 위하여 경찰청과 해양경찰청에 중앙승진심사위원회를 두고, 경찰청·해양경찰청·시·도경찰청과 대통령령으로 정하는 경찰기관·지방해양경찰관서에 보통승진심사위원회를 둔다.

7 경찰공무원승진임용(대통령령) 제16조(보통승진심사위원회의 구성) ① 법 제17조제1항에 따른 보통승진심사위원회(이하 "보통승신심사위원회"라 한다)는 경찰청·소속기관 등 및 경찰서에 둔다.

8 경찰공무원징계령(대통령령) 제3조 ② 중앙징계위원회는 경찰청 및 해양경찰청에 두고, 보통징계위원회는 경찰청, 해양경찰청, 시·도경찰청, 지방해양경찰청, 경찰대학, 경찰인재개발원, 중앙경찰학교, 경찰수사연수원, 해양경찰교육원, 경찰병원, 경찰서, 경찰기동대, 의무경찰대, 해양경찰서, 해양경찰정비창, 경비함정 및 경찰청장 또는 해양경찰청장이 지정하는 경감 이상의 경찰공무원을 장으로 하는 기관(이하 "경찰기관"이라 한다)에 둔다.

해야 한다. 그러나 현 단계에서는 자치경찰위원회의 접근이 제한되어 있다.

자치경찰위원회에서 행사할 수 있는 임용권 대상을 두고서도 한계가 있다. 「경찰법」 제3조제3항에 따라 경찰청장은 대통령령으로 정하는 바에 따라 경찰공무원의 임용에 관한 권한의 일부를 시도지사, 국가수사본부장, 시도경찰청장에게 위임할 수 있다. 시도지사에게 위임된 임용권은 다시 시도자치경찰위원회, 시도경찰청장에게 위임할 수 있다. 여기서 시도지사(시도자치경찰위원회)에게 위임된 임용권의 대상은 자치경찰사무를 담당하는 경찰공무원 중에서 경정의 전보·파견·휴직·직위해제 및 복직에 관한 권한과 경감 이하의 임용권(신규채용 및 면직에 관한 권한은 제외)을 말한다. 따라서 시도경찰청장이 경찰청장으로부터 직접 위임받은 임용권의 대상은 국가경찰사무를 담당하는 경찰공무원이 된다.

문제는 그로 인해 경찰청장이 시도지사(시도자치경찰위원회) 및 시도경찰청장에게 위임한 임용권이 충돌하게 되는 경우가 있다는 점이다. 자치경찰사무를 담당하는 경찰공무원이라도 자치경찰사무를 100% 전담하는 경우를 제외하면, 정도의 차이는 있으나 국가경찰사무를 중첩적으로 수행한다. 이처럼 자치경찰사무와 국가경찰사무를 중첩적으로 수행하는 경찰공무원에 대한 임용권은 시도지사(시도자치경찰위원회)와 시도경찰청장에게 동시에 부여되어 있다. 임용권이 충돌하는 지점이다. 전국 대부분의 시도자치경찰위원회에서 임용권 대상을 정함에 있어 실무적으로 51% 이상의 사무수행 여부를 기준으로 자치경찰/국가경찰사무 담당을 구분할 수밖에 없는 이유가 여기에 있다.

표 3 자치경찰사무를 담당하는 경찰공무원의 구분 기준

자치경찰 사무	국가경찰 사무	최종 구분
100%	0%	자치경찰사무 담당
51%	49%	자치경찰사무 담당
0%	100%	국가경찰사무 담당

더 큰 문제는 이와 같이 임용권 대상을 정할 경우 인사가 있을 때마다 자치경찰/국가경찰사무 담당 경찰공무원을 새로이 분류해야 하는 등 비효율적 업무가 초래되고 있다는 점이다. 실무적으로는 시도경찰청 자치경찰부 소속의 경찰공무원만을 대상으로 임용권 대상으로 구분하고 있으나, 엄밀히 따지자면 시도경찰청 소속 경찰공무원 전체를 대상으로 구분해야 함이 마땅할 것이다. 따라서 국가수사본부[9]와 같이 시도경찰청 '자치경찰부'의 직제와 정원을 기준으로 자치경찰부 소속 경찰공무원은 일괄적으로 담당 사무의 비율에 관계없이 자치경찰사무 담당 경찰공무원으로 분류, 즉 자치경찰부 안에서의 경정 이하 경찰공무원에 대한 임용권을 위원회에 완전히 위임할 필요가 있다.

(5) 자치경찰사무의 열거 및 그에 따른 법적 문제

자치경찰사무는 앞서 살펴본 바와 같이 법률에서 하고, 이를 다시

9 「경찰공무원 임용령」 제4조제2항 "경찰청장은 법 제7조제3항 전단에 따라 국가수사본부장에게 국가수사본부 안에서의 경정 이하에 대한 전보권을 위임한다."

대통령령에 그 범위를 구체적으로 열거하고, 그 범위 이내에서 다시 조례로 정하도록 되어 있다. 이처럼 대통령령상의 기준을 넘어 조례에서 다시 세분화할 필요가 있는지는 의문이다. 경찰법에서 국가경찰사무에서 제외되는 자치경찰사무를 하고 있음에도, 굳이 대통령령과 조례에서 다시 구체적인 범위를 정하도록 한 것은 자치경찰사무를 수행할 독립적인 조직과 인력을 둔 자치경찰제 이원화 모델은 물론, 현행 일원화 모델의 경우에도 혼란만 야기할 가능성이 있다.

일원화 모델의 경우 사실은 자치경찰을 따로 두지 않고 있어 궁극적으로 시도경찰청장 및 경찰서장의 지휘를 받는 '하나의 경찰'만 존재하므로 사무 구분으로 인한 현장에서의 치안공백은 발생할 여지가 없다. 그럼에도 자치경찰의 사무를 열거적 방식으로 이중 삼중으로 규율함으로써 애써 혼란을 자초하고 있는 것이다. 실제로 조례에서 해당지역의 치안여건과 경찰자원을 고려하여 자치경찰사무의 범위를 정하면 그것이 최종적으로 자치경찰사무가 된다는 것인지, 그 범위 밖에 있으면 자치경찰사무로 볼 수 없다는 것인지가 불분명하다. 그로 인해 조례에서 열거되지 않은 자치경찰사무, 예컨대 대전의 경우 조례에 따른 〔① 범죄취약지역 환경 개선 등 지역 범죄예방환경설계(CPTED) 사업 추진, ② 폐쇄회로 텔레비전(CCTV) 통합관제센터 운영 지원〕사무범위 밖에 있지만, 대통령령에 따른 〔지역 주민 안전을 위한 범죄예방 시설 설치·운영〕 사무범위 내에 있는 사무는 자치경찰사무인가, 아니면 국가경찰사무인가라는 문제가 제기될 수 있다.[10]

10 다만, 도로교통법 등 개별 분야별 경찰법령에서 국가경찰사무로 분류하여 예컨대 운전면허

그렇다고 가능한 모든 자치경찰사무를 일일이 법령에 나열하는 것이 가능하겠는가의 문제도 남는다. 이는 자치경찰사무의 범위가 더 늘어날 여지에 대한 과도한 우려에서 비롯된 것이겠지만, 다양한 자치경찰사무의 발굴을 제한해버리는 결과를 초래하고 있다. 바로 이 점에서 자치경찰사무를 열거적 방식이 아니라 포괄적 방식으로 해야 한다. 법률에서는 가, 나, 다 항목 정도로 사무범위를 포괄적으로 하고, 대통령령에 따른 '협약' 또는 '조례'에서 시도지사가 예산수립과 연계하면서 사무범위를 구체적으로 정하게 할 필요가 있다.[11]

이러한 문제는 자치경찰사무의 법적 성격에 관한 문제와도 연결되어 있다. 지방자치법상 고유한 자치사무는 지방자치단체가 독자적인 조직, 인력, 재정으로 스스로의 책임하에 운영될 때 인정된다. 경찰법상 자치경찰사무는 조직고권, 인사고권, 재정고권, 자치입법권 등의 형식적 측면에서 국가적 관여가 강하게 인정된다는 점을 고려한다면, 지방자치법상 고유한 자치사무로 인정하는 데 분명한 한계가 있다.[12] 그럼에도 「경찰법」 제2조에서 국가와 지방자치단체에 공동으로 치안의 책무를 부여하고, 같은법 제4조에서 국가경찰사무

관련 처분권을 경찰청장, 시도경찰청장에게 부여한 사례와 같은 경우에는 그것이 「경찰법」 제4조제1항제2호의 자치경찰사무에 해당하더라도 해당 법령에 특칙을 두거나 위임조항 등 별도의 을 명시하지 않는 한 자치경찰사무로 보기 어렵다. 자세한 내용은 홍준형, 2021: 7.

11 같은 맥락에서 박준휘 등(2021)은 자치경찰사무의 범위를 명확화하기보다는 국가경찰이 수행해야 할 국가경찰사무를 구체적으로 열거함으로 국가경찰사무의 범위를 명확하게 정할 필요성을 제기하고 있다.

12 박병욱·이상훈(2021: 61-64)은 자치경찰사무를 단체위임사무로 하고 있다. 그렇다고 하더라도 지역주민의 안전을 위한 범죄예방진단, 도로교통 규제관련 지역 교통안전시설 심의위원회 설치 및 운영 등 구체적 위험방지에 선행하는 주민복리적 특성이 강하게 드러나는 경우에는 고유한 자치사무에 가깝게 해석해나갈 필요가 있다고 주장한다.

와 구분되는 자치경찰사무를 명시하고, 같은법 제18조에서 이 자치경찰사무를 관장할 시도지사 소속의 자치경찰위원회를 두고 그 직무상 독립성을 보장하도록 합의제 행정기관으로 위치지우고 있다는 점 등에서 자치사무로 인정할 여지도 있다. 때문에 국가사무를 지자체에 위임하여 수행하도록 한 통상의 경우와 반대로, 자치경찰사무(자치사무)를 국가에 위임하여 수행하도록 하고 있다는 지적이 설득력을 가진다. 가장 약한 형태의 자치경찰제 또는 '타치(他治) 경찰제'라는 비판이 제기되고 있는 이유이기도 하다(양영철, 2021).

2) 제도 운영상의 문제점 및 한계

(1) 자치경찰제에 대한 인식 및 수용성 문제

자치경찰제 시행 1년에도 불구하고 현장에서는 변화를 체감하기 어렵다는 의견이다. 전국 시도자치경찰위원회에서는 신문광고, 인터넷 광고, 각종 기고, 지역주민을 대상으로 한 자치경찰 관련 정책제안 공모 등 다양한 홍보 활동을 통해 지역주민 인지도를 높이기 위해 안간힘을 쓰고 있다. 그럼에도 정작 지역주민들은 이를 체감하지 못하고 있다는 것이다. 이러한 현실은 본질적으로 '자치경찰사무는 있으나 자치경찰은 없는' 일원적 자치경찰제 모델에서 비롯된다. 아쉬운 점은 경찰청, 시도경찰청, 일선 경찰서 등에서 자치경찰제 홍보에 적극적이지 못하다는 것이다. 이는 특히 치안 최일선에 있는 경찰관들조차 자치경찰제에 대해 제대로 이해하지 못한 경우가 적지 않다는 지적에서 고스란히 드러난다. 일부 시도경찰청장은 부임하고도 자신의 임용협의권을 행사한 자치경찰위원회에 예방조차 않는 경우도 있다고 한다. 경찰지휘부가 자치경찰제에 대해 무관심을 넘어 홀대하는 상황에서 현장 경찰관들에게 기존 중앙집권적 국가경찰제하에서와 달리 보다 자율적이고 창의적인 지역치안활동을 할 것이라고 기대하기는 어렵다. 그러면서도 경찰청에서는 자치경찰제 시행과 동시에 시도자치경찰위원회와 사전 협의도 없이 일방적으로 자치경찰위원회 사무국장과 경찰청 생활안전국장으로 구성한 '범죄예방·사회적 약자 보호 정책협의체'를 운영하기도 했다. 자치경찰위원회를 마치 "기존 경찰사무가 원활히 수행될 수 있도록 지자체의 협조를 이끌어 내거나 예산을 편성하는 역할"로 오해하는 것(박준휘 외, 2021)은 아닌가라는 의구심이 들 정도이다.

그럼에도 불구하고 전국 시도자치경찰위원회는 자치경찰제에 대한 현장 경찰의 수용성 제고를 위한 보다 적극적인 방안을 고민할 필요가 있다. 예컨대, 경찰서장 평가 및 경찰관서 성과평가를 적극 활용하는 방안을 생각해볼 수 있다. 2023년부터 전액 시도비로 운영 예정인 자치경찰사무 예산을 경찰서장 평가 및 경찰관서 성과평가와 연계하여 편성하는 것도 필요하다. 또한 독립적인 집행 조직과 인력이 없는 자치경찰위원회에서 직접 홍보활동을 전개하기보다, 시도경찰청장에 대한 지휘·감독권을 적극 활용해야 한다. 즉, 시도경찰청장으로 하여금 자치경찰제 수용성 및 인식 제고 방안을 수립·시행하도록 하고, 이를 정기적으로 평가하여 다시 환류하는 시스템을 구축하는 방안도 있다.

(2) 시도경찰청장에 대한 지휘·감독권의 문제

시도경찰청장은 자치경찰사무에 대해서는 시도자치경찰위원회의 지휘·감독을 받아 관할구역의 소관 사무를 관장하고 소속 공무원 및 소속 경찰기관의 장을 지휘·감독한다. 다만, 수사에 관한 사무에 대해서는 국가수사본부장의 지휘·감독을 받는다(「경찰법」 제28조 제3항). 이 법은 자치경찰사무와 관련하여 시도경찰청장과 시도자치경찰위원회를 상하관계로 설정하고 있다.

그러나 이러한 관계는 첫째, 형식적인 관계로 그칠 가능성이 적지 않다. 자치경찰위원회가 관장하는 자치경찰사무는 시도경찰청장→경찰서장→지구대·파출소장으로 이어지는 지휘체계하에서 수행된다. 따라서 시도경찰청장의 지원과 후원 없이는 자치경찰위원회의 소관사무가 수행될 수 없기 때문이다. 바로 이 점에서 시도경찰청장이 국가경찰과 자치경찰을 연결하는 중간매개자의 역할을 얼마나 적극적으로 수행하느냐에 따라 자치경찰제의 성공여부가 결정된다고 해도 과언이 아니다. 시도경찰청장이 국가경찰과 자치경찰의 가교 역할을 수행하는 '플랫폼'이 되어야 하는 이유다. 그렇지 않을 경우 경찰청을 중심으로 일사불란한 지휘·통제에 익숙한 시도경찰청과 자치경찰위원회 간 충돌과 갈등은 불가피할 것이다.[13] 물론, 시도경찰청장이 자치경찰위원회의 자치경찰사무에 대한 지휘·감독에 불응하는 경우 징계 또는 형사법적 처벌(직무유기 등)의 가능성은 열려있다.

13 실제로 일부 시도경찰청장은 명시적 또는 묵시적으로 자치경찰위원회에 대한 거부감을 표출하거나 의도적으로 무시하여 갈등을 초래하는 경우도 있다고 한다.

다음으로, 시도자치경찰위원회와 시도경찰청장 간 지휘·감독관계는 '역 지휘·감독관계'로 전환될 수 있다(양영철, 2021). 왜냐하면 시도자치경찰위원회의 지휘·감독권은 원칙적으로 심의·의결을 통하도록 하면서, 예외적으로 심의·의결할 시간적 여유가 없거나 심의·의결이 곤란한 경우 시도경찰청장에게 위임한 것으로 보기 때문이다(「경찰법」 제28조제4항). 합의제 행정기관의 특성상 실시간 지휘·감독이 어려운 상황에서 즉시적인 대응이 필요한 경찰업무를 원활하게 수행하기 위한 불가피한 장치이다. 그럼에도 시도경찰청장이 자신에 대한 지휘·감독권을 수임하는 논리적 모순을 초래하고 있다. 실무적으로는 시도경찰청장의 사전적·사후적 보고를 통해 자치경찰위원회의 지휘·감독권이 보완된다고 보는 것이 타당하다.

여기서 간과해서는 안 될 것은 국가경찰사무와 자치경찰사무가 상호 중첩되거나 각 사무의 경계지점에 있는 경우 지휘·감독권의 소재는 어디에 있는가라는 문제이다. 예컨대, 지구대에 근무하는 경찰관이 주취자 보호조치(자치경찰사무)를 하던 중 폭행치사사건(국가경찰사무)으로 발전한 경우 최종 지휘·감독권은 어디에 있는지 문제된다. 이 경우 국가경찰사무 영역(폭행치사)에 대해서는 경찰청장에게, 그것이 수사사무에 해당하는 경우 국가수사본부장에게, 자치경찰사무 영역(주취자보호)에 대해서는 자치경찰위원회에게 지휘·감독 책임이 귀속된다고 봄이 타당하다. 아울러, 파출소 소속 경찰관이 자치경찰사무의 수행 과정에서 손해를 야기한 경우 책임귀속의 주체는 어디인지도 문제된다. 이와 관련 대법원은 지자체장이 설치하여 관할 지방경찰청장에게 관리권한이 위임된 교통신호기의 고장으로 인하여 교통사고가 발생한 경우, 지자체뿐만 아니라 국가도 손해배상책임을 진다고 판시하고 있다(대법원, 99다11120). 이러한 판례를 고려하면, 자치경찰제 시행으로 경찰행정과 지방행정이 연계되면서 국가와 지자체가 공동으로 책임(손해배상)을 지게 되는 경우도 적지 않을 것이다.

(3) 시도경찰청의 자율성 확보 및 경찰청 생활안전·교통 기능의 존치 문제

개정 전 「경찰법」 제2조제2항에서는 "경찰청의 사무를 지역적으로 분담하여 수행하게 하기 위하여 시도지사 소속으로 지방경찰청을 두고, 지방경찰청장 소속으로 경찰서를 둔다."고 하고 있었다. 지방경찰청은 경찰청의 특별지방행정기관으로서 지역에서 경찰청의 사무를 수행하는 이른바 '경찰청의 손발'이었던 것이다.

그러나 현행 「경찰법」 제13조에서는 "경찰의 사무를 지역적으로 분담하여 수행하게 하기 위하여 시도에 시도경찰청을 두고, 시도경찰청장 소속으로 경찰서를 둔다."고 하고 있다. 시도경찰청은 이제 더 이상 경찰청의 손발이 아니라 '경찰사무를 수행하기 위한 지역기구'로 볼 가능성을 열어놓고 있는 것이다. 이는 시도경찰청이 적어도 자치경찰사무와 관련하여서는 자치경찰위원회의 지휘·감독을 받는 '半국가-半지방의 경찰조직'이라는 것으로 이해할 수 있다(김순은, 2021). 시도경찰청은 자치경찰제 시행으로 국가의 특별지방행정기관으로서의 성격도 가지면서 지자체의 직속기관으로서 성격도 함께 해야 하기 때문이다(이정원, 2022). 그렇다면 시도경찰청은 이제 종전 경찰청의 하부기관에 불과했던 '지방경찰청'에서 탈피해 적어도 자치경찰사무와 관련하여 자율적인 경찰기관, 즉 '시도의 (자치) 경찰청'으로 발전해나가야 한다. 특히 자치경찰사무와 관련하여 자치경찰위원회의 사무국을 지원하는 방향으로 역할 변경이 요구된다. 이럴 때 비로소 자치경찰위원회는 자치경찰사무와 관련하여 지역실정에 맞도록 '치안정책의 기획 및 평가, 예산의 편성' 등과 같이 궁극적으로 '경찰청의 기능'을 수행할 수 있을 것이다.

여기서 기존 경찰청의 '생활안전' 및 '교통' 기능을 그대로 존치할 필요가 있는지 의문을 제기하지 않을 수 없다. 이들 부서를 그대로 유지할 경우 자치경찰사무와 관련된 시도경찰청의 해당 기능을 강하게 통제하지 않을 수 없게 되고, 이는 위원회(사무국)의 역할이 그만큼 줄어들 수밖에 없다는 것을 의미한다. 실제로 경찰청에서는 시도경찰청에 업무협조 형식의 지시·계획 등을 내부망을 통해 지속적으로 하달하고, 시도경찰청은 이러한 경찰청의 지휘를 우선시하고 있다는 지적이다(박준휘 외, 2021). 시도경찰청장에 대한 자치경찰위원회의 지휘·감독권을 확보해 주어야 할 경찰청이 이를 형해화(形骸化)하고 있는 것이다.

이러한 점에서 경찰청의 관련 기능을 축소 재편하고, 그에 따른 조직과 인력을 치안현장에 재배치하여 현장을 강화할 필요가 있다. 같은 맥락에서 "중앙집권적 치안행정을 탈피하고자 도입한 자치경찰제도 본래 취지에 맞게 경찰인력과 예산을 시도경찰청으로 과감하게 이관하는 등 전면적인 재조정이 필요하다."(한국일보, 2021. 9. 18.)

(4) 지구대·파출소의 소속 문제

경찰청은 2020. 12. 31.「경찰청과 그 소속기관 직제」규정(대통령령)을 개정하여 지구대·파출소의 관리부서를 종전 '생활안전'에서 '112치안종합상황실'로 변경하였다.

표 4 **지구대·파출소 소속 변경을 위한 직제 규정 개정 전후 비교**

관리부서	개정 전 사무분장	개정 후 사무분장
경찰청 생활안전국	"지구대·파출소 외근업무의 기획" (제11조제3항제3호)	삭제
경찰청 치안상황관리관	-	신설"지구대·파출소 상황관리업무의 기획" (제10조제2항제4호)

중앙행정기관인 국가경찰은 읍·면·동·리 단위까지 하부조직을 두고 있으면서, 지방조직인 자치경찰은 정작 주민 곁에 존재하지 않게 되는 역설적인 상황이 눈앞에 펼쳐지고 있다. 자치경찰사무는 있으나 자치경찰은 없는 고육책까지 내며 어렵게 입법한 자치경찰제의 도입 취지를 경찰 스스로 반감시켜 버렸다는 지적이 설득력 있게 다가오는 이유다(박준휘 외, 2021). 그로 인해 112치안종합상황실의 관리를 받는 지구대·파출소 경찰관들은 112신고 사건만 처리하면 될 뿐, '굳이' 방범예방순찰 등을 수행해야 하는가에 대해 의문을 제기하고 있는 실정이다. 본래 생활안전은 범죄예방순찰활동을 다루는 부서이고, 112치안종합상황실은 112신고를 받고 이를 지구대·파출소 등에 전파하여 112신고에 신속히 대응하도록 하는 부서이다.

112치안종합상황실도 112신고 대응 과정에서 부차적으로 범죄예방활동과 관련될 수는 있으나, 이를 기획하는 생활안전 부서와는 본질적으로 차이가 있다.

그럼에도 경찰청이 "자치경찰제 시행을 하루 앞둔 지난해 마지막 날 지구대·파출소 경찰관의 관리사무 수행부서를 112종합상황실로 변경하라는 지시를 내부 메신저로 갑작스레 내려보내 경찰 내부에서 입길에"(한겨레, 2021. 1. 25.) 오를 정도로 다소 무모한 조치를 취한 이유는 무엇일까. 게다가 「경찰공무원 임용령」 제4조제1항에서 '자치경찰사무를 담당하는 경찰공무원'의 범위에서 '지구대 및 파출소에서 근무하는 경찰공무원'을 제외시킨 이유는 무엇일까. 대부분의 자치경찰사무는 지구대·파출소에서 수행될 수밖에 없다는 사실을 간과한 것은 아닐 것이다. 이는 또한 「경찰법」 제35조제2항에 따라 자치경찰사무 담당 경찰공무원의 후생복리 증진을 위해 시도지사가 재정적 지원을 할 수 있는데, 그 지원 대상에 지구대·파출소 소속 경찰관을 포함할 여부에 대한 논란으로 이어지기도 한다. 경찰청은 과연 자치경찰제의 성공을 기대하기는 하는가라는 의구심을 던지지 않을 수 없다(황문규, 2021. 8. 18.).

자치경찰위원회에서 자치경찰사무와 관련한 신규사업 또는 지방행정과 연계한 사업을 치안현장에서 실제로 추진하기 위해서는 지구대·파출소 경찰관들에 대한 지휘·감독권이 필요불가피하다. 이를 감안하면, 지구대·파출소의 관리 부서를 '생활안전'으로 변경하여 치안공백의 방지 및 자치경찰사무의 원활한 수행을 담보할 필요가 있다. 지구대·파출소 관리부서의 변경은 법률이 아니라 하위법령

(경찰청과 그 소속기관 직제)만 개정하면 가능하다는 점에서 경찰청장의 의지에 달려있다.[14]

(5) 예산상 한계

「경찰법」 제35조에서는 자치경찰사무의 수행에 필요한 예산은 시도자치경찰위원회의 심의·의결을 거쳐 시·도지사가 수립하며, 이 경우 시도자치경찰위원회는 경찰청장의 의견을 들어야 한다고 규정하고 있다. 이처럼 경찰법은 자치경찰사무의 예산 편성권을 시도지사에게 부여하고 있으나, 그 재원에 대해서는 침묵하고 있다.

자치경찰사무의 예산은 기존 국가경찰제 하에서 일률적으로 시도경찰청에 배분한 예산을 국고보조금방식으로 시도에 지원되고 있다. 기존 시도경찰청 예산배분액은 경찰청에서 획일적으로 정한 것이며, 전국적으로 최소한의 치안유지에 필요한 예산이라는 점에서, 자치경찰제 시행을 계기로 지역실정에 맞는 치안서비스를 추가적으로 추진하는 데 한계가 있다. 국고보조금은 특성상 그 규모와 사용처가 제한되어 있어 예산수립에 대한 시도의 자율성이 제약된다. 또한 국고보조금 이외 예산지원은 없다. 자치경찰위원회에서 신규로 추진하는 자율적·창의적인 자치경찰사무의 추진은 전적으로 시도의 예산지원에 달려있다. 때문에 시도 재정력에 따라 각 시도 자치경찰위원회에서 추진할 수 있는 자치경찰사업의 규모 등에 차이가 발생할 수밖에 없는 것이다. 자치경찰제 시행을 통해 지역별 실정

14 전국시도자치경찰위원장협의회는 2022. 5. 6. 입장문을 내고, '이원적 자치경찰제'를 완성하기 위한 단초로써, 지구대 및 파출소 소속 부서의 정상화(현 112종합상황실 소속 → 생활안전소속으로 환원)를 경찰청장에게 공개 건의했다.

에 맞는 치안서비스를 차별화하려는 시도가 자칫 시도별 재정 상태에 따른 치안서비스의 불균형으로 이어질까 우려해야 할 수도 있다.

2023년부터 2단계 재정분권 지방이양사무로 분류된 자치경찰사무의 예산은 비용보전 방식(기존 국고보조금에서 지방소비세로)의 변경에 따라 전액 시도비로 편성되고 있다. 그러나 2023년 자치경찰사무 비용보전액은 2021년도 기준에 따르도록 되었다. 때문에 비용보전 부족분을 시도별로 어떻게 충당할 것인가의 문제가 남는다. 자칫 시도별 재정력이 허용하는 정도에 비례하여 치안의 품질 격차가 발생할 가능성도 배제키 어렵다.

3) 제주형 이원화 자치경찰제의 한계: 형식적 이원화

제주형 자치경찰제는 자치경찰사무를 수행할 자치경찰을 두고 있다는 점에서 타시도 자치경찰제와 구별된다. 이원화 자치경찰제라고 하는 이유도 여기에 있다. 그러나 제주형 이원화 자치경찰제는 형식적 이원화 자치경찰제에서 벗어나기 어렵다.

첫째, 자치경찰사무를 관장하는 제주자치경찰위를 두고 있으나, 자치경찰사무를 수행하는 국가경찰인 제주경찰청뿐만 아니라 자치경찰인 제주자치경찰단에 대해서도 실질적인 지휘·감독권을 행사하는데 한계를 안고 있다. 제주경찰청에서 자치경찰사무를 담당하는 국가경찰공무원 및 제주자치경찰단 소속 자치경찰공무원에 대한 인사권이 형식화되어 있다. 게다가 제주자치경찰위는 자치경찰사무를 관장하는 합의제 행정기관임에도, 「제주특별법」 제91조에 따라 국가경찰과 자치경찰 간 사무분담과 사무수행방법을 정하는 협약의 당사자에서는 배제되어 있다.

둘째, 제주형 이원화 자치경찰제의 핵심인 자치경찰 조직으로서 제주자치경찰은 과연 실질적인 경찰기관인가라는 의구심을 던지지 않을 수 없다. 제주자치경찰이 담당할 자치경찰사무는 열거적으로 규율되고, 개별적 수권조항이 없는 경우 이를 보충할 개괄적 수권조항도 없어, 그 사무범위를 벗어나거나 넘어서는 공공의 안녕과 질서에 관한 위험에 적절히 대처할 방안은 없다. 초동조치권도 배제되어 있다. 제주특별법상 자치경찰의 사무와 권한은 위험의 예방 및 방지라는 통상의 경찰기관으로 보기에 민망할 정도이다. 때문에 제주자치경찰을 국가경찰을 보조하는 차원을 벗어나 독자적으로 실질적인 (자치)경찰기관으로 볼 수 있는지도 의문이다. 이 점은 2021년 7월 1일부터 대한민국 전역에서 경찰법상 국가경찰사무와 구별되는 자치경찰사무를 두고 있는 자치경찰제가 시행 중이라는 점에서 더욱 우려할만하다. 게다가 사실상 중복되는 자치경찰사무를 수행하는 2개의 조직을 운영 중이어서, 양 기관 간 업무의 중복·과잉의 문제가 발생하고 그에 따른 기관 간 갈등은 물론, 치안력의 낭비도 초래되고 있다.

셋째, 제주자치경찰단은 2021. 7. 21. 경찰법상 자치경찰제가 시행되기 전까지 전국 최초이자 대한민국 유일의 자치경찰로 존재해 왔다. 타 시도 자치경찰제의 모범이 되면서도 타산지석의 모델이 되기도 하였으며, 현행 자치경찰제의 출발점이다. 국가경찰 중심의 일원화 자치경찰제의 도입을 앞둔 시점에서 국가경찰로 편입될 상황에서도 제주자치경찰단이 가지는 존재의의를 인정하여 존치가 결정되었다. 그렇다면 제주형 자치경찰제는 타시도와는 달리 종래 제주자치경찰의 틀을 넘어서는, 그래서 치안에서의 자치권이 보장되는 방향으로 발전해야 할 것인데, 이를 법적으로 뒷받침해야 할 제주특별법이 오히려 제주형 이원화 자치경찰제의 발전에 장애물로 작용하고 있다. 예컨대, 경찰법상 자치경찰사무와는 차이가 있는 제주자치경찰사무, 자치경찰공무원에 대한 인사권은 자치경찰사무를 관장하는 제주자치경찰위가 아니라 도지사에게 부여한 조항, 그리고 제주특별법에서 정하는, 그래서 자치권이 보장되어야 할 자치경찰사무에 대해 국가경찰과의 협약으로 자치경찰사무의 수행 범위와 방법을 정하도록 함으로써(제91조) 자치권을 침해하는 모순을 범하고 있다. 자치경찰제를 시행하고 있다는 그 사실 이외 과연 누구를 위한 자치경찰제인지가 의심스러울 정도이다.

4. 소결

지금까지 자치경찰의 치안적 성과와 한계에 대해 살펴보았다. 이를 간략히 정리하면 다음과 같다.

첫째, 나름 의미 있는 성과도 있지만 '자치경찰사무는 있으나 자치경찰은 없는' 현행 자치경찰제가 안고 있는 문제점과 한계도 뚜렷이 드러났다. 그러나 이러한 문제점과 한계도 자치경찰제 시행이 없었다면 드러나지 않았을 것이라는 점에서 시행착오를 피할 기회를 만들어주고 있다. 과도기적 모델로서 현행 자치경찰제는 ① 제도

변화에 따른 국민 혼란이 없고, ② 추가적 재정 투입이 거의 없으면서도, ③ 향후 확대·발전에 따른 시행착오를 최소화할 수 있도록 지방행정과 치안행정이 상호 이해의 시간을 가지고 있으며, ④ 자치경찰제에 대한 국민의 낮은 공감대에도, 실제 시행함으로써 지역실정에 적합한 자율적·창의적 치안활동 일정한 성과를 거두고, ⑤ 특히 완전한 자치경찰제로의 발전가능성을 열어놓은 성과가 있다. 다만, 이러한 성과가 과도기적 모델이 그대로 유지되어 한다는 의미는 결코 아니다. 과도기적 모델로서의 역할을 다하고 있으며, 이를 토대로 완전한 자치경찰제로 나아갈 때 더 큰 의미를 가진다는 의미다.

둘째, 전면 시행 중인 자치경찰제는 시행 그 자체로 경찰 임무 등 경찰 개념에 대해 지자체와 경찰 간 인식 차를 줄일 수 있는 기회를 제공하고 있다. 사실 지자체 공무원은 물론 시도지사가 그동안 지방행정의 영역 밖에 있는 경찰행정을 접하기는 쉽지 않았다. 이러한 현상은 특히 1991년 경찰청이 경찰중립화 방안으로 행정안전부 외청으로 독립되면서 더욱 심해졌다. 그러한 상황에서 시도지사에게 (시도자치경찰위원회를 통해) 자치경찰조직을 설치·운영할 책임을 부여한다는 것은 자치경찰제의 취지와 이상에도 불구하고 무리가 있었음을 부인하기 어렵다. 과도기적 자치경찰제를 통해 지자체에서는 경찰을 이해하고, 경찰은 시도의 지방행정을 이해할 기회를 가진다면, 이는 향후 자치경찰제의 이상을 구현해 가는 데 커다란 밑거름으로 작용할 것이다.

또한 현장 경찰관들이 자치경찰제에 대해 이해하고 그 필요성을 인식하기 시작했다는 점이다. 책상머리에서 또는 이론이 아니라 시도지사 소속의 자치경찰위원회가 지방행정과 치안행정을 연계할 때 현장에 어떤 도움이 되는지를 체감하고 있다. 또한 지역주민이 필요로 하는 치안서비스가 있으면 이를 현장에 구현하기 위해 경찰청까지 여러 단계를 거쳐 올라가도 예산확보가 불확실한데, 시도에서는 적시에 예산확보가 되고 이를 토대로 지역주민의 요구를 반영한 치안서비스를 제공할 수 있다는 점도 경험하고 있다. 이는 전국시도자치경찰위원장협의회에서 2023년 6월 발간한 '대한민국 자치경찰 2주년 우수사례집'에서도 확인할 수 있다. 일선 경찰관들이 현행 자치경찰제에 대해 보통보다 낮은 수준으로 평가하고 있음에도 자치경찰제에 대한 긍정 경험이 되어, 결과적으로 이원화된 자치경찰조직에서 근무할 의향에 유의미한 양(+)의 영향을 미치고 있는 요인으로 작용하고 있는 이유이기도 하다(김상호, 2024).

셋째, 자치경찰제 운영 과정에서 드러난 문제점과 한계는 '자치경찰사무는 있으나 자치경찰은 없는' 모델 그 자체가 가지고 있는 한계에서 비롯한다. 자치경찰의 정체성이 무엇인지를 혼동케 하여, 결과적으로 자치경찰의 치안적 성과는 물론 이를 위한 시도자치경찰위원회의 다양한 노력과 시도도 국가경찰을 위한 보조적·지원적 활동으로 평가절하하게 만들거나 아예 자치경찰의 치안적 성과에 대한 논의 자체를 어렵게 만든다. 자치경찰제 시행 3년이 지난 현 시점에서도 이 제도의 '성공적 운영을 위한 실천적 논의(이서호, 2024)'로 온전히 나아가지 못한 채 여전히 규범학적·제도적 관점에서 자치경찰제에 대한 논의를 이어가고 있는 이유이기도 하다.

넷째, 경찰청이 자치경찰제 안착에 대단히 비협조적이었다는 점을 짚고 넘어가지 않을 수 없다. 자치경찰제 시행 초기 경찰청 내 자치경찰 지원부서는 자치경찰제 안착을 위해 나름 애쓴 것을 인정하지 않을 수 없다. 그러나 그 이외에는 자치경찰사무와 관련 여부를 떠나 냉소적이고 심지어 자치경찰제를 무력화시키려는 시도가 있었음도 부인하기 어렵다. 2023년 출범 첫해, 경찰청에서는 위원회에 파견된 경찰공무원의 근무성적평정(승진의 핵심 요소) 방식에 대해 위원회의 개입을 배제하는 방향으로 논의하였다. 앞서 살펴본 바와 같이 경찰공무원법에서는 시도경찰청에서 자치경찰사무 담당 경찰공무원에 대한 승진 등의 임용권을 위원회에 부여하고 있는데, 정작 위원회에 근무하고 있는 경찰관에 대해서는 아무런 권한도 행사할 수 없게 만들려고 했던 것이다. 당시 경찰청의 논의는 자치경찰관이 없는 모델에서 자치경찰사무를 관장해야 하는 위원회의 기능을 사실상 무력화시키려는 시도나 다름없다고 해도 과언이 아니다.

문제는 이것이 처음이 아니라는 점에 있다. 2020년 12월말 자치경찰제 시행을 앞둔 시점에 지구대·파출소를 종전 생활안전 부서에서 112치안종합상황실로 그 소속을 변경한 사례도 있다. 또한 자치경찰사무의 상당한 부분이 지구대에서 수행되어, 지역특성에 부합하는 치안서비스 제공의 핵심 기구임에도 그 소속 경찰관에 대한 인사권을 위원회에서 배제해 버리기도 하였다. 문제는 그로 인해 지구대에서 112신고에 대한 출동·대응 이외 범죄예방활동을 위한 '방범순찰'에 적극적으로 나서길 기대하기 어렵게 되었다는 점이다.

게다가 전국 시도자치경찰위원회에서 지구대·파출소의 소속 변경에 대한 우려를 강하게 지적하자, 경찰청은 최근 이상동기 범죄가 잇따라 발생한 것을 계기로 경찰조직개편 방안을 내놓았다. 이 조직개편 방안은 범죄예방과 대응 관련 조직이 결합하고자 경찰청에 '범죄예방-지역경찰-112상황' 기능을 통합하여 범죄예방과 대응을 총괄하는 범죄예방대응국을 신설하고 18개 시도경찰청과 259개 경찰서에도 범죄예방대응과(서울청: 범죄예방대응부)를 신설하는 것을 핵심으로 하고 있다(경찰청, 2023). 시도경찰청 이하 조직에서 '자치경찰'의 외관을 전부 삭제하여, 경찰은 자치경찰과 아무런 관련성이 없는 조직으로 만들어버렸고, 그에 따라 자치경찰위는 경찰과 대외적으로 협력해야 하는 외부조직의 하나로 규정돼 버렸다. 특히, 시도경찰청을 구성하는 3개의 축 가운데 하나인 '자치경찰차장(또는 자치경찰부장)'의 외관을 변경함으로써 시도경찰청과 자치경찰위의 지휘·감독관계를 과 단위 차원으로 격하한 것이다. 또한 국가경찰사무과 자치경찰사무의 구분을 불분명하게 함으로써 결과적으로 국가경찰사무에서 제외되는 자치경찰사무의 범위를 축소함은 물론, 자치경찰의 정체성을 확보하기 곤란하게 만들어버린 것이다. 궁극적으로 자치경찰위원회 사무국의 (기대)역할을 약화시키고 있다.

같은 맥락에서 자치경찰위원회 사무국 파견경찰관의 현원을 유지하고, 이를 정원화해야 한다는 주장을 자치경찰제 출범 직후부터 최근까지 전국시도자치경찰위원장협의회의 명의로 요구하고 건의하였음에도 지금까지 묵살 내지 방치하고 있다. 사실 자치경찰위원회 사무국은 생활안전·여성청소년·교통 등의 자치경찰사무와 관련한 경찰정책기획·운영 및 예산 편성, 그리고 인사 등을 하고, 시도경찰청장을 지휘·감독하는 역할을 해야 한다. 따라서 경찰청의 생활안전 및 교통 기능은 점진적으로 축소 또는 폐지하고, 자치경찰위원회 사무국으로 하여금 기존 경찰청의 기능(특히 생활안전국과 교통국)을 대체할 수 있도록 해야 한다. 그럼에도 기존 경찰청의 기능이 자치경찰제 시행과 관계없이 여전히 유지되고 있다는 점을 고려하면, 경찰청은 어쩌면 자치경찰제의 성공적 안착을 기대하지 않는 것 아닌가라는 의구심을 던지지 않을 수 없다. 경찰청 간부 경찰관들의 인식 개선이 필요하다는 것을 말해준다.

다섯째, 자치경찰제에 대한 시도지사 및 시도의회의 인식도 결코 간과하기 어려운 문제적 장면이 있다. 첫 번째 장면은 왜 자치경찰이 시도지사의 영향력 하에 휘둘릴 것이라는 우려가 제기되는지를 보여준다(한겨레, 2023. 6. 22.). 모 지자체장이 경찰활동과 관련하여 자신과 다른 입장을 취한 모 시도경찰청장에 대해 “완전한 지방자치경찰 시대라면 내가 즉각 파면”했을 것이라고 하여, 향후 지자체장 소속의 자치경찰이 지자체장의 정치적 영향력으로부터 과연 정치적 중립을 유지할 수 있을까라는 의구심을 던져주었다. 두 번째 장면은 현행 자치경찰위원회를 시도지사로부터 직무상 독립성을 보장하기 위한 합의제 행정기관으로서의 지위를 계속 유지하는 게 적절한지에 대한 의문을 던져준다(강원일보, 2022. 12. 18.). 전임 지자체장이 구성한 자치경찰위원회에서 추진한 국제심포지엄 개최에 필요한 예산을 지원하지 않거나 차기년도 예산안 심의·의결 과정에서 업무추진비 전액을 삭감한 사례 등은 자치경찰위원회의 지위가 얼마나 취약한지를 생생히 보여 준 것이다.

제 5 장

자치경찰제의 자치성 평가

정순관

1. 자치경찰제 도입과 기대

지방자치제도가 도입되어 발전한 지 30여 년을 지나고서야 우리나라에서도 자치경찰제가 도입되어 시행되고 있다. 자치경찰제 시행은 권력기관으로 인식되고 작용해 온 중앙집권적 경찰제도를 개혁하여 민주주의의 구현이라는 헌법가치를 실현하고 지방자치제도의 완성을 향한 중요한 제도적 전환점이라고 평가할 수 있다.

2020년 12월 22일 기존의 「경찰법」을 「국가경찰과 자치경찰의 조직 및 운영에 관한 법률」(이하 경찰법)로 전부개정하여 공포하고, 2021년 1월 1일에 자치경찰제가 전면 시행되었다. 그 후로 세종특별자치시에도 타 시도와 동일하게 위원장과 1인의 상임위원을 두고 독립된 사무기구를 두는 내용으로 법률을 개정하여 시행함으로

써[1] 현재의 18개 시도자치경찰제(경기도는 남부와 북부로 나누어 설치)가 시행되고 있다.[2]

우리나라에서 자치경찰제를 도입하려는 입법취지는 「경찰법 전부개정이유」에 보다 분명하게 제시되고 있다.

> ◇ **개정이유**
>
> 최근 우리나라에서는 진정한 지방자치를 위해 경찰권한의 분권화와 함께 지역특성에 적합한 치안서비스의 제공이 필요하다는 점에서 자치경찰제 전면 시행의 필요성이 꾸준히 제기되고 있으며, 더욱이 수사권 조정 시행과 함께 자치경찰제의 도입을 통해 비대해진 경찰권을 효율적으로 분산하여야 한다는 의견이 제기되고 있음.
>
> 자치경찰제를 도입함에 있어서는 경찰행정에 분권과 민주성에 대한 요구를 반영하는 동시에, 국민 안전에 공백이 없도록 국가 전체의 치안 총량과 현재의 안정적 경찰활동 체계가 흔들리지 않도록 유지할 필요가 있음.
>
> 한편, 지방행정과 치안행정의 연계성을 확보하여 지역주민의 치안수요에 적합한 다양한 치안서비스를 제공하고 지역실정에 맞는 주민밀착형 경찰서비스가 실현되어야 할 뿐만 아니라 현행 조직체계의 변화와 추가 소요비용 최소화를 통해 국민 부담을 경감할 필요가 있음.
>
> 이에 현행법을 개정하여 경찰사무를 국가경찰사무와 자치경찰

---

1 2022.11.15. 개정법률 공포, 2023. 2. 16.

2 기존법에 따르면 시·도자치경찰위원회의 위원장과 1명의 위원은 상임으로 하고 그 사무를 처리하기 위하여 사무기구를 두도록 하고 있으나, 세종특별자치시자치경찰위원회에 대해서는 특례를 두어 위원장과 위원들은 모두 비상임으로 하고 사무는 세종특별자치시 경찰청이 담당하도록 하고 있었다.

사무로 나누고, 각 사무별 지휘·감독권자를 분산하며, 시·도자치경찰위원회가 자치경찰사무를 지휘·감독하도록 하는 등 자치경찰제 도입의 법적 근거를 마련함으로써, 경찰권 비대화의 우려를 해소하면서 지방행정과 치안행정의 연계성을 확보하여 주민 수요에 적합한 다양한 양질의 치안서비스를 제공하는 한편 국가전체의 치안역량을 효율적으로 강화할 수 있도록 하려는 것임.

이러한 개정이유에는 경찰행정의 분권화로 민주성을 구현한다는 자치경찰제 도입의 규범적 측면과 국가적 치안역량의 효율적 강화라는 편의적 측면 모두를 자치경찰제의 도입목표로 제시하고 있다. 민주주의를 주장하는 원리주의 학파들은 사회구성원이 권력을 균등하게 나누어 가지면 구성원의 자유가 확장된다고 주장한다. 또 민주주의를 주장하는 절차주의 학파들은 투표에 의한 합의를 그 가치로 삼고 있다. 따라서 자치경찰제에 대한 평가는 민주성의 구현이라는 규범적 측면과 국가치안역량의 효율적 강화라는 편의적 측면을 모두 고려해야 할 것이다.

경찰행정의 분권과 민주성의 구현이라는 문제는 무엇을 의미하는 것일까? 어떤 이론적 근거를 기반으로 하고 있는 것일까? 실제로 그 이론적 근거는 현장에서 구현되고 있는 것일까?

자치경찰제 시행의 평가는 이와 같은 질문에 답하는 과정일 것이다. 그렇게 하기 위해서는 분권과 지방자치를 주장하는 문헌과 지방자치를 평가하는 많은 문헌을 검토하는 것이 필요하다. 그 문헌들에 자치경찰제의 자치적 평가에 주요한 고려요인들이 담겨있기 때문이다. 자치성은 일반적으로 지방정부가 '자유롭게' 의사결정을 할 수 있는 자율적 역량과 비간섭적 재량권이라 할 수 있다.

그럼에도 자치성에 대한 논의들은 너무 다양하여 자치성을 하나의 이론으로 설명하기란 쉽지 않다. 즉, 자치권의 개념이 중앙정부에 대항할 수 있는 힘의 의미에서부터 시작하였지만, 점차 지역문제를 해결할 수 있는 수단(특히 예산과 인력 등)이 있느냐의 문제 등으로 확대·진화되어 왔고, 학제 간의 다차원적인 특성을 반영하면서 다양한 측면을 내포하고 있기 때문이다.[3]

더욱이 자치성과 관련되어 민주성의 구현을 경험적으로 평가하는 체계적이고 포괄적인 평가를 하고 있는 글은 찾기가 쉽지 않다. 있다 하더라도 국가마다 각 변수들의 영향 정도는 일관성을 갖지 못한다. 서로 다른 역사적 환경들이 제도에 체화되어 있기 때문이다. 대부분 자치성의 평가에 대한 글은 특정한 주제나 부분적 평가에 머무르고 있는 것이 현실이다. 그만큼 지방자치의 운영과 집행에는 많은 요인이 영향을 주고 있다. 특히 경찰권의 분산을 위한 지역경찰제에 대한 연구들은 중앙정부나 기존의 집권적 요인에 의해 언제나 제약받고 있다는 점을 주목하고 있다.[4]

따라서 자치경찰제 추진의 자치적 평가를 위해서는 우리나라 경찰제도의 변천역사를 살펴보고 기존 경찰제도에 체화되어 있는 특

3 이런 의미를 내포하는 의미, 즉 권리와 역량을 동시에 내포하는 의미에서 이글에서는 '자치성'이라는 용어를 사용하기로 한다. 자치권은 지방의 권리만을 내포하는 의미로 받아들여질 수 있다.

4 P.J.Boettke, J.S.Lemke and L.Palagashvili(2016), Re-evaluating community policing in a polycentric system, *Journal of Institutional Economics* (2016), 12: 2

성을 살펴볼 필요도 있다. 역사적 제도주의의 관점에서 보면 기존의 경찰제도에 체화된 특성은 자치경찰제도 도입에 따른 기대를 달성하는 데 중요한 영향을 미치기 때문이다.

2. 자치경찰제의 자치성 평가분석의 접근

자치경찰제가 시행된 지 4년 차를 맞고 있다. 자치경찰제의 효과나 결과를 종합적으로 판단하기에는 아직 이르다고 할 수 있다. 지금도 제도적 장치들이 보완되고 있는 과정이라 할 수 있기 때문이다.

이 글에서는 지방자치론에서 일반적으로 논의되는 자치성에 대한 관점과 평가요소를 살펴보고 이들 관점과 요소들을 자치경찰제의 자치성 측면을 평가하는 데 참고할 것이다. 종합적 평가 틀을 구성하기보다는 그동안 자치경찰제의 시행에서 나타나고 있는 사례들을 중심으로 자치경찰제의 구현과정에서 나타나고 있는 자율적 속성이 어떻게 진행되고 상호작용하고 있는지 살피고자 한다. 그리고 다양한 요인이 상호작용하는 체제분석에 적용되는 투입의 정당성, 산출의 정당성, 그리고 전환의 정당성이라는 관점에서 기술될 것이다. 이러한 시험적 평가접근은 향후 자치경찰제의 자치성을 확립하는 데 일정한 정보를 줄 수 있을 것이다.

1) 자치성의 평가요소

하나의 제도를 평가하는 데는 많은 접근방법이 있을 수 있다. 이 장은 자치경찰제의 자치성을 평가하는 것이다. 자치성의 확대는 궁극적으로 개인의 자유를 확장한다는 규범적 의미에서 그 정당성을 찾는다. 자치성이 규범적으로 정당성을 갖는다 할지라도 그 효과는 앞에서 언급한 바와 같이 많은 요소가 영향을 주고 있다. 이글에서는 많은 사회정치적 요인이 상호작용하는 상황분석에 유용한 접근으로 잘 알려져 있는 투입-전환-산출이라는 체제평가의 시각에서 사례들을 살펴볼 것이다. 즉, 어떤 주제가 투입되고 산출되었으며, 어떤 전환과정을 거쳤는지를 살펴봄으로써 자치경찰제의 자치성에 대한 평가를 시도하고자 한다. 일반적으로 정당성은 권한을 행사할 수 있는 인정된 권리이다. 자치경찰제 구현과정에서 그 정당성은 상호작용 요인에 대한 자치성을 확보하는 과정이라고 해석할 수 있다. 즉, 각 요인의 자치성이 확보될 때 자치경찰제의 정당성은 인정된다고 해석할 수 있다.

1980년대 초, 클라크(Clark, 1984)는 지방의 자치수준을 평가하는 유용한 이론적 틀을 제시했다.[5] 주도성(initiative)과 면책성(immunity)이라는 두 개념변수를 활용하여 자치수준에 대한 4가지의 이념적 유형을 제시했다.

주도성은 지방정부가 관할영역 내에서 독립적으로 의사결정을 할 수 있는 역량이다. 이는 지방정부가 중앙정부의 지시를 기다리지

5 G.L. Clark(1984), 'A Theory of Local Autonomy', *Annals of the Assoiation of American Geographers*, 72(2)

않고 자체적으로 정책을 수립하고 집행할 수 있는 능력으로 예산과 인력 등 지역 고유과업을 실행할 수 있는 수단 구비의 수준과 관련된다. 환언하면 '주민을 위한' 정책추진의 내부역량이라 할 수 있다.

면책성은 중앙정부의 간섭을 배제하는 정치적 법률적 보호 수준을 말하고 이는 지방정부의 정체성을 확립하게 한다. 환언하면 간섭없이 '주민에 의한' 정책추진역량이라 할 수 있다. 면책성은 중앙정부의 간섭을 배제하여 지방정부에 자유를 갖게 하고, 주도성은 지방정부의 의사결정과정에 활발한 역량을 발휘하게 한다. 면책성은 소극적 자치성을, 주도성은 적극적 자치성을 내포하고 있다고 할 수 있다. 클라크(Clark)에 따르면 주도성과 면책성의 '**균형**'이 자치수준을 결정하고 이 자치수준은 많은 영향요소의 상호작용을 통해 결정된다.[6] 클라크(Clark)는 자치성의 평가에서 면책성보다 주도성이 더 중요하다고 말하고 있다. 그가 제시한 자치수준의 4가지 이념적 유형을 보면 다음과 같다.

유형 Ⅰ은 지방정부의 주도성과 면책성이 둘 다 높은 수준인 형태로 자치성이 가장 높은 '완전한 자율형'인 상향적 이상형이라 할 수 있다. 유형 Ⅱ는 지방정부가 지역의 사업을 할 수는 있지만 그 의사결정은 중앙정부의 일정한 통제를 받는 유형으로 '분권적 자율형'이라고 할 수 있다. 유형 Ⅲ은 지방정부가 주도권은 없지만 중앙정부의 권한 위임 등에 의존한 면책권을 가지고 중앙정부의 눈치를 보지 않고 지역사업을 할 수 있는 '수권적 의존형'이라고 할 수 있다. 유

6 Clark는 무려 11개의 영향요소를 요약하고 있다. 그러나 그는 주로 중앙과 지방 관계에 대한 법적 이해에 기반을 두고 상위정부가 제도적으로 업무를 위임하는 정도를 분석하는 데 중점을 두고 있어 지방정부의 실제역량에는 주의를 덜 기울이고 있다는 평가를 받는다.

형 Ⅳ는 지방정부가 주도권과 면책권이 없이 중앙정부의 하위행정기관으로서의 특징을 갖는 것으로 자치성이 가장 약한 '관료적 지시형'이라고 할 수 있다. 유형 Ⅰ은 정당성을 주민에게서 찾고, 유형 Ⅱ는 정당성을 지방정부에서, 유형 Ⅲ은 정당성을 중앙정부로부터 위임받은 권한에서, 유형 Ⅳ는 정당성을 중앙정부의 권위적 지시에서 찾고 있는 유형이라고 할 수 있다. 이와 같은 해석을 기반으로 필자는 유형 Ⅰ을 **'완전한 자율형'**으로, 유형 Ⅱ를 **'분권적 자율형'**으로, 유형 Ⅲ을 **'수권적 의존형'**으로, 유형 Ⅳ를 **'관료적 지시형'**으로 명명하고자 한다. 자치수준의 크기는 유형 Ⅰ 〉 유형 Ⅱ 〉 유형 Ⅲ 〉 유형 Ⅳ 순이다. 이를 표로 구성해보면 다음과 같다.

표 1 자치수준의 이론적 틀

〈주도성〉 ↑

유형 Ⅱ (분권적 자율형)	유형 Ⅰ (완전한 자율형)
유형 Ⅳ (관료적 지시형)	유형 Ⅲ (승권적 의존형)

→ 〈면책성〉

☆ 주도성(initiative): 지역 고유과업을 실행할 수 있는 수단구비 수준('주민을 위한' 역량)
☆ 면책성(immunity): 중앙정부 간섭배제의 제도적 장치수준('주민에 의한' 역량)

이와 같은 4가지 유형은 정치적 자치성, 기능적 자치성, 재정적 자치성, 조직적 자치성의 차원에서 분석된다. **정치적 자치성**은 지방정부가 상위 정부와 같은 외부 정치 세력으로부터 독립적으로 결정을 내릴 수 있는 의사결정 능력을 의미한다. 정치적 자치성이 높은 지방정부는 큰 간섭 없이 자체적으로 정책과 우선순위를 설정할 수 있다. 정치적 자치성은 권력의 균형과 권한 위임(이양)의 정도로 평가될 수 있다. **기능적 자치성**은 지방정부가 수행할 수 있는 책임 및 업무의 범위와 관련이 있다. 예를 들면, 지방정부가 교육, 공중보건, 기반시설 등에 대해 어느 정도 통제권을 갖고 있는지와 관련된다. **재정적 자치성**은 재정자립성에 관련되는 것으로 과세나 보조금, 수수료 등 재정수익능력에 대한 재량권으로 평가된다. **조직의 자치성**은 지방정부의 구조적, 행정적 자유와 관련되는 것으로 관료제를 조직하고, 정책을 실행하고, 다른 조직이나 정부 수준과의 관계를 발전시키는 능력 등으로 평가된다.

한편 통합적이고 포괄적인 지방자치 지표를 구축하려는 노력도 있다. 라드너(A.Ladner)와 코퍼(N.Keuffer)는 2016년에 39개 유럽 국가를 중심으로 1990년부터 2014년까지 기간 동안 지방정부의 자치성을 강화하려는 노력 등을 조사한 뒤 11개 변수로 측정된 포괄적 지방자치 지표를 제안하고 있다.[7] 그 지표들은 일정한 한계는 있지만 지방의 자치수준을 평가하는 유용한 지표로 활용할 수 있다. 그들이 측정한 11개 변수는 국가 간에 상당한 차이를 보여주고 있지만 전

7 Ladner, Andreas, and Nicolas Keuffer(2021), 'Creating an Index of Local Autonomy-Theoretical, Conceptual, and Empirical Issues.' Regional & Federal Studies, 31(2)

반적으로 그동안 지방의 자치성이 증가하고 있음을 보여주고 있다. 11개 변수는 자치적 속성과 정부간 관계속성으로 나눌 수 있다. **'자치역량 속성'**으로 제도적 깊이(지방의 선택권 정도), 정책의 범위(자체적으로 수비할 수 있는 기능 혹은 업무범위), 정치적 재량권(권위 있게 의사결정을 할 수 있는 정도), 재정 자치성(독립적 과세), 재정적 자립(자체세외수입), 대출 자치성, 조직의 자치성(자체조직권과 임명권), **'정부간 관계속성'**으로 법적 보호, 행정감독, 중앙 또는 지역접근성(협의권의 정도) 등이다. 자치역량 속성이 클라크(Clark)가 이야기한 주도성에 가깝고, 정부간 관계속성은 면책성에 가깝다고 볼 수 있다.

그들은 후속 연구로 2023년 57개 나라로 확대하여 지방의 자치성을 7개 차원으로 재분류하여 제시했다.[8] 즉, 법적 자치성, 접근성, 정책영역, 정치적 재량, 재정적 재량, 조직적 재량, 그리고 불간섭성 등 7개 차원을 재분류하고 법적 재량보다 재정적 재량과 정치적 재량(의사결정 역량)에 더 큰 가중치를 부여하고 있다.

이 문헌에 등장하는 자치수준의 평가요소들은 자치경찰제의 자치성을 평가하는 데 주요한 변수로 고려될 수 있다. 이러한 이론적 기반을 기초로 자치경찰제 시행 이후 나타난 주요 사례들을 중심으로 자치경찰제의 자치성 즉, 자치의 수준을 평가해 보고자 한다.

---

8 Ladner, A., Keuffer, N., & Bastianen, A. (2023). Local autonomy around the world: the updated and extended Local Autonomy Index (LAI 2.0). Regional & Federal Studies. REGIONAL AND FEDERAL STUDIES, https://doi.org/10.1080/13597566.2023.2267990

2) 우리나라 경찰제도 발전의 약사

한 나라의 경찰제도는 통치구조와 경제·사회·문화적 배경 등이 상호작용하여 정착되어 온 산물이라 할 수 있다. 우리나라는 1945년 10월 21일 미군정청에 경무국을 둠으로써 경찰제가 출범했고, 1948년 8월 15일 정부수립 때는 내무부의 1개국으로 개편되었다. 4·19혁명과 민주항쟁 등을 거치면서 경찰의 정치적 중립화의 문제가 경찰개혁의 큰 과제로 등장하였다.

찰제도의 근대화는 일제강점기에 일본에 의해서 전개되었지만, 정부수립 후 친일경찰의 득세와 좌우 이념 대립 등은 경찰의 기능을 민생치안보다는 국가안보에 두는 형태로 발전하게 된다. 한때 헌법에 경찰의 정치적 중립을 위한 장치가 도입되고 이를 반영한 경찰법 제정도 추진되었다. 그러나 5·16군사정변으로 헌법의 해당 조문은 삭제되었고, 경찰법 제정 시도도 무산되었다. 그 후 박정희 정권의 장기집권 아래서 사회안정과 국가안보의 미명으로 중앙집권적이고 정권 예속적 경찰제도로 정착하게 된다.

그 후 경찰제도 개혁의 주제는 경찰에 대한 정부(정치)의 간섭을 어떻게 제한할 것인가에 맞추어졌다. 1987년 6월 민주항쟁 이후 1991년 경찰청을 내무부의 외청으로 분리하는 등의 경찰법이 제정되었다. 그러나 한국경찰의 정치적 예속성의 특성은 쉽게 사라지지 않았고 그 특성들이 현재까지 이어져 오고 있다.

더욱이 치안정책에서 지역의 특성을 반영하는 데 한계가 있다는 지적이 제기되어 왔다. 이 과정에서 자치분권이라는 국정과제의 큰 틀 속에서 2021년 자치경찰제가 비로소 태동하게 된다. 그동안 정부마다 지방분권 추진이라는 구호 아래 추진하려고 했던 자치경찰제는 이런저런 이유로 미루어오다가 2021년에서야 전면 시행하게 된다. 정권마다 권력작용으로 특징지어진 경찰권을 포기하지 않으려는 정치적 고려의 결과라고 할 수 있다. 그래서 자치경찰제의 역사적 시행은 권력분산과 자치성의 신장이라는 자치분권의 마지막 제도개혁이다라고 말하고 있다.

그러나 우리나라 경찰제도에 수십 년간 체화되어 있는 중앙집권적 특성들은 초기단계인 자치경찰제도의 자치적 속성발전에 일정한 영향을 주고 있고, 이들 제약요인을 어떻게 극복하느냐가 큰 과제로 남아 있다.

3. 자치경찰제의 구현과 자치성의 평가

앞에서 살핀 문헌에 따르면 자치성은 주도성과 면책성으로 구성되고, 주도성은 '주민을 위한' 정책역량을 내포하고 있고, 면책성은 '주민에 의한' 정책역량을 내포하고 있다. 그러므로 주도성은 주민을 위한 자치경찰위원회의 정책수립역량의 측면에서 평가할 수 있고, 면책성은 지역치안정책에 대한 주민의 효능감을 높일 수 있는 정부간 관계속성의 측면에서 평가할 수 있다.

현 시점이 우리나라 자치경찰제 시행의 초기단계라는 점을 감안하면 자치성을 평가하기 위해 모든 변수를 고려한 총체적이고 포괄적 접근을 하기에는 아직 한계가 있다. 지금도 자치경찰제도의 정착을 위한 제도개선들이 이루어지고 있기 때문이다. 이 절에서는 그동안 자치경찰제의 시행과정에서 나타났던 주요 사례들에 대해 자치경찰제의 자치성 즉, 주도성과 면책성의 차원에서 어떤 평가를 할 수 있을 것인지를 중심으로 기술할 것이다. 정부간 관계성에서 면책성을, 내부 자치역량의 관점에서 주도성을 평가하고, 어떻게 지역의 요구가 투입되고, 산출되며, 전환과정을 거치고 있는지, 제약요인은 무엇인지를 중심으로 자치성의 수준을 살펴보고자 한다.

1) 정부간 관계에서의 자치성 평가: 면책성

(1) 지휘체계

2021년 도입된 자치경찰제도는 「국가경찰과 자치경찰의 조직과 운영에 관한 법률」(이하 경찰법)에서 경찰청과 시·도자치경찰위원회의 관계설정에 관한 다양한 장치를 명시하고 있다. 최초의 제도적 투입이 일어났다고 할 수 있다.

우선 기본적으로 별도의 자치경찰조직 신설 없이 경찰법에서 구분해 놓은 국가경찰사무와 자치경찰사무에 따라 지휘·감독권을 분산해 놓았다. 즉, 국가경찰사무는 경찰청장(국가수사본부장)이 지휘·감독하여 수행하고 자치경찰사무는 시·도자치경찰위원회가 시·도경찰청장을 지휘·감독하여 전달하게 되어있다.

즉, 자치경찰업무에 관한 치안서비스를 실질적으로 경찰청장의 지휘·감독을 받고 있는 국가경찰을 통해 전달하고 있는 실정이다. 자치경찰위원회가 주민과 가깝게 있는 일선 경찰서장을 직접 지휘·감독할 수 있는 근거는 없다. 또한 경찰법에 국가경찰과 자치경찰을 분리하여 기술하고 있어 경찰관이라는 호칭은 곧 국가경찰을 의미하고, 국가경찰인 경찰관의 업무 수행 방식과 권한에는 변화가 없다. 따라서 구 「경찰법」이 적용되던 때와 동일하게 「경찰관직무집행법」 및 「형사소송법」 등에 따른 경찰권 행사가 가능하도록 되어 있다.

그림 1 **자치경찰제 지휘체계도**

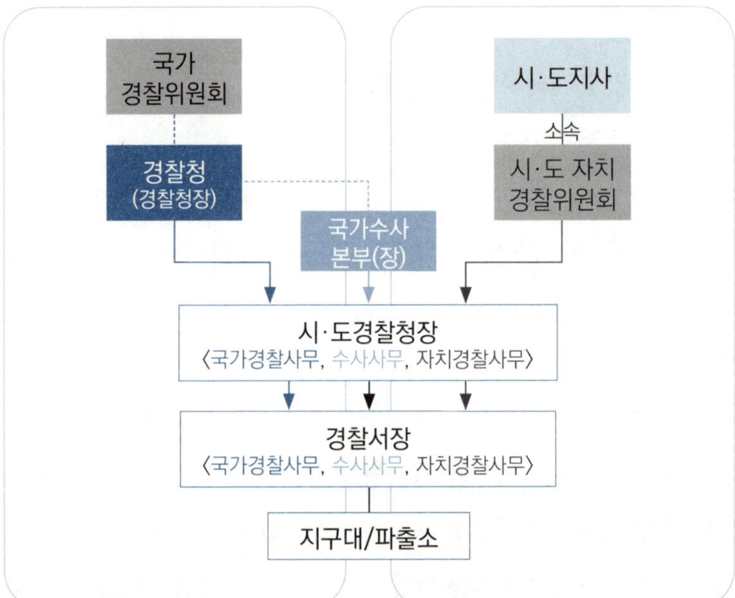

자료: 경찰청

이러한 체계는 자치경찰업무에 관해 자치경찰위원회가 시·도경찰청장을 지휘·감독할 수 있다는 점에서 그 자치성이 인정되고 있다. 그러나 경찰청장이 자치경찰업무에 관해 시·도경찰청장을 직접 지휘·감독할 수 없게는 되어 있으나 일선에서 자치경찰사무를 수행하는 경찰관에 대해 실질적인 인사권을 행사하는 경찰청장과 시·도경찰청장의 영향력이 자치경찰위원회보다 더 강한 것이 현실이다. 또 현장에서 대부분 자치치안업무를 담당하는 지구대직원과 파출소 직원들에 대한 인사권의 행사에서 자치경찰위원회는 배제되어 있다. 따라서 지역특성을 반영한 주민밀착형 치안서비스 제공이 온전하게 설계되고 전달되는 과정은 그만큼의 한계가 있다고 할 수 있다. 특히 중앙집권적 경찰제도의 문화는 더욱 제약요인으로 작용한다.

한편 경찰청과 시도자치경찰위원회 상호협력과 조정에 관한 사항도 규정되어 있다. 경찰법에 따르면 △국가·자치경찰사무의 협력·조정(제24조) △위원회 의결에 대한 재의요구(제25조) △비상사태 시(時) 경찰청장의 지휘·명령(제32조) 등을 경찰청 업무로 규정하고 있다. 이는 기본적으로 경찰청의 입장에서 치안의 통일성과 균질성의 확보 차원에서 규정된 조항이라고 할 수 있다. 또 시·도경찰청에 자치경찰사무 담당 기능(범죄예방·여성청소년·교통 등)을 관할하는 '부〈部〉'단위 이상 직제를 편성("생활안전부")하여 △자체 정책수립 및 집행 △시·도자치경찰위원회 및 사무기구와의 소통·협력 업무를 수행하고 있다.

한편 자치경찰위원회는 이러한 경찰청장의 통보사항과 협조요청에 대해 이의가 있을 때는 위원회의 심의·의결을 거쳐 수정을 요구할 수 있다. 형식상 상호 간의 견제와 균형 장치는 마련되어 있다고 할 수 있다.

그림 2 **자치경찰업무 지휘체계도**

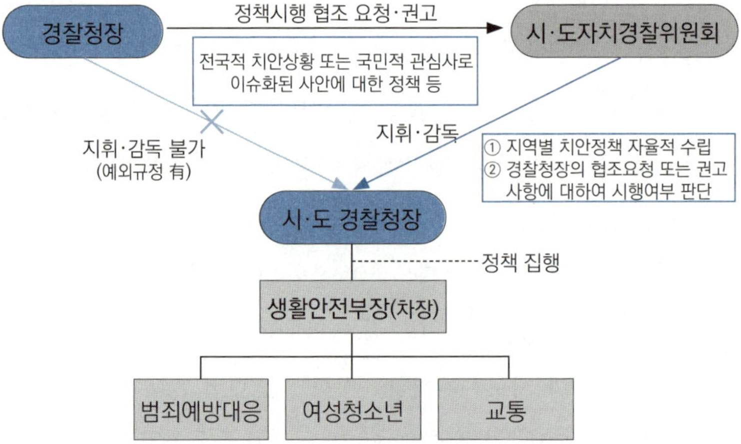

자료: 경찰청

하지만 집행 과정에서 나타나는 중앙집권적 경찰의 특성은 지금도 노정되고 있는 것이 현실이다. 공문 전달 방식에서 '하달'이라는 용어가 '안내'로 바뀐 지도 얼마 되지 않았다.

몇 개의 사례를 보면 다음과 같다.

〈사례1〉

경찰청이 2023.10.30.자로 단행한 조직개편안이 자치경찰사무와 직접 관련이 있음에도 자치경찰위원회와 아무런 협의 없이 일방적으로 결정되었다. 자치경찰위원장협의회에서 그 부당성을 지적했고 경찰청은 스스로 잘못되었음을 인정했으나 결국 조직개편으로 새로 생긴 범죄예방대응부서나 기동순찰대에 대해 국가경찰사무 담당기관으로 운영하겠다는 의사를 밝혔다.

〈사례2〉

2024년 9월 경찰청에서는 '지역관서 근무감독 및 관리체계 개선계획 하달'이라는 지시로 시도자치경찰위원회와 지역관서 경찰관의 큰 반발을 일으켰다. 이 개선계획은 경남의 한 경찰관서에서 일어난 순찰차 내 변사자 발생 사건(2024.8) 후에 범죄예방활동의 성과를 높이기 위해 지역관서 경찰관의 근무실태를 중심관서, 공동체관서, 그리고 일반관서라는 3중 관리체계로 구축하라는 지시사항이었다. 자치경찰의 업무과 밀접히 연계되어 있는 치안서비스 전달체계의 개편임에도 자치경찰위원화와 협의 없이 단행되었다. 중대한 범죄예방활동업무에 대한 경찰청장의 지휘도 즉시 시·도자치경찰위원회에 통보하고 자치경찰위원회는 정당한 사유가 없으면 중단을 요청할 수 있게 되어있는데 이를 어겼다는 반감이 노출되었다. 상호협조와 견제와 균형이라는 틀을 망각한 상징적 사건이라 할 수 있다. 이는 지역특성을 반영한 지역맞춤형 치안서비스 제공이라는 자치경찰제의 기본 취지에 어긋나는 정책이라고 국정감사에서도 지적되었다.

물론 이러한 지휘체계의 기본설계는 자치경찰업무의 정착을 위한 과도기적 설계라고 할 수도 있다. 그러나 '자치경찰이 없는 자치경찰제'의 시행은 자치경찰제의 자치성 확보에 가장 큰 극복과제로 평가할 수 있다.

한편으로 후술하는 경찰서장의 평가나 제한적이긴 하지만 일선 경찰관의 임용권 등으로 자치경찰위원회의 지휘체계를 강화하는 장치들이 보완되어 있다. 그러나 그 비중이 미미하여 유효한 장치라고 보기는 어렵다. 지휘체계가 제대로 확립되어 자치경찰제의 자치성이 확보되기 위해서는 자치경찰이 있는 자치경찰제, 즉 이원화된 자치경찰제가 확립되어야 한다.

윤석열 정부 국정과제로 제시되었던 자치경찰제의 이원화 추진의 계획에 따르면 2024년부터 시범실시한 후 2026년부터는 모든 시·도에 전면시행 예정이었으나 아직까지 아무런 진척이 없다. 그동안 이원화제도의 실시에 대한 지역의 자치경찰위원회와 위원장협의회의 요구도 지속적으로 제기되었다. 가장 핵심적이고 기본적인 제도적 장치 요구의 투입 과정은 막혀있다는 점에서 자치경찰제의 자치성확보에 난항이 예고되고 있다. 자치경찰 이원화 실시에 대한 전국시도자치경찰위원장협의회 요구일지는 다음과 같다.

〈1기 자치경찰위원회〉

2022. 3. 9. 기자회견을 통한 요구

2022. 3. 23. 시도지사협의회와 간담회에서 요구

2022. 4. 18. 지역균형발전특별위원장 면담에서 요구

이러한 요구는 이원화된 자치경찰제 시범실시 검토로 반영 (국정과제 111번)

2022. 6. 22. 이원화된 자치경찰제 실시를 위한 공동건의문 발표

〈2기 자치경찰위원회〉

전국시도자치경찰위원장협의회 2기에서도 자치경찰제에 관한 제도변화에 대한 요구는 지속되었다. 자치경찰위원회의 파견경찰관과 파견기간 연장 및 정원확대, 경찰제도발전위원회와 제도개선 상

황 공유, 112치안종합상황실 생활안전으로 관리기능 이관, 경찰서장에 대한 성과평가 비중 상향 요구 등이 그것이다. 그러나 파견기간 연장을 제외하고 대부분 반영되지 않았다.

한편 정부는 2022년 10월 경찰제도발전위원회를 국무총리산하에 구성하고 이원화된 자치경찰제 도입 등을 포함한 경찰제도개혁을 추진하려는 의지를 보였다. 경찰제도발전위원회 산하에 자치경찰분과위원회를 구성한다고 발표했고, 2024년에 세종, 강원, 제주에 시범실시를 한다고 발표했다. 또 경찰제도발전위원회의 설치 및 운영에 관한 규정을 제정하여 시행에 들어갔다(2023.2). 위원회는 2023년 8월까지 12차 회의와 현장 간담회 등을 추진하면서 이원화된 자치경찰제 추진의지를 보여왔으나 그 후로는 아무런 진척이나 반응을 보이지 않고 있다. 근본적인 자치경찰제도의 변화요구는 정부정책으로 투입되지 못하고 있다.

뿐만 아니라 자치경찰제 운영의 문제나 개선방안 등에 대한 공식적이고 수평적인 논의의 장은 아직 매우 약하다. 그래서 자치경찰위원회별로 또는 위원장협의회에서 입장문이나 건의문 발표, 기자회견 등의 수단으로 의사 표현을 해오고 있다.

지휘체계의 제도적 설계특성은 형식상 자치성이 있게 보인다. 그러나 제도의 현실적 운영의 측면에서는 그 자치성은 상당히 약하다고 평가할 수 있다. 지휘체계에 대한 제도개선 과정의 사례들로 볼 때 자치경찰제 운영의 투입-전환-산출의 정당성은 좋은 평가를 할 수 없다.

(2) 인사체계

경찰청과 자치경찰위원회는 국가경찰이 국가경찰사무와 자치경찰사무를 병합하여 수행하고 있다는 점을 고려하여 경찰관에 대한 임용권을 상호배분하고 있다.

자치경찰위원회는 시·도 경찰청장의 임용에 대한 협의권을 가지고 있다. 시·도 경찰청장을 임용할 때는 경찰청장이 자치경찰위원회와 협의를 거친 후에 행안부장관에 추천하고 행안부장관이 대통령에 제청하여 대통령이 임명한다. 자치경찰사무 담당 경찰공무원에 대한 일부 임용권 행사는 경찰청장으로부터 위임받아 시도지사와 자치경찰위원회에서 행사하고, 그중 일부는 시·도경찰청장에게 재위임하여 행사한다.

반복된 위임절차를 거쳐 신규채용을 제외한 경감·경위로의 승진은 시·도지사가 행사하고, 경사·경장으로의 승진은 자치경찰위원회가 행사한다. 또 자치경찰위원회는 시·도경찰청 계장 및 경찰서 과장·계장·팀장 전보인사를 행사한다. 시·도경찰청장은 경정 이하의 파견·휴직·직위해제 및 복직과 경감 과장·계장·팀장 보직자를 제외한 경감 이하 전보인사를 행사한다. 그리고 경찰청장 및 경찰서장은 지구대장·파출소장을 전보할 때 미리 자치경찰위원회의 의견을 듣도록 하고 있다. 아울러 자치경찰위원회의 의견제시권을 일부 허용하고 있다.

한편 시·도 경찰청과 경찰서의 보통승진심사위원회 위원 5명~7명 중 2명은 승진심사대상자보다 상위계급인 경위 이상 소속 경찰공무원 중 자치경찰위원회에서 추천하는 방식을 채택하여 자치경찰위원회의 의견을 일부 인사에 반영하는 모습을 갖추고 있다. 또 경찰서장의 자치경찰사무 추진에 대한 평가를 자치경찰위원회에서 수행하여 그 결과를 경찰청장에게 통보하고 성과급 지급에 반영하고 있어 일정 부분 경찰관의 인사에 자치경찰위원회가 영향력을 행사하고 있다고 볼 수 있다.

그림 3 자치경찰 인사운영 체계

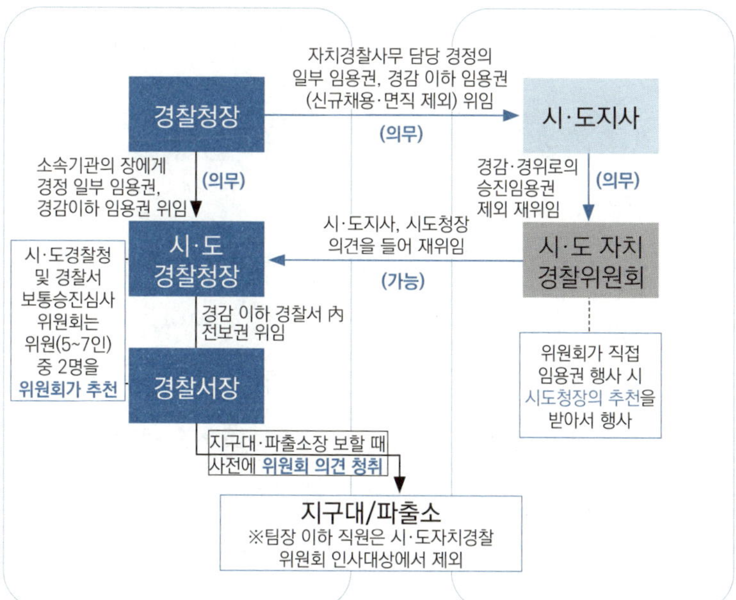

표 2 전남 자치경찰 임용권한 체계

<table>
<tr><th>구분</th><th>경정</th><th>경감</th><th>경위</th><th>경사</th><th>경장</th><th>순경</th></tr>
<tr><td>신규채용</td><td rowspan="2">대통령</td><td colspan="5">경찰청장</td></tr>
<tr><td>승진</td><td colspan="2">도지사</td><td colspan="2">자치경찰위원회</td><td></td></tr>
<tr><td>전보</td><td>자치경찰위원회
(전남경찰청 계장, 경찰서
과장·계장·팀장)</td><td colspan="5">충원(1:1) 조건으로 전남경찰청장에게 재위임
(무보직 경감 포함)</td></tr>
<tr><td>파견</td><td>충원 조건 재위임</td><td colspan="5" rowspan="4">전남경찰청장에게 재위임</td></tr>
<tr><td>휴직·복직</td><td></td></tr>
<tr><td>직위해제</td><td></td></tr>
<tr><td>중징계</td><td>경찰청장</td></tr>
<tr><td>면직</td><td>대통령</td><td colspan="5">경찰청장</td></tr>
</table>

이처럼 경찰청과 자치경찰위원회 간의 인사권에 대한 체계가 상당히 복잡하게 되어 있다. 회전식 위임절차, 협의권과 의견제시권 등으로 인사부서에서도 인사시스템을 쉽게 파악하기 어렵게 되어 있다. 이는 인사에 관한 정보흐름을 제약하는 요인으로 작용될 가능성이 있어 자치경찰제 운영의 자치성을 저해할 우려가 있다. 더욱이 경찰청이나 시·도경찰청에서 자치경찰위원회로 넘어오는 인사자료는 상당히 제한적이며, 그 기간도 매우 짧은 게 현실이다. 이러한 인사체계는 정부간 관계성 측면에서 자치경찰제의 자치성을 상당히 제약하는 요소로 작용하고 있고, 인사제도로 자치경찰제도의 일체성을 확보하기가 어렵게 되어있다. 특히 앞에서 언급한 국가경찰로 편재된 지구대·파출소 직원에 대한 자치경찰위원회의 인사권

의 배제는 자치경찰사무의 상당 부분을 담당하는 인력에 대한 관리 배제로 이어진다는 점에서 문제가 많다. 그래서 자치경찰위원회에서는 자치경찰위원회 내에 인사위원회의 구성을 요구하고 있으나 반영되지 않고 있다.

(3) 정부간 협력체계

정부간 협력 측면의 자치성 평가에서 주목해야 할 점은 정부간 협력제도 형성과 운영의 태도이다. 투입과 전환 그리고 산출의 정당성을 확보하는 매우 중요한 지점이라고 할 수 있다. 이러한 협력제도 형성에서 최근 주목할 사례들이 있다.

〈사례 1〉 협의채널의 변화

2024년 6월 24일과 10월 29일에 경찰청은 「자치경찰사무와 시·도자치경찰위원회의 조직 및 운영 등에 관한 규정」 일부개정령안에 대한 의견조회를 관계부처에 실시했다. 경찰청과 시도자치경찰위원회 간 효율적인 정책협의를 도모하고 상호 간 협력을 활성화하기 위한 제도개선 일환이었다. 경찰청과 시·도자치경찰위원장협의회 간 '자치경찰 정책협의회'를 신설하고 운영할 수 있는 근거를 마련하는 것이다. 규정 내용에 제21조를 다음과 같은 내용으로 신설하는 것이다.

제21조(자치경찰정책협의체) ① 경찰청과 위원장협의회 간의 효율적인 정책협의를 위하여 자치경찰정책협의회(이하 정책협의체)를 구성·운영할 수 있다.

② 정책협의체의 조직·운영과 그 밖에 필요한 사항은 경찰청장과 위원장협의회가 협의하여 정한다.

이러한 의견조회에 위원장 협의회에서는 다음과 같은 내용의 의견을 회신한다. 제1항의 내용을 '구성·운영할 수 있다'는 임의규정을 '구성·운영한다'로 의무규정화하고, 제3항을 다음과 같이 추가하여 정책협의체 개최 횟수를 늘리는 의견을 전달하였다.

③ 정책협의체는 정기적으로 최소 반기 1회 개최하고 필요시 경찰청장 또는 위원장 협의회 요청시 임시회를 소집할 수 있다.

이러한 요구를 받아들이는 일부개정령안이 마련되어 입법예고를 마쳤다. 제20조제1항 중 '설립할 수 있다'를 '둔다'로 하고, 제21조를 신설하여 제1항에 '정책협의체를 둔다'를 명시하고, 제2항에 경찰청장과 협의회에서 선출된 위원장이 공동의장이 되며, 제3항에 정례회를 반기에 1회 개최를 원칙으로 하고 수시회의는 의장이 필요하다고 인정하는 경우 개최할 수 있다고 정했다.

이러한 정부간 제도 형성의 진전은 자치경찰제의 자치성을 개선하는 데 큰 의미를 갖는다고 평가할 수 있다. 협의회를 통해 자치경찰제의 개선 방안들을 공식적으로 제기할 수 있는 중요한 창구가 마련되었다는 점에서 평가할 만하다. 더욱이 반기에 한 번씩의 정책협의체 운영은 경찰청 수뇌부에 자치경찰제의 규범적 당위성과 편의적 대안들에 대해 의견을 개진할 수 있는 좋은 거버넌스 구축에 많은 도움이 될 것이다. 자치경찰제의 자치성 개선 과정에서 투입과 전환 그리고 산출 과정의 정당성을 확보할 수 있는 제도적 장치라는 점에서 기대가 된다. 다만, 아직 시행되기 전이기 때문에 그 효과를 평가하는 것은 아직 이르다.

〈사례 2〉 특별승진윤영계획 개선

경찰청은 2024년 10월 경찰관 특별승진운영세부계획을 세워 시·도경찰청에 통보해 왔다. 특별승진신청을 각 경찰관이 축적된 마일리지에 근거해 개별신청하는 제도시행이다.[9] 그런데 마일리지 훈격별 배점을 배분하는 내용에 자치경찰위원장의 포상은 제외되어 있었다. 이를 인지한 자치경찰위원회에서는 시·도청장의 훈격과 동일한 배점을 배정할 것을 요구했고, 이는 반영되어 자치경찰위원장의 포상이 시·도청장의 포상훈격과 동일한 배점을 부여받게 개선되었다. 국가경찰과 자치경찰의 위상이 균등하게 대우받는 계기가 되었다.

〈사례 3〉 특별승진 공적심사위원 추천권 확보

정부간 관계성을 개선하기 위해 전국시도자치경찰위원회 사무국장 원탁회의가 운영되고 있다. 2024년 11월 7일 원탁회의가 개최되었고, 여기서 2024년 경찰청 특별승진 공적심사위원회 위원 추천 건이 논의되었다. 사례 2와 관련된 사안으로 시·도경찰청 인사부서 주관 특별승진 공적심사위원회를 통해 기능·소속·계급 안배

9 여기에서 특진대상자로 선발되면 차후 보통승진심의위원회 심의를 거쳐 승진된다. 보통승진심의위원회 구성은 5~7명으로 구성되고 자치경찰위원회에서 경찰관 2명을 추천하게 되어있다.

없이 공적만을 평가하여 최종선발하는 내용이었다. 본심사는 인사기능부장을 위원장으로 위원은 소속 과장급(4명), 자치경찰위원회 추천자(2명) 및 외부전문가(2명)으로 구성한다는 내용이다. 위원 추천방법에 관한 내용도 적시되었는데 자치경찰위원회로부터 위원을 2배수 이상을 추천받아 시·도청장이 2명을 최종선정하되, 단수추천 및 자치경찰위원회에서 위원으로 직접참여는 불가하고, 위원으로 경찰관의 추천은 시도경찰청에서 추전한다는 내용이 문제가 되었다.

원탁회의에서 '자치경찰위원회 소속 근무자가 위원으로 직접참여불가' 규정은 2023년에는 '지양'한다는 방침에서 2024년에는 '불가'로 방침이 변한 것으로 자치경찰사무의 독립성과 자치성을 침해할 우려가 있다고 지적했다. 특히 시·도경찰청 자치경찰사무 과장(범죄예방, 여청, 교통)이 추천되지 못할 경우 자치경찰사무 담당 경찰공무원의 상대적 불이익을 초래할 수 있다는 지적과 함께 자치경찰위원회가 시·도경찰청 범죄예방, 여청, 교통과장 및 자치경찰위원회 소속 과장을 추천할 수 있도록 건의했다. 그 건의사항은 받아들여져 시도경찰청 자치경찰사무 담당과장은 추천가능하다는 회신을 받았다.

〈사례 4〉 경찰청 공무수신처 조정

2024년 초 위원장협의회에서 경찰청에서 자치경찰사무에 관한 협조요청을 할 경우 공문수신처를 자치경찰위원회와 시·도자치경찰청에 동시 발송하는 것은 부적절하다고 문제를 제기한 후로 5월 사무국장 원탁회의에 이 사안이 논의의제로 상정되어 서로 다른 의견들이 개진되었다. 이에 따라 경찰청은 위원장협의회에 최종답변을 요구했고 위원장협의회에서는 각 자치경찰위원회에 의견을 수렴했으나 서로 다른 의견이 상반되게 나왔다. 위원회를 통해 시도·경찰청에 전달되어야 한다는 입장은 법률적 형식을 강조했고, 동시에 전달해도 좋다는 입장은 '주민을 위한' 치안서비스 제공을 강조했다. 협의회에서는 최종적으로 조율을 거쳐 시·도경찰청과 자치경찰위원회에 동시에 전달되도록 요청했고, 지금은 동시에 전달되고 있다. 위원장협의회는 법적 형식보다 주민을 위한 치안을 자율적으로 선택한 것이다. 경찰청과 시·도자치경찰위원회 간의 소통이 진행되었다는 점은 평가된다.

위의 사례에서 보는 것처럼 경찰청의 정책입안에서 자치경찰위원회와의 사전협의나 자치경찰제의 도입 취지 등에 대한 사전 배려는 약하지만, 논의 과정에서 제기되는 건의사항들이 특별한 이유가 없으면 통과되는 사례가 생겨나고 있다. 그만큼 좋은 협의체의 형성은 자치경찰의 자치성 확보에 중요한 의미를 갖는다. 〈사례 1〉에서 살핀 소통 창구로서 정책협의체가 좋은 거버넌스로 자리 잡아서 활발한 상호협상이 전개되길 기대한다. 협력제도의 형성이 자치경찰의 자치성 확보라는 관점에서 보면 좋은 징후라 할 수 있다. 아직 평가하기는 이르지만, 이런 제도가 좋은 거버넌스로 자리 잡는다면 투입의 정당성과 전환의 정당성, 그리고 산출의 정당성이 확보될 수 있는 좋은 제도적 창구가 될 것이다.

(4) 감사체계

자치경찰위원회는 시·도경찰청의 자치경찰사무 수행에 대해 감사를 할 수 있다(「국가경찰과 자치경찰의 조직 및 운영에 관한 법률」 제24조제1항제7호). 또한 시·도자치경찰위원회는 감사 및 징계 등의 요구에 관한 규칙을 제정하여 운영하고 있고, 일정한 감사계획의 수립 및 통보 그리고 감사의 절차 및 방법을 규정해 놓고 있다. 감사의 종류는 종합감사와 특정감사로 나뉘고 종합감사는 위원회 심의·의결 사항 및 법령 위반사항 전반에 대한 감사이고, 특정감사는 특정 업무 문제점 파악 및 개선 대책 마련이 필요할 때 실시한다.

표 3 전남자치경찰위원회의 감사절차

<table>
<tr><td>1월~2월</td><td></td><td>3월</td><td></td><td>4월~11월</td></tr>
<tr><td>① 감사계획 수립</td><td>▶</td><td>② 자치경찰위원회 심의·의결 및 감사계획 통보</td><td>▶</td><td>③ 자치경찰사무 종합감사 실시</td></tr>
<tr><td>감사 일정, 대상기관 등 선정
※전남도경과 사전 협의</td><td></td><td>위원회 정기회의 시 심의·의결 후 감사대상기관에 통보</td><td></td><td>사전감사(현장조사)
+
본감사</td></tr>
<tr><td>4월~12월</td><td></td><td>4월~12월</td><td></td><td></td></tr>
<tr><td>④ 감사결과 심의·의결</td><td>▶</td><td>⑤ 감사결과 통보 및 처리</td><td></td><td></td></tr>
<tr><td>감사 종료 후 중간보고, 처분심의회 거쳐 감사결과를 의원회에 보고</td><td></td><td>- 감사대상기관에 결과 통보
- 감사결과 조치사항 이행</td><td></td><td></td></tr>
</table>

지역의 한 자치경찰위원회가 실시한 감사과정과 결과를 사례로 설명하면 다음과 같다.

감사절차는 계획수립 후 피감기관에 통보하고, 감사결과를 처리하는 일반적 절차를 거치고 있다. 운영주기는 2년 혹은 3년 주기를 선택하고 가능한 시도경찰청 자체감사 주기를 일치시켜 수행하고 있다. 감사운영은 중복감사 방지 및 감사 대상 기관의 수감 부담을 줄이고 감사업무의 효율화를 위해 시·도경찰청 자체감사와 같은 기간에 합동감사를 취하고 있다. 또한 감사계획 수립 시부터 시·도경찰청과 감사계획을 사전에 협의하는 등 협조체계를 구축하여 운영한다. 자치경찰위원회가 자치경찰사무를 수행하는 국가경찰관서를 감사하는 전반적인 과정은 법령에 규정되어 있고, 실제운영도 독립적으로 계획을 수립하고 운영한다. 국가경찰관서의 간섭 등은 나타나지 않고 있다.

그러나 실질적인 감사자료나 내용에 대한 접근은 허락되지 않고 있다. 즉, 교통업무나 청소년업무 등에 관한 내용이 있는 자료시스템에 접근은 감사관련 경찰관 등 허락된 경찰관에게만 허용되어 있어 실질적이고 충분한 감사를 수행하기가 어렵게 되어있다. 자치경찰위원회에서 감사업무를 담당하는 직원에게도 접근이 가능하도록 시·도경찰청 감사규칙 등 제도개선이 필요하다.

한편 자치경찰위원회 내부적 감사역량 측면에서 보면 감사직원의 감사역량이 전문화되어 있지 못하고 인사이동 등으로 업무단절이 빈번하다는 한계도 있다. 또한 국가사무를 처리하는 데 익숙해 있는 일선관서는 국가사무와 다른 지방사무를 처리하는 데 지켜야 할 절차들에 아직 익숙하지 않다는 것이 현실이다. 반복된 감사지적이 많은 이유이다. 실제로 2024년 한 해 동안 지역의 한 자치경찰위원회가 감사하고 처분한 결과를 보면 다음과 같다. 일정한 부분에서 반복적으로 감사결과가 나오고 있음을 볼 수 있다.

○ 2024년 감사 처분 결과: 53건

- 기준별: 경고 9, 주의 30, 통보 13, 시정 1
- 분야별: 생활안전 17, 교통 19, 여성·청소년 17

○ 주요 처분 내역

- 생활안전 분야
  - 유실물(현금) 처리 실태 부적정(7건): 경고, 주의
  - 범죄예방 이동형 CCTV 설치 시 행정예고 절차 미실시(3건): 주의
- 교통 분야
  - 어린이보호구역 내 통학 차량 승하차 구간 설치 업무 처리 부적정(3건): 통보, 시정
  - 음주 측정 채혈 후 혈액 관리 부적정(4건): 경고, 주의, 통보
  - 도로공사신고서 접수 처리 부적정(3건): 경고
- 여성·청소년 분야
  - 아동안전지킴이 선발 결격사유 확인 미흡(4건): 주의
  - 고위험군 신상정보대상자 CPO 통보 소홀(3건): 주의

(5) 경찰서장의 평가체계

자치분권위원회는 국가경찰인 일선 경찰서장의 자치경찰사무에 대한 수행실적을 평가하여 그 결과를 경찰청장에게 통보하고, 경찰서장의 성과급배정에 활용하고 있다. 평가분야 구성은 관서평가가 90%이고 책임지휘역량평가가 10%로 구성된다. 책임지휘역량평가

10%(10점) 중 자치경찰위원회 자체에서 평가하는 자치경찰사무수행 평가비중은 3점으로 그 비중이 상당히 낮은 것이 현실이다. 물론 관서평가에서 자치경찰분야 평가가 100점 중 18.22점이 배정되어 있기는 하나 이 평가는 시·도경찰청이 주도하는 평가분야이고 대부분 정량평가로 수행된다.

시·도 자치경찰위원회가 지역맞춤형 치안서비스를 더욱 효과적으로 전달하려면 자치경찰위원회가 평가하는 점수비중을 높이는 것이 필요하다. 실제로 경찰서장들은 자치분권위원회의 평가에 대한 반응이 미미하다. 보다 질 좋은 지역맞춤형 치안서비스를 효과적으로 전달하기 위해서는 이 점수 비중을 높여야 한다고 경찰청에 요구하고 있지만 아직 받아들여지지 않고 있다. 자치경찰사무에 대한 평가 체계의 구성이 경찰청 중심으로 기획되고 있다는 점에서 투입 정당성은 미미하다고 할 수 있다.

이런 점을 보완하기 위해서 각 자치경찰위원회에서는 관서평가분야에서 자치경찰 분야의 평가위원 구성을 시도경찰청과 자치경찰위원회가 공동으로 하고 있는 지역도 있으며, 시도자치경찰위원에 따라 책임지휘역량 평가분야에서의 자치경찰업무수행평가 점수간격을 높임으로써 자치경찰위원회의 평가 영향을 높이려는 시도도 나타나고 있다. 그러나 자치경찰위원회가 직접 평가하는 비중을 높이는 것이 자치치안서비스를 효과적으로 전달하는 데 유효한 장치일 것이다.

그림 4 경찰서장의 평가체계와 배점

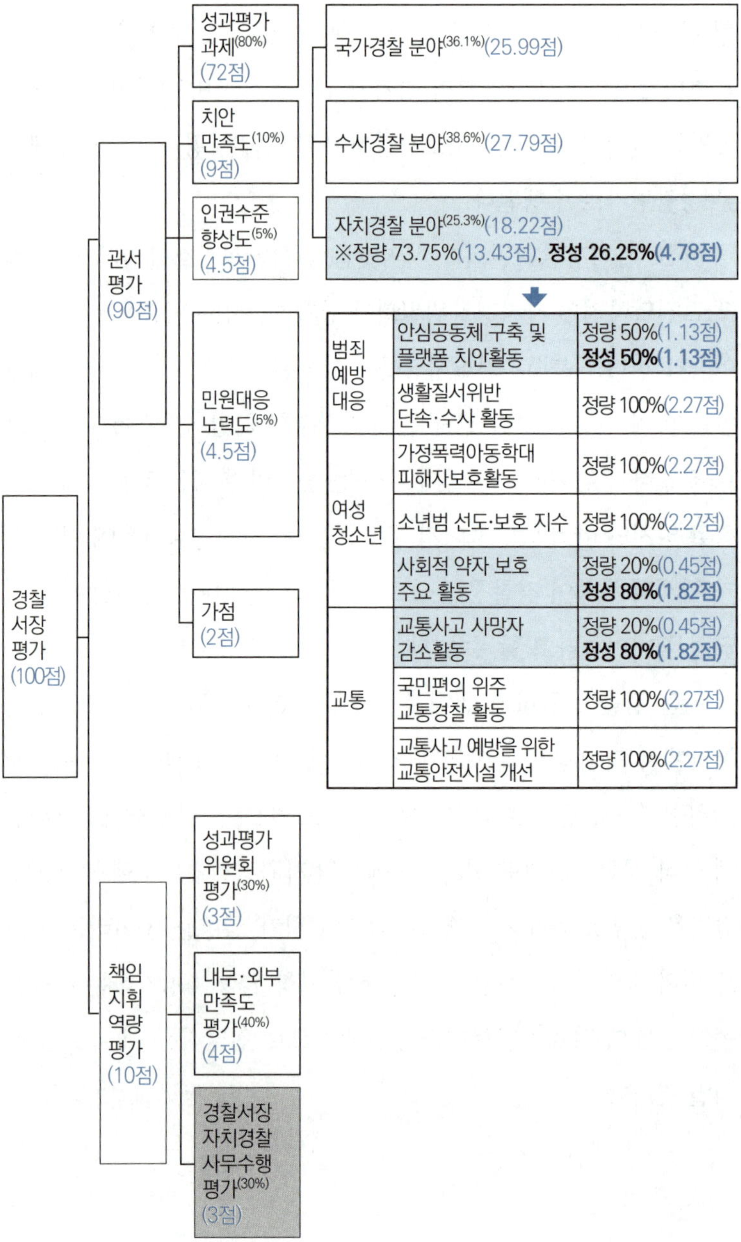

2) 내부 자치역량 평가: 주도성

일반적으로 지방자치 수준은 중앙의 간섭 없이 정의된 법적 틀 내에서 제공하는 서비스 및 필요한 재정 자원 등에 관한 결정을 내릴 수 있는 권리와 능력으로 해석한다. 이와 같은 해석에 포함될 수 있는 요인은 앞에서 살핀 것처럼 매우 다양하며 그 요인들의 영향력도 국가가 처한 환경에 따라 다르다. 통상적으로 일컬어지는 자치의 수준 즉, 자치성의 평가영역은 ① 정치적 자치성(대표의 선출, 협의체구성 등 지방자치단체가 정치적으로 스스로를 통치하고 통치구조를 확립할 수 있는 능력) ② 기능적 자치성(지역의 도시계획이나 복지계획 등 특정 정책을 자치단체가 독립적으로 관리할 수 있는 능력과 책임) ③ 재정적 자치성(과세권과 보조금 등 자치단체가 재원을 조달하고 배분하기 위한 재정력) ④ 조직의 자치성(인력채용, 조직구조 구축 등 내부 행정프로세스를 독립적으로 관리할 수 있는 능력) 등이다.

이들 모두는 중앙과 지방의 제도적 관계 속에서 상호작용하면서 지방자치 수준을 결정한다. 면책성의 개념을 내포한 정치적 자치성은 앞에서 살핀 정부간 관계성에서 어느 정도 살폈다. 여기서는 주도성의 개념을 내포한 기능적, 재정적, 조직적 자치성이라는 측면에서 자치경찰제의 자치 수준을 살피도록 하겠다.

(1) 기능적 자치성

자치경찰의 기능적 자치성은 지역 특성을 반영하는 치안정책을 자치경찰위원회가 독립적으로 관리할 수 있는 책임 및 업무범위를 의미한다. 자치경찰사무는 「경찰법」 제3조에서 정한 '경찰의 임무

범위에서' 관할지역의 생활안전, 교통, 경비, 수사 등에 관한 사무로 규정되어 있다.(「경찰법」 제4조제1항제2호) 또 「경찰법」 제24조에서 정한 시·도자치경찰위원회의 주요 소관사무는 다음과 같다.

【 시·도자치경찰위원회 주요 소관 사무(법 제24조 참조) 】

- ▶ 자치경찰 활동 목표 수립 및 평가
- ▶ 자치경찰사무 담당 공무원의 임용, 평가 및 인사위원회 운영
- ▶ 자치경찰사무 관련 인사·예산·장비 등 주요 정책, 시·도경찰청장 임용 협의
- ▶ 자치경찰사무와 관련된 중요사건·사고 및 현안의 점검
- ▶ 자치경찰사무 감사(감사의뢰), 자치경찰사무 담당 공무원에 대한 감찰 요구 및 징계 요구, 고충 심사
- ▶ 국가경찰사무·자치경찰사무의 협력·조정과 관련하여 경찰청장과 협의 등

시·도자치경찰위원회는 소관사무에 관하여 심의·의결(재적위원 과반수의 출석과 출석위원 과반수의 찬성)을 통하여 시·도경찰청장을 지휘·감독한다. 다만, 시·도자치경찰위원회가 심의·의결할 시간적 여유가 없거나 심의·의결이 곤란한 경우 대통령령으로 정하는 바에 따라 지휘·감독권을 시·도경찰청장에게 위임한 것으로 본다(경찰법 제28조)는 조항으로 시·도자치경찰위원회의 권한행사를 일부 제한하고 있다.

지역특성을 반영할 수 있는 자치경찰 사무는 국가경찰사무와 구분되어 있고 그 구체적인 사무는 법률, 대통령령 및 조례에 따라 최종 확정된다.

주목해야 될 것은 「경찰법」 제4조제1항에서 명시된 "경찰의 임무 범위에서" 기존 수행 사무가 구분되는 것으로 자치경찰의 신규 업무

가 추가 확대되는 것이 아니라는 점이다. 「자치경찰사무와 시·도자치경찰위원회의 조직 및 운영 등에 관한 규정」(대통령령) 제2조는 다음과 같이 명시되어 있다.

「제2조(생활안전·교통·경비 관련 자치경찰사무의 범위 등) 자치경찰사무에 관한 구체적인 사항 및 범위 등을 같은 조 제2항에 따라 시·도의 조례로 정하는 경우 지켜야 하는 기준은 다음 각 호와 같다.

1. 법 제3조에 따른 경찰의 임무 범위와 별표에 따른 생활안전, 교통, 경비 관련 자치경찰사무의 범위를 준수할 것」

이러한 현 제도는 자치경찰사무에 대한 업무범위를 '기존의 경찰 임무 범위 내에서'로 제한하는 한정적 열거개념으로 규정하고 있다. 경찰의 업무범위가 지역민원문제로까지 확대되는 것에 대한 억제 장치로 해석된다. 그러나 서로 다른 환경에 있는 지방의 치안수요는 다양하고 그 다양성은 더욱 확대될 것이다. 따라서 자치경찰사무범위에 대한 한정적 열거개념의 규정은 자치경찰의 도입취지와 거리가 있다. 더욱이 경찰법의 관리주체가 중앙집권적 문화가 체화되어 있는 경찰청(행정안전부)으로 되어 있어서 개선의 여지는 미약하다고 할 수 있다.

〈사례 1〉 경찰의 업무범위와 조례 제정

2021년 9월 인천직할시의회에서 대중교통 기본 조례 제정을 추진하면서 '지하철경찰대는 전동차 순찰시 임산부 외의 승객에게 임산부전용석을 비워둘 것을 권고할 수 있다'는 내용을 넣어서 조례 제정을 시도했으나 법령의 범위를 벗어날 수 있다는 법제처의 해석으로 보류되었다. 임산부 전용석 지정·운영 관련 업무는 자치경찰사무와 관련이 있다고 보기는 어려우므로 조례로 해당 업무를 규정할 경우 이는 「경찰법」 및 「지방자치법」 등 상위법령에 위반될 소지가 있다고 해석하여(법제처, '21.10.8., 21-0299). 결국 조례제정은 폐기되었다.

한편 현행 「경찰법」 제4조제1항에 '자치경찰사무는 경찰의 임무범위에서 관할 지역의 생활안전, 교통, 경비, 수사 등에 관한 사무'라고 범위만 명시되어 있을 뿐 자치경찰의 목표, 개념, 기능에 관한 언급이 없다. 이처럼 자치경찰사무가 「지방자치법」에 규정되어 있지 않아 자치사무인지, 국가사무인지에 대한 논란은 지속되고 있다. 법제처에서는 "국가사무에 대해 지자체장에게 위임된 기관위임사무에 관한 사항은 조례 제정범위에 속하지 아니하고, 따라서 조례의 상위법 위반 여부를 다투는 것이 되므로 법령해석을 진행하기 곤란하다"는 입장을 낸 바 있다. 또 행정안전부는 "원칙적으로 자치사무로서의 성격은 지니고 있으나, 자치사무로서의 일정한 제약을 가지고 있다"는 입장이다. 법제처나 행정안전부 등 정부 부처에서도 명확한 답변을 하지 않고 있다. 기능적 자치성의 한계라고 할 수 있다.

그러나 현장에서는 대부분 자치경찰사무에 관한 조례를 제정하여 스스로 관리하고 있다. 조례로 확정되어 있는 자치경찰사무에 관해서는 각 자치경찰위원회가 예산의 범위 내에서 지역에 맞는 정책을 주도적으로 설계하고 추진하고 있다. 그리고 각 시·도자치경찰위원회는 광역차원과 기초자치단체 차원에서 '자치경찰사무 지원에 관한 조례'를 제정하여 지역치안에 관한 업무를 논의하고 상호협력하는 협의회 형태의 협업체제를 대부분 구축하고 있다. 더욱이 각종 봉사단체와 협약을 통해 이러한 지역맞춤형 치안서비스는 더욱 확대될 전망이다. 또한 일선 경찰서장의 평가에서 자치경찰관련 업무의 추진실적을 주요평가 요소로 강조해 나가고 있고 이러한 기조는 더욱 확대될 것이다. 특히 자치경찰업무 종사자의 경찰관들에게 지원하는 복지포인트는 현장에서 좋은 동기부여로 작동하고 있다. 또 18개 시도에서 추진되는 각각의 지역맞춤형 치안정책 사례들이 활발하게 공유되고 있어서 자치경찰위원회의 정책개발역량은 많이 개선될 것이다.

〈사례 2〉 한강경찰대 폐지 방침을 바꿔 확대 추진

한강경찰대는 한강의 수상구조와 치안을 담당하기 위해 1986년 발족하여 현재 서울경찰청 생활안전과 한강경찰대로 4개소에 38명으로 운영 중인 국가경찰 담당 조직이다. 그러나 2022년 8월 서울경찰청은 경찰의 고유업무가 아니라는 이유로 폐지를 검토하기 시작했다. 경찰 본연의 업무가 아닌 건 과감히 정리해야 한다는 방침의 일환이었다.

그러나 서울자치경찰위원회는 이에 반대하였고, 자치경찰위원회가 중심이 되어 폐지안에 대한 검토와 논의를 시작하였고, 결국 서울시장과 서울시의회 등이 참여하는 논의과정을 통해 오히려 2023년에 23억 원이 넘는 예산을 지원하는 등 서울시의 전폭적인 예산지원을 받아 순찰정 등 관련 장비의 신규교체와 시설현대화를 통해 시민의 치안수요에 반응하는 정책으로 선회하여 현재 운영 중에 있다. 2028년까지 193억여 원을 투입하여 시설을 개선한다는 계획 아래 시민의 안전을 위한 자치경찰사무의 정책개발에 매진하고 있다.

〈사례 3〉 섬 치안 개선사업 추진

전라남도는 섬이 2,000개가 넘는 지역이다. 이 중 유인도가 274개이다(2023.12. 현재). 유인도 중 선착장이 있는 지역은 88개이고, 이중 경찰인력이 배치되지 못한 지역이 49개나 된다. 이러한 점을 감안하여 전남자치경찰위원회는 공간적으로 분산되어 있는 섬 치안 개선에 대한 정책방향을 세우고 섬치안 개선 정책개발에 나섰다.

1단계로 경찰인력이 없는 49개 섬 중 26개 섬 선착장에 특별교부세 5억을 지원받아 CCTV를 설치하였다. 이러한 선도적 정책은 후에 섬이 많은 군지역(신안군)에서 스스로 치안장비설치를 추진하는 마중물이 되었다. 2단계는 경찰청 과학치안의 추진이라는 맥락과 함께 행정안전부와 과학기술정보통신부 공동공모사업에 드론을 이용한 치안확립 주제로 공모하여 최우수사업으로 선정되었다. 이에 국비와 지방비 총 8억을 투입하여 장시간 비행이 가능하고 각종 장비를 장착한 치안드론 시스템을 구축하여 고흥군 지역의 무인도서를 중심으로 치안예방 시범실시를 시행하고 있다. 3단계는 세계섬박람회를 추진하는 여수지역의 하화도에 스마트빌리지를 구축하겠다는 계획으로 과학기술정보통신부 공모사업에 응모하여 국비와 지방비 총 13억 원을 투입하여 2025년까지 치안드론, 스마트폰·AI분석 등 과학기술을 적용한 섬 지역 통합치안시스템을 구축한다는 정책을 추진하고 있다. 전라남도의 공간적 특성이 분산도가 높은 지역임을 감안한 정책개발이 공모와 재원확보에 주효했다고 할 수 있다.

한편 자치경찰 업무추진에 대한 책임의 문제는 자치경찰위원회와 시·도지사 및 의회와의 관계에서 찾을 수 있다. 시·도지사는 자치경찰위원회에 주요 사항에 대해 의견을 제출하여 의견을 물을 수 있고, 의회는 행정사무감사와 예산심사·편성 등으로 일정분 책임을 묻고 있다. 이러한 과정은 자치경찰업무 수행에 간섭으로 비출 수 있으나 오히려 자치경찰사무 추진의 정당성을 확보하는 중요한 장치로 해석될 수 있다. 자치경찰위원회의 업무추진에 주민의 대표기관이 점검하고 승인해 주는 절차는 당연스러운 민주적 절차이고 결과적으로 정당성을 확보하는 과정이다.

이제까지 살핀 것처럼 기능적 자치성은 자치경찰사무가 '기존의 경찰사무 범위 내에서' 만으로 한정되어 있다는 점에서 높게 평가할 수 없다. 이러한 이유 때문에 지금도 자치경찰 정책개발은 시·도경찰청의 정책들을 참고하여 설계하고 추진되고 있는 것이 현실이다. 또한 자치경찰사무가 자치사무인가 국가사무인가의 구분이 규정상 확실하지가 않다. 이는 기능적 자치성을 제약하는 요인이기도 하다.

그럼에도 각 시·도자치경찰위원회 별로 지역에 맞는 치안서비스가 지속적으로 개발·추진되고 있어 기능적 자치성에서 주도성은 일정분 작동하고 있다. 자치경찰사무의 정책개발에 관한 시·도자치경찰위원회의 정책개발 사례들은 이 글에서 살핀 사례들 외에도 대구의 '여성아동 안심귀가 디지털 순찰서비스' 등 많은 자체정책들이 축적되어가고 있다.[10]

(2) 재정적 자치성

재정적 자치성은 자치단체의 과세권과 보조금 등 자치단체가 재원을 조달하고 배분하기 위한 재정력으로 설명된다. 자치경찰사무의 예산은 2023년부터 2단계 재정분권에 따라 자치경찰사무 예산(1,134억 원)이 국가에서 지방으로 이양되었고(지방소비세 일정분), 시·도지사가 시·도의 자체 재원으로 예산을 편성·집행하고 있다. 대부분 기존에 국가경찰이 수행했던 사업예산을 전환사업이란 명목으로 시·도경찰청으로 재배정하여 집행한다. 전환사업예산과 시·도자체사업을 합한 총예산은 자치경찰위원회가 경찰청의 의견을 들어 심의·의결하고 시·도지사에게 요청하여 편성하고 시·도의회의 심의 의결을 받아 최종 확정된다.

예산편성과정에서 경찰청의 의견을 듣는 과정이 있으나 자치경찰위원회의 재량은 상당히 확보되어 있다. 각 시·도자치경찰위원회의 정치·사회·경제적 환경에 따라 예산이 확대될 수도 있고, 축소될 수도 있다. 그러나 이 과정은 특별한 요인이 없다면 온전히 내부요인에 좌우된다고 할 수 있다. 앞에서 언급한 바와 같이 의회의 심의·의결과정은 오히려 자치경찰위원회의 예산편성에 정당성을 부여하

10 구체적 예들은 본서의 다른 장 참조, 전국시도자치경찰위원장협의회 백서(2024), 전국시도자치경찰위원장협의회 참조

는 절차이기도 하다.

정부는 그동안 2021년 예산편성 이후에 시행된 자치경찰제임을 감안하여 자치경찰사무 관련 법령을 정비해 왔다. 법령정비를 통해 자치경찰사무의 예산편성을 유연하게 할 수 있도록 「지방자치단체 예산편성 운영기준」을 개정하여 시·도 예산 재배정 대상에 시·도경찰청(서)을 포함하게 했고, 자치경찰사무 담당공무원의 후생복지 예산을 '맞춤형 복지제도 시행경비' 비목에 편성할 수 있도록 했다. 또, 「지방자치단체 회계관리에 관한 훈령」을 개정하여 시·도 예산 재배정 대상에 시·도경찰청(서)을 포함시켰다. 그만큼 자치경찰사무의 예산편성에 자율권을 확보하는 장치들이 마련된 것이다.

이러한 결과는 종래 국비 편성의 한계를 극복, 세수 확보가 어려운 상황에서도 주민체감 신규사업 발굴 등의 예산은 꾸준히 증가하여 2021년 1,134억 원이었던 것이 2024년은 1,860억 원으로 64%가 증가한 것으로 나타났다.

표 4 '21년~'24년 자치경찰사무 예산

(단위: 억 원)

'21년	'22년			'23년			'24년			대비 ('21년: '24년)
사업비	사업비	복지비	합계	사업비	복지비	합계	사업비	복지비	합계	
1,134	1,418	210	**1,628**	1,511	262	**1,773**	1,597	263	**1,860**	**▲726 (64%)**

자료: 경찰청

한편 시·도가 자치경찰사무 담당 공무원에게 조례에서 정하는 예산의 범위 내에서 재정적 지원 등을 할 수 있도록 규정(법 제35조)하고 있고, 시·도에서는 자치경찰사무 담당 또는 수행 공무원에게 예산의 범위에서 후생복지 지원을 할 수 있도록 조례를 제정하고 있다. 이러한 제도적 장치는 자치경찰사무 수행 공무원에게 후생복지 예산을 편성할 수 있게 하여 자치경찰사무를 집행하는 국가경찰에게 상당한 동기를 부여하고 있다. 즉, 자치경찰의 시행에서 지방의 주도성은 그만큼 확보된 것으로 해석할 수 있다.

표 5 '24년 시·도자치경찰 후생복지(복지포인트) 현황

구분	서울	부산	대구	인천	광주	대전	울산	세종	경기南	경기北	강원	충북	충남	전북	전남	경북	경남	제주
1인당	50만	30만	35만	60만	24만	50만	30만	50만	100만(50만)	100만(50만)	60만(30만)	50만	50만	50만(25만)	60만(30만)	50만(25만)	30만	50만
지·파	X	○	X	○	○	○	○	○	○	○	○	○	○	○	○	○	X	X

※ ( ) 는 자치경찰과 지구대·파출소 단가가 다른 경우, 지구대·파출소 단가임

자료: 경찰청

그러나 자치경찰위원회 내부적 차원에서 보면 조금 다르다. 즉, 지역적으로 차이가 나는 예산액과 예산편성과정을 거치면서 지역 간 불균등한 치안서비스가 제공될 수 있다는 우려가 있다. 이와 같은 우려는 각 자치경찰위원회의 재정적 자치성을 약화시키는 요인이 된다.

특히 2026년까지만 전환사업예산을 편성하게 되어있고, 2027년부터는 전환사업을 포함한 자치경찰 예산이 온전히 자치단체 예산으로 흡수되어 자치경찰사업 예산을 제로베이스에서 편성해야 한

다. 따라서 자치경찰 예산편성은 시·도 사정에 따라 상당히 변화될 가능성이 있다. 즉, 자치경찰사업 예산편성의 안전성이 흔들릴 위험이 있다. 자치경찰위원회의 재정적 자치성을 안정화시키는 제도개선이 필요한 이유이다.

현재 고려되고 있는 제도적 장치로 자치경찰교부세 신설이나, 지역균형발전특별회계에 자치경찰계정을 신설하는 방안, 그리고 지방세 개편으로 교통과태료와 범칙금을 지방에 이양하는 방안 등이 거론되고 있다. 자치경찰위원회의 자치성 확보 측면에서는 과태료와 범칙금을 지방에 이양하고 자치경찰위원회의 재원으로 활용하는 방안이 가장 좋은 방안이 될 것이다.

(3) 조직의 자치성

조직의 자치성은 인력채용이나 조직구조 구축 등 내부 행정프로세스를 독립적으로 관리할 수 있는 역량으로 표현된다. 자치경찰위원회는 시·도지사 소속의 합의제 행정위원회(행정기관)로 설계되어 있다. 상당할 정도로 조직적 자치성이 확보된 상태이다.

우선 위원회의 구성방법은 법령으로 명시되어 있다. 7명의 위원(위원장 1명, 상임위원 1명, 비상임위원 5명)을 구성할 때는 다양한 추천기관의 추천을 받아 임명(법 제20조)하고, 직무의 독립성과 정치적 중립성을 확보할 수 있게 설계되어 있다(법 제18·20조).

그림 5 **자치경찰위원회 구성 방법**

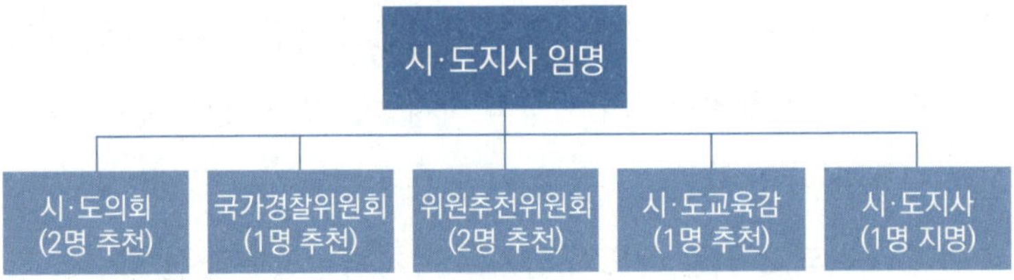

2명을 추천하는 위원추천위원회의 구성도 다양한 기관으로 구성된 추천위원회를 구성하여 추천하는 장치로 되어있다.

【 시·도자치경찰위원회 위원추천위원회 】

▶ (구성) 위원장 1명 포함 '위원추천위원' 5명(令 제5조)
- 추천: "△기초의회의장단협의체(1) △기초단체장협의체(1)" (→기초단체 의견 반영 목적) △지방법원장(1) △경찰청장(국가경찰위원회)(1)
  당연직: △시·도 기획조정실장

→각계각층의 관할 지역주민의 의견이 수렴될 수 있도록 추천위원 구성(「경찰법」 제21조)

또 「경찰법」에서는 자치경찰위원회 구성 관련, 위원 성별이 균등하게 분포되고 인권전문가가 포함되도록 노력할 것을 규정(제19조)하고 있다. 그러나 잘 지켜지지 않고 있다. 1기의 경우 시·도자치경찰위원 총 126명 중 여성은 29명(23%)이었고, 인권전문가가 포함되지 않은 시·도가 4개였다. 2기에서는 126명 중 여성이 34명(27%)으로 늘었고 인권전문가도 23명으로 늘었지만 지금도 적당한 안배는 충분하지 않다. 이러한 구성은 추천기관이 각각 다르고 각 기관에서 추천한 위원에 대해 시·도지사가 거부할 수 있는 장치가 없기 때문이다.

한편 자치경찰위원회의 사무국 구성인원의 배정도 조직의 자치성 평가의 중요한 요소이다. 자치경찰사무와 시도자치경찰위원회의 조직 및 운영 등에 관한 규정에 따라 구성인원의 배정은 지방공무원과 경찰공무원의 배정으로 구성된다. 지방공무원은 「지방자치단체의 행정기구와 정원기준 등에 관한 규정」에 따르고, 경찰관은 「시도자치경찰위원회에 두는 경찰공무원의 정원에 관한 규정」에 따른다. 사무국의 구체적인 사무배분과 지방공무원 정원은 시·도행정기구설치 조례 및 시·도 공무원정원 조례 등에 따른다. 사무배분은 '경찰의 임무 내에서' 자체적 조례로 규정할 수 있다.

지방공무원의 정원은 대략 20명을 조금 넘는 정도로 정해져 있다. 그러나 「시도자치경찰위원회에 두는 경찰공무원의 정원에 관한 규정 시행규칙」에 따르면 각 자치경찰위원회에 두는 경찰관은 총경, 경정, 경위 각 1명으로 총 3명으로 규정되어 있고, 시도 치안수요 및 지역특성에 따라 배정하고 필요시 경찰청장이 시도경찰위원회의 의견을 들어 행정안전부장관에게 요청할 수 있다. 정원은 3명이지만 실제는 대부분 5~7명의 경찰관을 자치경찰위원회에 파견하여 운영하고 있어서 파견경찰인력의 축소 문제가 자주 등장한다.

자치경찰사무가 기존의 국가경찰업무에서 분리하여 규정되었고, 자치경찰사무의 시행은 국가경찰을 통해 이루어지고 있기 때문에 자치경찰사무 집행에서 경찰관의 업무가 많이 요구되고 있는 것이 현실이다. 경찰관의 정원배정 부족문제는 자치경찰제 운영에 현안

문제로 대두되고 있다. 그러나 이러한 경찰관 인원의 배정에 관한 규칙의 관할 주체가 경찰청으로 되어있다는 것은 그 만큼 개정이 어려운 이유 중의 하나다.

자치경찰위원회 구성에서는 지방정부가 상당한 자치성을 가지고 있지만, 사무국 인원 구성의 제약은 지역맞춤형 치안서비스 제공의 주도성을 약화시키는 요인이 되고 있다. 즉, 자치경찰이 없는 자치경찰제의 시행에서 자치경찰위원회에 경찰관의 파견은 필수적인 장치이고 그 수요 또한 파견 정원 3명으로는 상당히 부족한 것이 현실이다. 자치경찰사무와 관련된 자치치안의 정책개발과 국가경찰과의 협력사무는 더욱 증가하고 있다. 파견경찰관의 과소배정 문제는 자치경찰서비스의 주도성을 위협하는 매우 중요한 요인이라고 할 수 있다. 최소한 실제로 운영되고 있는 5~7명 정도의 정원배정이 확보될 필요가 있다. 조직의 자치성은 확보되어 있으나 자치경찰 내부의 측면에서 보면 조직의 자치성은 상당히 제약받고 있다고 할 수 있다.

지금까지 자치경찰제의 시행에서 나타난 문제들을 자치경찰제의 자치성이란 측면에서 정부간 관계와 내부 자치역량이라는 부분으로 나누어 주관적 평가를 시도하였다. 앞서 언급한 것과 같이 지방의 자치성에 대한 평가기준은 다양하게 제시되고 있다. 그러나 자치경찰제가 초기시행과정이라는 점을 감안하여 이들 기준을 모두 포함한 포괄적이고 객관적 평가를 시도하기에는 아직 이르다는 판단에서 일부 사례를 중심으로 필자의 주관적 평가를 시도하였다. 주관적 관점이기는 하지만 그럼에도 다음과 같은 평가표를 제시하고자 한다.

표 6 **자치경찰제의 자치수준 평가**

항목	평가수준 (상, 중, 하)	비고
1) 정부간 관계(면책성)		
(1) 지휘체계 자치성	하	제도는 있으나 운영은 취약
(2) 인사체계 자치성	하	제한적 순환적 임용·위임
(3) 협력체계 자치성	중	집권적 행태나 변화가능 有
(4) 감사체계 자치성	중	독립적이나 정보접근 불가
(5) 평가체계 자치성	중	평가비중 小, 보완지표 有
2) 내부자치역량(주도성)		
(1) 기능적 자치성	중	정책축적과 범위제한 공존
(2) 재정적 자치성	중	편성자율과 예산제약 공존
(3) 조직의 자치성	중	자율구성과 정원한계 공존

종합하면 '주민에 의한' 정책역량인 면책성은 중-하로 평가되었고, '주민을 위한' 역량인 주도성은 중-중으로 평가되었다. 현 자치경찰제는 아직 중앙의존적 특성이 강하다는 것을 의미한다 하겠다. 법률에 의한 열거식 사무구분과 대통령 령에 의한 정원배정 및 사무범위 제한 등은 아직 자치경찰제의 정당성을 다분히 중앙정부의 권한 위임에 의존하는 형식을 취하고 있다. 그러나 시·도자치경찰위원회의 이원화제의 요구, 부분적이긴 하지만 최근 지방의 의견수렴을 위한 제도변화 등은 자치경찰제의 정당성을 지방정부에 의존하게 하려는 방향으로 움직이고 있다.

이러한 평가를 종합하여 클라크(Clark)가 분류한 자치 수준의 유형에 유형에 대비해보면 '수권적 의존형'인 유형 Ⅲ에서 '분권적 자율형'인 유형 Ⅱ로 진입하는 과정으로 평가된다.

4. 결어: 좋은 거버넌스 구축이 중요

자치경찰제가 시행되기까지는 많은 시간이 걸렸고 어려움이 있어 왔다. 그동안 경찰제도의 개혁은 권력의 배분과 정치적 중립성의 확립에 모아졌다. 그러나 권력의 배분이라는 문제는 늘 어려움을 수반하여 매우 느리게 진전된다는 것을 우리는 역사에서 배워왔다. 분권정책은 그래서 소리 없는 전쟁이라고 불린다. 그러나 결국 분권화의 추진으로 사회적 다양성을 확보하는 것이 건전한 사회진보의 변치 않은 방향이라는 것도 역사에서 배워왔다. 현대 사회문제는 대부분 다양성과 불균형에서 비롯된다. 그러나 다양성이 사회진보의 힘의 원천이고 문제해결의 열쇠임도 분명하다.

수십 년간 사회의 민주성과 다양성을 위한 개혁과제 중에 자치경찰제의 시행으로 경찰제도의 분권화를 이루는 것은 마지막 제도개혁이 될 것이라는 전망은 과도한 해석이 아니다. 경찰권력의 민주적 통제라는 취지를 고민한 이원화의 원래 구상이 일원화로 전환되어서 아쉽지만, 일단 시작한 제도실험이 제도적 불안에 노출되지 않도록 세심한 운영전략이 필요하다. 지방자치법에 자치경찰사무를 자치사무로 규정하여 자치경찰의 자치성을 제도적으로 확고히 하고, 이원화의 시범실시 등 차후 제도개선에도 철저한 준비가 필요하다.

여기서 분명히 할 것은 이원화가 국가경찰과 자치경찰의 완전한 단절을 의미하는 것은 아니라는 점이다. 지방자치를 주장하는 의미도 지방과 중앙의 완전한 단절을 의미하지 않는다는 것과 같은 맥락이다. 자치성을 평가하는 클라크(Clark)의 개념모형에서도 자치성을 주도성과 면책성의 '균형'에서 찾고 있다. 한 국가의 좋은 치안 서비스는 국가경찰과 자치경찰의 유기적 협력 속에서 이루어질 수 있다는 것이다.

지금 우리는 자치경찰제 운영의 성공 사례들을 축적해 나가는 길을 걷고 있고, 걸어야 한다. 그 핵심 방향은 우선 자치경찰사무의 추진과 관련된 협력체제의 견고한 구축이다. 이는 미래 양질의 치안서비스의 생산과 전달에서 요구되는 중요한 사항이다. 현 시대가 견고하고 좋은 협력체제를 요구하고 있다.

20세기 후반부터 세계적으로 나타난 두드러진 현상의 하나는 사회문제를 해결하는 접근방식에서의 변화이다.[11] 즉, 사회문제를 해결하는 데 있어서 중앙정부의 획일적 문제해결 접근이 퇴색하고 지방중심의 분권적 문제해결 접근방식이 증가하고 있다. 다원주의 사회로의 진입은 이러한 추세를 더욱 가속화할 것이다. 이러한 시대적 흐름을 반영하고 있는 것이 '거버넌스(Governance)'라는 용어라고 할 수 있다. 거버넌스는 여러 가지의 논의가 있지만 일반적으로 '공사 영역의 다양한 행위자들이 분리되지 않고 함께 결합하고 조화를 이루어 사회문제를 해결해 가는 정부관리 양태'로 정의한다. 사회문제와 관련된 행위주체들의 적극적인 참여에 따른 합의를 중시하는 문제해결방식으로의 변화를 말하는 것이다. 사회문제를 해결하는 중요한 규칙이 기존의 '합산적 선택법칙(collective choice rules)'에서 각 행위주체들이 참여하여 대화를 통해 공동체 이익을 구성해

11 필자는 다른 지면에서 사회변화와 사회문제의 해결방식의 변화에 대한 검토를 한 바 있다. 정순관(2014), 민선6기 신뢰의 확장으로 지방자치의 제2도약을 시작하자, *시도뉴스레터*, vol. 51, 전국시도지사협의회

내는 '구성적 선택법칙(constitutive choice rules)'으로 이동하고 있는 것이다. 또한 어느 한 행위주체가 우월적이고 특권적으로 기능해서는 사회문제가 해결되는 것이 어렵다는 것을 보여주는 것이다. '좋은 거버넌스(good governance)' 인가는 사회문제를 해결하기 위해 협력을 유도해 낼 수 있는 '규칙의 질'에 달려있다. 협력을 유도해 낼 수 있는 규칙의 질이 민주적일 때 이를 우리는 민주적 거버넌스라고 말한다. 미래사회에 대응할 문제해결 체제이다. 그래서 국가경찰과 자치경찰 간 좋은 거버넌스 구축은 자치경찰 관련 사무수행에 중요한 의미를 갖는다. 지역주민 간 사회통합의 정도가 클수록 범죄에 대한 두려움도 줄어든다는 믿음은 연구결과에서도 확인되고 있다.[12]

자치경찰 지원에 관한 조례의 제정에 따른 시·도경찰청(서)과 자치단체 간 실무협의회개최, 자치경찰위원회를 중심으로 지역맞춤형 치안정책의 개발 등은 지속적으로 추진되고 있다. 대통령령으로 구성되는 정책협의체 운영의 개선, 전국 자치경찰위원회 사무국장으로 구성되는 원탁회의 등은 자치경찰제도의 정착을 위한 좋은 제도적 기반이다.

지방자치의 완성도를 높이고 지방의 치안서비스를 제고하기 위해 도입된 자치경찰제는 시행 초기 일부 우려에도 불구하고, 지난 3년간 국민 안전에 공백 없이 현장에서 안정적으로 운영되어 정착과정을 거치고 있다. 지역 내 민·관·경 협력 및 치안 관련 논의가 제도 시행 이전보다 활성화되고 있다. '수권적 의존형(유형 Ⅲ)'에서

12 박재풍, 김병준(2024), 지역주민 간 사회통합이 범죄두려움 감소에 미치는 영향, 한국공안행정학회보, 제96호, 한국공안행정학회

‘분권적 자율형(유형 II)’으로의 이행이 진행되고 있다. 그만큼 지역 맞춤형 치안서비스정책을 기획하고 집행할 기회가 많아질 수 있는 변화이다.

그러나 자치경찰제에 대한 비판적 시각도 여전한 것이 사실이다. 자치경찰의 국가경찰 예속화를 강화하는 요소들에 대한 경계가 필요하다. 특히 전국적 치안 사건이 일어나면 이러한 움직임은 더욱 강해질 것이다. 탄핵의 위기 속에서도 지방의 행정은 비교적 안정적으로 관리되고 있음을 경험했고 경험하고 있다. 자치분권의 힘이다. 자치경찰 이원화제도의 도입이 시급한 이유이기도 하다. 한편에서 이러한 자치경찰제도 개선의 움직임이 일어나고 있다. 감사원과 국회 입법조사처 중심의 자치경찰제도 개혁 추진 동향, 경찰청의 자치경찰 예산제도 개선 추진 동향 등이 그 예이다.

한편 자치경찰의 논의에서 우리가 흔히 간과하고 있는 국가경찰위원회의 역할과 개혁에도 관심을 가질 필요가 있다. 국가경찰위원회는 시·도자치경찰위원 1명의 추천권, 자치경찰 관련 법령과 정책의 심의의결권을 가지고 있어(법 제10조제1항제6호) 자치경찰제도 발전에 중요한 영향을 행사하는 기구이다. 그러나 국가경찰위원회의 사무는 경찰청에서 수행(법 제11조제1항)하게 되어 있어 실질적으로 경찰청의 영향권에 있다.따라서 국가경찰위원회의 구성에 자치경찰제도 도입의 취지를 잘 구현할 수 있는 경험과 의지가 있는 인사들의 진입이 매우 중요할 것이다. 전국시도자치경찰위원장협의회 회원의 직접참여 혹은 추천권 행사 등을 고려해 볼 수 있다. 그리고 국가경찰위원회의 사무기구를 독립해서 설치할 필요가 있다. 이는 경찰개혁위원회의 권고사항이기도 했고(2017. 11. 경찰청 경찰개혁위), 현재 개정입법이 추진 중이다.

자치경찰제의 성공적 운영과 제도 정착을 위해서 현재 추진되고 있는 제반 제도개선 방안들이 확립되고 자치단체와의 협력체제가 더욱 활성화되어 어렵게 출발한 자치경찰제가 성공적으로 정착하기를 기대한다.

이원화된 자치경찰제의 도입과 자치경찰사무에 투입될 독립적 예산제도 도입 등으로 진정한 자치경찰제의 자치성이 확보되길 바란다.

제 3 부

자치경찰의 **과제**

제 6 장

자치경찰의 발전방향

황문규

1. 자치경찰제가 추구해야 할 방향성

우리나라에 적합한 자치경찰제는 무엇인가? 이에 대해서는 매우 다양한 방식의 자치경찰제 모델을 생각할 수 있으나, 적어도 다음의 방향성을 가지고 자치경찰 중심의 이원화 자치경찰제로 나아가야 한다.

첫째, 자치경찰제는 자치분권의 이념을 구현하는 방향이어야 한다. 자치경찰제는 중앙집권화된 국가경찰의 지방분권화로 이어져야 한다. 즉, 일원적 국가경찰체제가 국가경찰과 여러(18개 시도) 자치경찰이 서로 경쟁과 협력할 수 있는 다원적 경찰체제로 전환되는 방향이어야 한다. 이는 또한 경찰에 대한 민주적 통제가 가능하게 만드는 방안이기도 하다.

둘째, 자치경찰은 지방행정과 경찰행정을 연계한 자율적·창의적인 경찰활동으로 지역특성에 부합하고 지역주민이 필요로 하는 치안서비스를 제공할 수 있어야 한다. 경찰과 지역주민들의 참여와 협력하에 다양한 지역적 치안문제를 해결하는 지역사회경찰활동(Community Policing)에 충실할 수 있어야 함을 말한다. 치안활동에 지자체의 인프라와 인적·물적자원을 활용함으로써 종합지방행정이 구현되는 방향이어야 한다.

셋째, 자치경찰이 자율적·창의적으로 지역의 치안사무를 수행할 수 있는, 그래서 적어도 해당지역에서 '치안의 주체'가 되는 자치경찰제이어야 한다. 자치경찰은 '있어도 되고, 없어도 되는, 그래서 국가경찰의 보조자'에 그쳐서는 안 된다. 자치경찰에게 지역적 치안사무를 주체적으로 처리할 정도의 충분한 권한과 조직, 인력이 주어져야 함을 의미한다. 따라서 현재의 국가경찰을 그대로 유지하는 것을 전제로 (광역 또는 기초)지자체에 자치경찰을 신설하는 방안은 논의로 할 필요가 있다. 왜냐하면 이러한 자치경찰 방안은 자치경찰도 무언가의 일을 하려고 하기 때문에 없는 것보다는 낫겠지만 그 운영을 위한 예산, 인력 등을 부담해가면서까지 굳이 국가경찰과 중복적으로 운영할 필요가 있을까라는 의구심을 던지지 않을 수 없기 때문이다.

2. 고려사항

첫째, 현행 자치경찰제 모델에서 이원화 모델로 가는 경우 ① 자치경찰도 국가경찰과 마찬가지로 치안의 주체로 할 것인지 등 자치경찰에게서 기대하는 역할이 과연 무엇인지, ② 그에 따른 자치경찰의 사무와 권한, 그리고 ③ 자치경찰공무원의 신분은 어떻게 할 것인지, ④ 정치적 중립성 확보를 위한 자치경찰위원회의 역할 및 그 지위, ⑤ 자치경찰을 통한 경찰권 분산 여부, ⑥ 자치경찰관서의 청사 신설 여부, ⑦ 자치경찰에 대한 재정부담 등이 충분히 고려되어야 한다. 왜냐하면 이원화는 관점에 따라서 국가경찰과 자치경찰의 절연 또는 경찰이라는 공통분모의 축소를 의미하기 때문이다. 경우에 따라서는 치안력 약화의 가능성도 배제키 어렵기 때문이다. 이는 특히 시도에 (가칭)자치경찰본부 등을 설치할 경우 18개의 자치경찰본부가, (시군에 자치경찰대가 설치된다면 국가경찰서에 비춰볼 때) 258개의 자치경찰대가 신설되어야 한다는 점에서 더욱 그러하다. 그에 따라 관서장과 관리·지원부서 및 예산도 요구된다. 자치경찰제가 자칫 현장 치안인력은 감축시키고 경찰관리자는 증가시켜, 결과적으로 '국민이 필요로 하는 치안서비스 제공'이 아니라 '경찰 내부 승진잔치'를 위한 제도 개선이라는 오해를 불러일으킬 수 있음을 간과해서는 안 된다.[1]

바로 이 점에서 이원화 모델의 구체적인 방안이 정해지기 전에는 현행 시도경찰청의 자치경찰화(이른바 자치경찰 중심의 이원화)[2]를 점

1 이러한 오해가 오해로 그치지 않을 수 있음은 경찰 국가수사본부의 출범 과정에서 '국수본 핑계로 벌써 역대급 승진잔치, 경무관 승진만 100% 가깝게 늘어'라는 기사에서 확인된다. 2021.2.1.자 펜앤드마이크, 몸집 키우는 경찰 국수본…. '고삐 풀린' 권력 막을 자 없다, http://www.pennmike.com/ news/articleView.html?idxno=39749.

2 시도경찰청의 자치경찰화는 다음과 같이 생각해 볼 수 있다. 예컨대, 시도경찰청 이하 조직·인력·사무 등을 전부 시도로 이관하는 것을 원칙으로 한다. 다만, 시도경찰청 소관사무 전체를 자치경찰사무로 지정하되, 수사, 정보, 외사 등은 국가경찰사무로 한다.

진적으로 추진하는 것도 배제해서는 안 된다.

둘째, 기존 중앙집권적 국가경찰에 의한 획일적인 치안활동에서 탈피하여 자율적·창의적인 치안활동을 도모하자는 자치경찰제의 취지를 감안한다면, 자치경찰에 관한 사항은 경찰법과 독립된 이른바 '자치경찰법'에 규율되어야 한다. 이는 특히 법령의 소관부서와 관련되어 있다는 점에서 더욱 그러하다. 실제로 경찰청이 소관부서로 되어 있는 현행 경찰법 및 관련 법령의 개정시에 자치경찰위원회에서 관여하는 데에는 한계가 있다. 이원적 자치경찰제 모델로 가는 경우 경찰법과 독립적인 자치경찰법 제정의 필요성은 더욱 크다. 현 단계에서도 자치경찰과 관련된 「경찰법」, 「경찰공무원법」 및 관련 하위법령에 대한 제·개정과정에 자치경찰(또는 시도지사)의 관여를 명문화할 필요가 있다. 다음으로, 자치경찰사무도 현행 「지방자치법」의 자치사무로 규율되어야 한다. 현행 경찰법상 자치경찰사무는 통상 자치사무의 처리방식과 반대로 지방에서 국가로 사무처리를 위임하고 있는 등 과연 자치사무에 해당하는지 등 그 법적 성격에 논란이 있다는 점에서 더욱 그렇다. 아울러, 자치경찰에 이관할 사무를 '인위적으로' 구분, 예컨대 몇 개는 자치경찰사무, 몇 개는 국가경찰

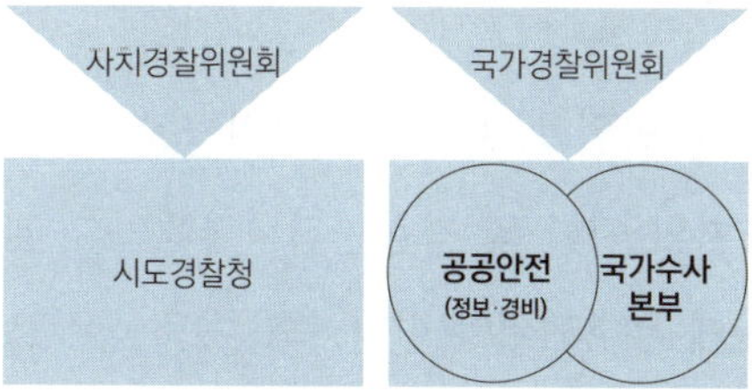

사무로 구분하는 우를 범해서는 안 된다. 이는 경찰청, 시도경찰청 단위의 상급 기관에 커다란 영향을 미치지는 않는다. 그러나 최일선에서는 어떤 사무가 자치경찰사무인지 아닌지, 그래서 출동해야 하는지 여부 등 치안현장에서는 물론 국민에게 적지 않은 혼란을 초래하고 결국 최일선 치안기구의 종합적 치안대응 역량의 약화로 이어질 수 있음을 간과해서는 안 된다. 따라서 자치경찰사무와 국가경찰사무를 구분하는 경우 개별사무가 아니라 경찰 기능별로 자치경찰사무 또는 국가경찰사무로 구분해야 한다. 또한 자치경찰사무와 관련한 국가경찰의 조직과 기능은 원칙적으로 (필요하다면 점진적 방식으로 하되, 반드시) 폐지 또는 축소되어야 한다.

셋째, 어떠한 이원화인지에 관계없이 지구대·파출소는 자치경찰에 반드시 포함되어야 한다. 그렇지 않을 경우 국가경찰은 읍·면·동·리 단위까지 하부조직을 두면서, 지역주민과 가장 가까이 있어야 할 자치경찰은 정작 주민 곁에 존재하지 않게 되는 역설적인 상황에 놓이게 될 것이기 때문이다(황문규, 2022). 여기서 간과해서는 안 될 것은 10개의 지구대·파출소를 운영하는 A경찰서를 가정할 경우 원칙적으로 10개의 지구대·파출소를 자치경찰로 완전히 전환해야 한다는 점이다(황문규, 2019). 국가경찰은 예컨대 지역의 몇 개 거점을 중심으로 이른바 '거점 순찰대'를 운영함으로써 자치경찰을 보충적으로 지원함이 바람직하다.

마지막으로, 자치경찰사무의 범위와 관계없이 자치경찰에게도 원칙적으로 형사법상 초동조치의 권한 및 경찰관직무집행법상 권한이 (국가경찰과 거의) 동일하게 부여되어야 한다. 즉, 어느 방식으로 역할 배분을 하든지에 관계없이 자치경찰과 국가경찰이 상호 보충적으로 역할을 뒷받침할 가능성을 열어놓아야 한다. 경찰에 필요한 기본적인 권한을 부여해야 한다는 의미다. 그러지 않을 경우 모든 경찰사무를 일일이 열거할 수 없기에 자칫 역할 공백이 발생할 가능성을 배제키 어렵기 때문이다.

3. 현행 자치경찰제의 실질화 또는 이를 통한 점진적 이원화

현재 시행되고 있는 자치경찰제의 미흡한 부분을 개선·보완하는 방식으로 향후 이원화의 토대를 구축하는 것이다. 한마디로 현행 자치경찰위원회의 실질화를 의미한다.

첫째, 지방자치법상 자치사무에 현행 경찰법상 자치경찰사무를 명시한다. 사무의 배분은 현행 경찰관서의 경찰기능(부서)을 고려하여 이루어져야 한다. 예컨대 생활안전 및 여성청소년, 교통과 관련한 업무는 원칙적으로 자치경찰사무로 하되, 불가피하게 국가경찰사무로 해야 하는 것만을 제외하는 방식이어야 한다. 왜냐하면 그러지 않을 경우 사무와 기능(부서)가 불일치하여 자치경찰부서 내에서도 국가경찰사무를 담당하는 경우가 있게 되고, 또는 그 반대의 경우로 인해 현장의 혼란을 부추길 것이기 때문이다.

둘째, 경찰법에서 부여한 자치경찰위원회의 임용권(승진·전보·징계 등)을 담보하기 위한 절차적 규정을 정비하는 등 임용권을 실질화한다. 이를 위해서는 앞서 언급한 바와 같이 자치경찰위원회에 보통승진심사위원회, 보통징계위원회 등을 둘 수 있는 관련 규정이 마련되어야 한다.

셋째, 주민밀착형 치안서비스의 최일선기관인 지구대·파출소의 관할부서를 자치경찰부(생활안전)로 이관하고, 자치경찰위원회의 임용권 대상에 포함한다.

넷째, 시도경찰청의 생활안전부장(서울은 생활안전차장) 임명에 대한 추천권을 자치경찰위원회에 부여한다. 이는 시도경찰청에 대한 지휘·감독권을 실질화하는 효과를 가져올 것이다. 이 경우에도 경무관급 생활안전부장은 자치경찰부서에 있는 그 지역의 총경 중에서 승진하도록 한다면 그 효과는 배가될 것이다.

이러한 개선이 이루어진다면, 생활안전부서(범죄예방대응·여성청소년·교통, 지구대·파출소, 다만 112치안종합상황실은 제외)에 대한 자치경찰위원회의 지휘·감독권이 강화되어, 사실상 이원화(자치경찰부서의 자치경찰화 또는 시도경찰청의 자치경찰화)로 전환하기 위한 토대가 마련될 것이다. 현재의 안정적인 치안을 유지하면서 이미 시행하고 있는 자치경찰제를 점진적으로 강화하여 한 번도 가보지 않은 자치경찰제 도입으로 느낄 수 있는 국민들의 막연한 불안을 잠재울 수 있을 것이다. 이럴 때 비로소 현행 자치경찰제가 '진정한 자치경찰제로 가는 징검다리' 역할을 할 과도기적 모델로서의 역사적 가치를 찾을 수 있다.

4. 현행 시도경찰청의 자치경찰화

대한민국의 지역 치안은 원칙적으로 해당 지역의 자치경찰이 담당하고, 국가경찰은 미국의 FBI처럼 광역적·(국경을 넘나드는)초국가적 범죄수사 및 국가적 차원의 정보·보안(안보) 등에 치중하게 하는 방안이다. 이 경우 현재의 시도경찰청을 자치경찰화하는 방식으로 경찰조직을 재편하면 될 것이다. 시도경찰청과 경찰서 및 지구대·파출소는 전부 자치경찰로 전환하는 방식이다.

이 방안은 현행 경찰의 거버넌스만 전환하는 것이어서 치안현장에서의 혼란을 최소화할 수 있다. 만약 자치경찰위원회를 존치하는 경우라면, '자치'를 삭제하고 '시도경찰위원회'로 할 필요가 있다. 국가경찰은 국가경찰위원회→경찰청 및 국가수사본부, 자치경찰은 시도경찰위원회→시도경찰청으로 하는 것이 경찰 통제의 정합성 측면에도 부합한다. 또한 경찰관서의 청사를 추가적으로 신축할 필요가 없다는 측면에서 장점이 있다. 다만, 이러한 방안은 자치경찰권을 매개로 시도지사의 권한이 강화되는 것에 대한 우려가 제기될 수 있고, 이에 대한 국회의 경계 또는 집권 정부에서 수용할 의지가 있느냐의 문제가 남는다. 중앙집권적 사고방식에 익숙한 국민적 감정도 이러한 방안을 쉽게 허용할 것으로 기대하기란 쉽지 않다는 점도 간과해서는 안 된다. 그럼에도 자치경찰권 오남용 우려가 있는 경찰기능에 대해서는 그 지휘·감독권을 국가경찰에 귀속시킴으로써 시도지사의 권한을 견제하고 있다.

이 방안의 경우에도 ① 시도경찰청 이하 모든 경찰기능과 경찰관서를 자치경찰화하는 방안, ② 정보·보안(안보)·외사 및 광역적·국제적 수사에 관한 사무와 기능 중심으로 자치경찰화하는 방안, 그리고 ③ 현행 경찰법에서와 같이 시도경찰청 이하 생활안전·여성청소년·교통·경비 및 그와 직접적으로 관련된 수사 등에 관한 사무와 기능 중심으로 자치경찰화하는 방안을 생각해 볼 수 있다.

5. 시도자치경찰위원회의 존치 여부

자치경찰위원회는 자치경찰의 정치적 중립성 및 민주적 통제성을 확보하기 위한 제도적 장치로 설계되었다. 특히 시도지사 소속 '합의제 행정기관'으로의 법적 지위를 둠으로써 시도지사로부터 독립적 직무수행을 확보하도록 하고 있다. 여기에는 (국가)경찰에 대한 정치적 중립성 확보장치로 탄생한 (국가)경찰위원회가 그간 거수기 역할을 한 것에 대한 반성적 고려도 작용하고 있다. 물론 그로 인해 자칫 관할 지방자치행정의 장인 시도지사의 자치경찰에 대한 권한이 지나치게 약화되어 자치경찰제가 지방자치제의 완성이라는 의의를 살릴 수 없다는 지적이 제기될 수 있음을 예상했고, 실제로 그러한 지적이 제기되고 있다. 그럼에도 자치경찰위원회를 설치함으로써 국가경찰이 자치경찰의 역할을 무의미하게 만들지 못하도록 차단 또는 견제하는 한편, 자치경찰제가 제주자치경찰제와 같이 무관심 속에서 정체되어 있지 않도록 함과 동시에 향후 자치경찰제가 지속적으로 발전할 수 있는 추진동력의 역할을 하도록 기대했다.

그러나 자치경찰위원회는 합의제 행정기관으로서 직무상 독립성을 확보하는 데에 현실적인 한계에 직면하지 않을 수 없었다. 문제는 이러한 한계가 자치경찰사무만 있을 뿐 그 사무를 수행하는 것은 국가경찰이기 때문에 드러난 것은 아니라는 점에서 심각하다. 오히려 이는 무엇보다도 자치경찰위원회의 사무를 처리하기 위한 사무국의 조직·인력·예산 등을 시도지사에 전적으로 의존하고 있기 때문이다. 또한 시도지사가 지명하는 자치경찰위원장에게서 시도지사로부터 독립적으로 직무를 수행하기를 기대한 것은 어쩌면 처음부터 불가능했던 것이나 다름없었다. 게다가 비상임위원 5인을 포함한 7인의 위원으로 구성되는 위원회 기구로서 시시각각 변하는 치안상황에 신속·적실한 대응을 하기에도, 또한 자치경찰정책의 수립만 맡고 그 집행은 시도경찰청이 맡는 방식이어서 사후적으로라도 책임을 지우기에 뚜렷한 한계에 직면하지 않을 수 없었다. 어쩌면 이러한 한계는 자치경찰위원회가 심의·의결할 시간적 여유가 없거나 심의·의결이 곤란한 경우 시도경찰청장에 대한 자치경찰위원회의 지휘·감독권을 시도경찰청장에게 위임한 것으로 간주하는 현행 경찰법 규정에서부터 이미 예고되었던 것이라 해도 과언이 아니다. 바로 이 점에서 자치경찰위원회의 법적 지위와 기능을 전환하는 방안을 고민할 필요가 있다.

그럼에도 자치경찰의 정치적 중립성 확보를 위해 자치경찰위원회와 같은 장치가 필요한 것은 아닌가라는 문제는 남는다. 예컨대, 자치경찰의 사무가 생활안전·여성청소년·교통 등 비권력적 성격의 경찰사무 중심으로 구성된다면, 자치경찰 운영의 정치적 중립성보다는 자치경찰 운영에 대한 시도지사의 정치적 책임성을 더 강조할 필요가 있다. 그렇지 않고 국가경찰사무를 열거하고 그 나머지 모든 경찰사무를 자치경찰사무로 한다면, 시도지사의 권한 강화에 대한 우려를 배제하기는 어려울 것이다. 왜냐하면 지자체장은 지방자치제 실시 이후 도지사와 시장, 의원 등 선출직 공직자가 지역권력구조의 정점에 위치해 있으면서, 정책추진과 예산배정의 우선순위를 결정하며, 지방 관료에 대한 광범위한 인사권을 통해 관료집단을 종속시켜 놓음으로써 지역권력 구조를 지배하고 있다는 지적이 적지 않기 때문이다. 중앙집권적 경찰의 폐해를 극복하여 경찰의 민주성과 자율적·창의적 치안활동을 강화하기 위하여 도입한 자치경찰이 자칫 '분권화된 경찰의 정치화'에 노출될 가능성을 우려하지 않을 수 없는 이유다(황문규, 2020). 이러한 우려를 차단하기 위해 (적어도 자치경찰제가 정착할 때까지는) 지자체장에게서 자치경찰로 이어지는 개입과 영향력을 차단하는 '방어막 역할'을 할 장치를 고민하지 않을 수 없다.

바로 이 점에서 현행 자치경찰제에서와 마찬가지로 자치경찰위원회를 합의제 행정기관으로 두되, 실질적으로 직무상 독립성을 확보할 수 있도록 그 기능과 역할을 강화하는 방안을 생각해 볼 수 있다. 현행 자치경찰위원회가 합의제 행정기관으로서 그 권한에 속하는 업무를 독립적으로 수행하는 데에는 한계가 있다. 그렇다면 자치경찰위원회가 본래 설립된 취지대로 그 역할을 수행할 수 있도록 그 기능을 강화해야 한다. 통상 합의제 행정기관은 방송통신위원회, 공정거래위원회, 감사위원회 등 합의제 중앙행정기관과 같이 1인의 독임제 행정기관과 같이 정책을 결정하고 집행하고 그 집행에 대한 책임을 지고, 예산을 직접 편성하여 의회에 제출함은 물론, (정도의 차이는 있겠지만) 독립적으로 조직과 인력을 운영할 수 있다. 자치경찰위원회를 진정한 합의제 행정기관으로 위치 지으려면 합의제 중앙행정기관과 같은 기능과 권한을 부여해야 할 것이다. 그렇지 않고서는 합의제 행정기관으로서의 자치경찰위원회가 본래의 역할을 수행하기를 기대하기 어려울 것이다.

제 7 장

우리 실정에 맞는 자치경찰의 미래

신현기

1. 우리나라 자치경찰제의 현황

1945년 10월 21일 미군정하에서 국가경찰이 창설되었다.[1] 2006년 7월 노무현 참여정부하에서 국내 처음으로 제주특별자치도에서 자치경찰제가 시행된 후 2024년 7월 18주년을 맞이했다. 그리고 2020년 12월 국회는 경찰법을 전부개정하여 “국가경찰과 자치경찰의 조직 및 운영에 관한 법률(이하 약칭 경찰법)”을 통과시켰다. 이에 따라 국가경찰 창설 76년 만인 2021년 7월 1일 전국 17개 광역시도지사 산하에 독립 합의제행정기관으로 총 18개의 자치경찰위원회(경기도 2개)가 설치되었다. 본 「경찰법」 제18조부터 제27조(10개 조문)까지 전국적으로 시행된 자치경찰제의 법적 근거가 담겨 있다.

본 법률은 “경찰의 민주적인 관리·운영과 효율적인 임무수행을

1 1945년 10월 21일 미군정 하에서 국가경찰이 창설되어 2024년 10월 79주년을 맞았다.

위하여 경찰의 기본조직 및 직무 범위와 그 밖에 필요한 사항을 규정함을 목적"으로 하며(제1조), 국가와 지방자치단체는 국민의 생명·신체 및 재산을 보호하고 공공의 안녕과 질서유지에 필요한 시책을 수립·시행하여야 한다(제2조)라는 책무를 제시하고 있다.

특히 전국 광역시도 차원에서 도입된 자치경찰제는 지방행정과 치안행정의 융합을 통해 각 지역 실정에 맞는 치안시책을 새롭게 발굴해 실천하는 등 촘촘한 안전망을 구축하는 데 목적을 두고 있다. 「경찰법」 제19조에서 시·도자치경찰위원회는 위원장 1명을 포함한 7명의 위원으로 구성하도록 했다. 본 자치경찰위원회는 경찰법에 자치경찰사무로 분류된 생안(현, 범죄예방대응), 여청, 교통 및 여청 관련 일부 수사 직무에 대해 해당 시도경찰청장을 지휘 감독한다. 시·도자치경찰위원회의 소관 사무는 자치경찰사무에 관한 목표의 수립 및 평가를 비롯해 총 17개의 각호로 이루어져 있다(제24조). 즉 시·도자치경찰위원회는 총 17개 각호의 소관 사무들을 심의·의결사항으로 하며 동시에 지역 실정에 맞는 생안, 여청, 교통 관련 시책을 발굴해 일선 경찰서에서 시행하도록 연계했다는 점에서 한 발짝 더 시민 곁으로 다가갔다는 평가가 가능하다.

정리해 보면 자치경찰위원회는 생활안전, 여성·청소년, 교통 등 시민 생활과 밀접한 자치경찰 분야의 정책 수립과 위원회 운영, 국가경찰 사무와의 밀접한 협력·조정 등을 총괄하는 역할을 수행한다. 무엇보다 2006년 우리나라에서 유일하게 제주특별자치도에서만 자치경찰제가 도입 시행되어 온 것은 차치하고 2021년 7월 전국 단위에서 자치경찰제가 전격 도입되었다는 점은 우리 경찰사에서 큰 의미를 남기게 되었다.

우리나라 자치경찰제는 지난 20여 년 이상 그 도입과 관련해 논의만 무성했다. 마침내 2021년 7월 1일 전국적으로 자치경찰제가 도입 시행에 들어간 것은 1945년 국가경찰 창설 76년 만으로 우리나라 경찰사에 있어 또 하나의 큰 획을 긋게 되었다. 마침내 경찰법에 공식적으로 국가경찰과 자치경찰이라는 두 개의 경찰이 존속하게 된 것이다.[2]

전국 자치경찰위원회는 지난 3년간 경찰법에 분류된 자치경찰 사무를 중심으로 각자 자기 지역실정에 맞는 시책을 발굴하여 시도 예산과 함께 시도경찰청장에게 넘기고 제반 자치경찰 사무에 대해 지휘 및 감독하는 등 많은 노력을 기울이고 있다. 하지만 경찰법상 매우 제한적으로 부여된 자치경찰위원회의 권한에 한계가 많다. 이 때문에 전문가들로부터 "경찰법상 수갑이 채워져 손가락으로만 지휘 감독해야 하는 자치경찰", "무늬만 자치경찰" 혹은 "기형적 자치경찰" 그리고 "애매모호한 자치경찰" 등 여러 가지 표현으로 비판받고 있다.[3]

자치경찰위원회는 자체적으로 자치경찰공무원을 확보하지 못한 채 국가경찰력에 100% 의존해야 하는 기형적 자치경찰제로 출발했다는 비판에서 지난 3년간 자유롭지 못했다. 이마저도 위원회는 자치경찰사무에 대해 오직 시도경찰청장만을 지휘 감독한다고는 되어

2 제주자치경찰의 경우는 제주특별법에 근거해서 시행하는 것으로 그 법적 근거를 다소 달리하고 있기도 하다.

3 이러한 용어가 생성되었다는 것은 법제도적으로 그만큼 많은 문제점들이 상존하고 있음을 여실히 보여 주는 것으로 이해된다.

있으나 그 권한 범위는 매우 형식적인데 그친다.

어디까지나 자치경찰제는 시민과 가장 가까운 접점에서 커뮤니티 폴리싱(community policing)[4]에 바탕을 두고 운영되는 것이 바람직한 것이다. 하지만 지난 3년간 운영된 자치경찰제 모델은 권한, 인사, 조직, 예산 면에서 또한 많은 문제점이 발견되었다. 자치경찰제란 자치경찰 혼자가 아니라 반드시 시민과 함께 할 때만 치안안정의 기대 가치를 극대화할 수 있는 것이다. 이 때문에 시행된 자치경찰제를 시민들이 정확히 이해하는 일은 매우 중요한 일이다.

그러나 자치경찰사무를 기존의 국가경찰이 동일한 유니폼, 동일한 순찰차, 동일한 지구대·파출소에서 수행하는 일원화 방식이다 보니 정작 시민과 도민을 위한 자치경찰제 시행의 의미가 크게 부각되지 못하고 있는 실정이다. 즉 시민과 도민이 자치경찰제가 시행되어 무엇을 그리고 어떤 자치경찰 사무가 수행되는지 쉽게 이해되지 못하고 있다.

이처럼 우리 국가경찰 창설 76년 만인 2021년 도입 시행된 일원화 자치경찰제는 매우 복잡한 자치경찰 모델로서 이는 전 세계적으로 그 유래를 찾아보기 어려운 매우 독특한 모델로 평가된다. 문재인 정부가 이러한 방식의 자치경찰제를 도입한 이유는 코로나19, 자치경찰공무원으로 전환될지도 모른다는 국가경찰관들의 놀라움과 반

4 우리 사회가 급속도로 산업화되면서 흉악범죄가 날로 증가하고 있다. 그 결과 시민들은 끊임없이 발생하는 일련의 범죄들로부터 나타나는 '막연한 불안'들에 직면해 있다. 이러한 시민들의 범죄로부터 불안들은 단지 경찰의 물리력 하나만으로는 결코 해결할 수 없는 것이다. 따라서 우리 시민이 범죄로 인한 수많은 위험 발생을 억제하고 평온과 안정을 유지하기 위해서는 시민의 적극적인 협조가 절대적으로 필요한 실정이다. 이것이 커뮤니티 폴리싱이다.

발 예상, 그리고 시급히 시행되어야 하는 대통령 선거공약 등이 복합적으로 작용했던 것으로 이해된다.

아래의 〈그림 1〉은 현행 우리나라 자치경찰제의 모형이며 향후 윤석열 정부가 전환하기로 선언한 이원화 자치경찰제의 방향을 보여 주고 있다.

그림 1 우리나라 자치경찰제의 모형(국가 소속의 법률안에 따른 모형

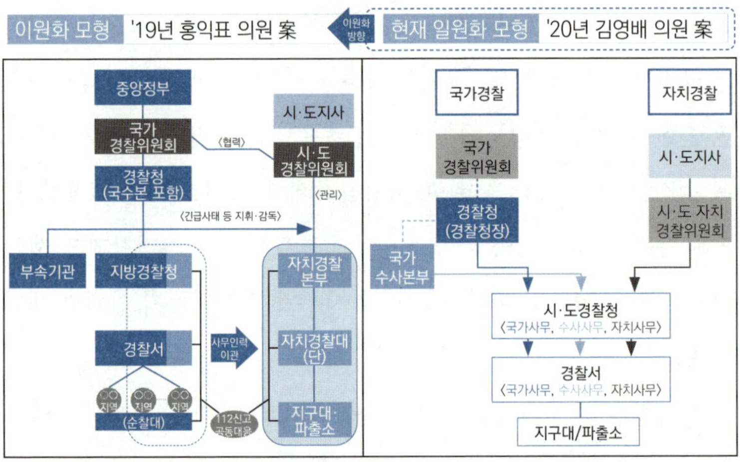

출처: 세종시자치경찰위원회, 세미나자료, 2024. 09. 30.

특히 현행 국가경찰이 경찰법상 분리된 자치경찰사무를 수행하는 일원화 자치경찰제 방식이 그 실효성을 거두기 위해서는 일원화 방식보다는 오히려 이원화 자치경찰제로 반드시 전환되어야 한다고 본다. 이러한 주장은 그동안 전국자치경찰위원장협의회와 전문가 집단 및 학계에서 학술세미나 등을 통해서도 지속적으로 표출되었다. 자치경찰사무를 국가경찰이 수행해 주는 일원화 자치경찰제가 지난 3년간 시행되면서 자치경찰위원회, 실무진, 학계 전문가들로부터 수많은 문제점이 지적되어 나왔다는 것은 현행 자치경찰제가 얼마나 많은 문제점을 지니고 있는지를 잘 보여 주는 대목이다.

현행 자치경찰제의 인사, 조직, 권한 면에서 나타난 문제점에 대해 간략히 짚어보면 다음과 같다. 우선 인사 면에서 볼 때, 자치경찰위원회에 사무수행 직원들에 대한 보통승진심사위원회 설치 권한이 부여되어 있지 않아 많은 어려움이 상존한다. 즉 국가경찰 신분을 가진 경찰이 경찰법에서 분류된 자치경찰사무를 수행해 나가는 제도이다 보니 매우 애매모호한 상황이 연출되고 있다. 이와 같이 인사면에 나타난 제도상의 문제들을 개선하고 시민에게 한 발짝 더 다가가기 위해서는 현 정부가 천명한 이원화 자치경찰제로 전환하는 것은 당연하다고 본다.

좀 더 부연하면 현행 자치경찰제하에서는 자치경찰위원회가 자치경찰사무를 수행하는 국가경찰들에 대한 인사권을 법상 아예 행사할 수 없도록 제정된 것으로 분석된다. 예를 들어 자치경찰위원회는 법제도상 도경찰청의 자치경찰 사무담당 계장(경정)과 경찰서 자치경찰사무 과장의 전보 정도만 행사하고 나머지 인사권은 행사해봐야 아무 실익이 없는 관계로 도경찰청장에게 다시 재위임할 수밖에 없는 실정이다. 실제 전국의 모든 자치경찰위원회들이 그럴 수밖에 없다. 이러한 자치경찰제는 전세계 그 어느 나라에서도 찾아볼 수 없는 독특한 모델이다. 사실 전형적인 무늬만 자치경찰제인 모델이다.

물론 경찰법에는 자치경찰위원회에 자치경찰 사무를 수행하는 경찰들에 대한 전보, 파견, 휴직, 직위해제, 복직 등에 관한 권한이 아주 분명하게 주어져 있다. 하지만 좌우상하를 보면 법제도 상 앞뒤가 맞지 않는 모순점이 한두 가지가 아니다. 우선 자치경찰위원회는 자치경찰사무담당 경찰들에 대한 일부 인사권이 주어졌지만 정작 보통승진위원회를 설치할 권한이 없다. 또한 아래의 그림에서 보는 바와 같이 인사권한은 주어지되 그것을 행사할 수 있는 권한이 원천 차단되어 있는 등 기이한 자치경찰제라는 비판이 존재한다. 예를 들어 A라는 조문에는 권한을 부여하고 B라는 조문에서는 그 권한에 수갑을 채우는 방식의 법제도로 이루어졌다고 볼 수 있다.

그림 2 자치경찰위원회의 인사권한 현황

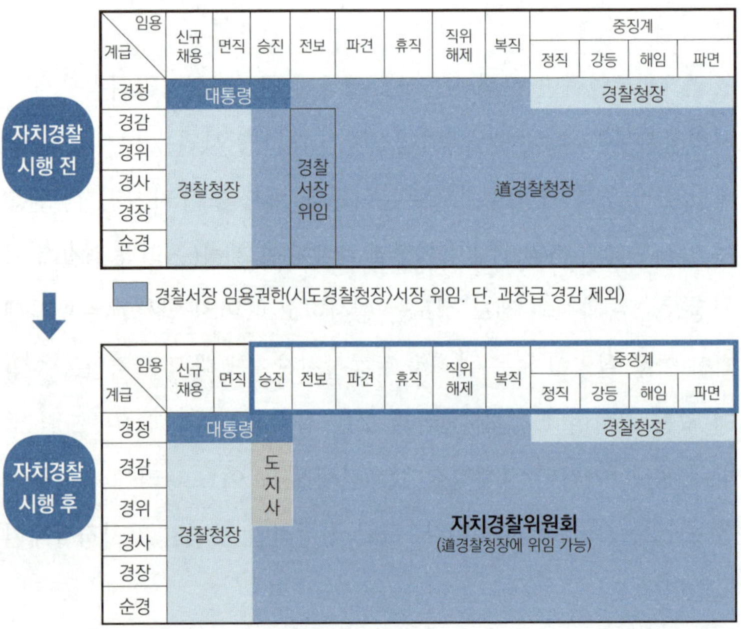

출처: 경기도북부자치경찰위원회, 내부자료(2023).

역시 조직 면에서도 현행 일원화 자치경찰제는 광역시도 단위에서 실시되었는데 점차적으로 기초단위(시군구)까지 확대할 필요가 있다. 하나의 사례로 제주도자치경찰단은 제주특별자치도라는 광역 차원에 설치되었지만 제주 전체 기초단위 영역까지 전지역을 커버해서 활동하고 있다. 미국과 영국의 자치경찰은 기초단위에서 운영 중이다. 일본은 도도부현 광역단위에서 자치경찰을 시행 중이다. 스페인과 이탈리아는 광역단위와 기초단위 모두에서 시행 중이다. 특히 이탈리아는 20개 주자치경찰, 104개 도자치경찰, 그리고 수많은 시에서 시자치경찰을 운영 중이다. 우리는 시도단위에서 시행 중이므로 잘 정착되도록 하면서 기초단위로 확대해 나가면서 지금부터라도 도가 나서서 시군구에 자치경찰센터 등을 설치해 조금씩 연계를 갖는 것도 하나의 중요한 과제라고 본다. 그리고 경찰서 소속 지구대와 파출소를 중장기적으로 시군구 기초자치경찰로 전환해 가야 한다는 일부 주장도 큰 의미가 있다고 본다.[5]

자치경찰예산의 경우도 2023년 1월부터 한시적 중앙정부 이양사업으로 국고지원의 도움을 받고 있으나 2026년 1월부터는 이마저도 전국시도의 자체예산으로 해결해나가야 하는 과제를 떠안을 예정이다. 이러한 자치경찰의 근본적인 예산문제를 해결하기 위해서는 (가칭)자치경찰교부세와 같은 대안을 마련해야 한다. 위의 과제들과 관련한 자세한 내용들은 뒤에서 후술하기로 한다.

---

5 강기홍. (2022).「자치경찰제 시행 성과와 향후 발전 방향」. p.23; 황문규. (2024).「자치경찰 3년 회고와 발전방안」. 자치경찰정책토론회 자료, p.66.

2. 우리나라 자치경찰제의 과거

매우 짧은 기간 동안 문재인 정부의 인수위원회 역할을 했던 국정기획자문위원회는 100대 국정과제를 발표했다.[6] 다행히 100대 국정과제 중 열세 번째로 '국민의, 국민을 위한 권력기관 개혁'이 들어 있었다. 그 주요 내용에 '광역단위 자치경찰제 도입' 과제가 담겨 있었는데, 특히 '2017년부터 자치경찰 관련 법률을 제·개정하고 2018년에 시범 실시를 거쳐 2019년 전면 실시'라는 구체적인 플랜까지 제시했었다. 문재인 정부 들어서 비로소 자치경찰제가 도입됨으로써 완전한 지방자치를 실현하는 계기가 마련되었다.

자치경찰은 막강해질 수도 있는 국가경찰의 권한을 적절히 분산시키는 역할뿐만 아니라 실질적인 민생치안 행정에 크게 기여할 수 있다고 본다. 특히 해당 지역을 잘 아는 자치경찰제가 도입되면 지역에 걸맞는 방범치안 활동을 통해 범죄를 상당히 줄일 뿐 아니라 기존 행정인력을 활용한 범죄의 사전 예방은 물론 피해자 사후 지원까지 다양한 시너지 효과를 거둘 수 있다.[7]

문재인 정부(2017. 5. 10.~2022. 5. 10.)에서 2020년 말까지 구상하여 추진하던 이원화 자치경찰제 모델 준비는 갑자기 급회전하여 현재 시행 중인 일원화 자치경찰제로 시행되었다. 이처럼 문재인 정부의 자치경찰제는 애초 이원화 자치경찰제를 준비 중이었다. 제주국가경찰청은 268명의 국가경찰을 7개의 지구대·파출소와 함께 제

6 https://www.kmib.co.kr/article/view.asp?arcid=0923804858(검색일: 2024. 11. 13).
7 https://www.kmib.co.kr/article/view.asp?arcid=0923804858(검색일: 2024. 11. 13).

주자치경찰단에 파견하여 이원화 자치경찰제 모델을 도입하기 위한 시범실시까지 마무리했었지만 결국 이것은 무시되고 현행 일원화 자치경찰제로 급회전하여 도입되는 급변이 있었다. 그러나 갑자기 일원화 자치경찰제로 전환하여 실현하게 되었는데, 그 이유는 아래에서 기술하고자 한다. 그럼에도 불구하고 문재인 정부의 자치경찰제에 대한 구상은 현재 시행하고 있는 자치경찰제의 실상 그대로라는 해석이 가능하다.

한 발짝 더 들어가서 볼 때, 사실상 현행 자치경찰제 모델은 경찰법에 분리된 자치경찰 사무를 국가경찰 중심의 일원화 모델로서 향후 경찰법의 개정 혹은 (가칭)자치경찰법의 제정을 통해 마련될 미래 이원화 모델 역시 모두다 이미 문재인 정부에서 법제화를 이루어졌거나 혹은 다른 형태로 법제화 하기 위해 꾸준히 추진하던 모델들이었다고 볼 수 있다.[8]

문재인 정부가 2021년 7월 시행한 일원화 모델과 윤성열 정부가 예고한 이원화 모델, 그리고 2017년 서울시가 강력히 제시했던 통합형 자치경찰제 시안이 극명하게 비교되기도 했던 것은 각기 큰 의미를 지닌다.[9] 과거의 이러한 논의들은 향후 우리나라 자치경찰제의 모델을 재설계하는 데 있어서 적지 않은 도움이 될 수 있다고 본다. 이들 대표적인 세 가지 모델을 간략히 소개 비교하면 다음과 같다.

---

8 박준휘. "자치경찰의 현재, 과거, 미래", 자치경찰정책토론회 자료, 2023, pp.48~49.

9 문재인 정부는 홍익표 의원안인 "국가경찰과 자치경찰 병립 이원화 모델"을 전국으로 확대할 가능성을 찾기 위해 제주자치경찰단에 국가경찰관들을 파견해 실제 시범실시까지 거치는 등 적극 도입 추진되다가 급격히 방향을 바꾸어 「국가경찰 중심 일원화 모델(현행 제도)」 도입으로 급회전한 것으로 정리된다.

표 1 **김영배, 홍익표 의원안, 서울시안 등 세 가지 자치경찰 모델의 비교**

	김영배 의원안 (2020. 8.)	홍익표 의원안 (2019. 3.)	서울 시안 (2017. 12.)
의의	국가경찰 중심 일원화 모델 (현행 제도)	국가경찰과 자치경찰병립 이원화 모델 (윤석열 정부 추진제도)	자치경찰 중심 일원화 모델 (제3의 제도)
자치수준	10	50	90
국가경찰조직	존치	1/2감축	거의 이관
대국민서비스	혼란 없음	큰 혼란 가능	혼란 없음
지휘계통	혼선 많음	혼선 없음	혼선 없음
효율성(재정 등)	좋음	매우 저하	저하
일반 국민의 수용력	보통	보통	매우 낮음
일선경찰관의 수용력	낮음	보통	낮음
고위경찰관의 수용력	낮음	보통	매우 낮음
자치단체장의 수용력	낮음	높음	매우 높음

출처: 박준휘 외, (2020), 「한국형 자치경찰제 시행 및 정착에 관한 연구(II)」, 한국형사법무정책연구원, p.611.

동시에 국회는 「국가경찰과 자치경찰의 조직 및 운영에 관한 법률(경찰법)」도 통과시켰다. 본 법률 시행은 2021년 1월부터였으며 전국 광역시도 자치경찰위원회의 발족은 같은 해 7월 1일 공식 출범했다. 이렇게 문재인 정부의 자치경찰제 도입 방향의 급회전은 코로나19 사태로 인한 국가재정의 불충분, 기존 국가경찰제에 익숙했던 경찰공무원들의 자치경찰로 전환 시 놀라움과 반발, 문재인 정부의 수사권 조정을 통한 검찰 개혁의 완성이라는 차원에서 김영배 의원안으로의 전환은 이 당시 어쩌면 고육지책이었던 것으로 해석된다.

최소한 다음과 같은 두 가지 관점에서 볼 때, 지방자치분권론자들에게 위와 같은 자치경찰제 전환은 적지 않은 환영을 받은 것으로 평가된다.

첫째, 김대중 정부, 노무현 정부, 이명박 정부, 박근혜 정부, 문재인 정부까지 20여 년 이상 도입 논의만 무성하고 실현되지 않았던 전국 단위 시도에서 자치경찰제 도입을 명백히 했다는 점이다.

둘째, 일반 국민 및 시민들에게 혼란을 주지 않는 동시에 미래에 완전한 의미의 자치경찰제가 도입 시행될 수 있는 가능성을 열게 되었다는 점이 바로 그것이다.

이처럼 우리나라 국가경찰 창설 76년 만에 2021년 7월 전국 단위에 자치경찰제가 도입 시행되어 국가경찰과 자치경찰(예: 제주자치경찰단)이 공존하는 한국경찰사를 다시 쓰게 됐다. 특히 2021년은 우리나라 지방자치가 1991년에 부활된 지 30년이 되는 해이기도 했다. 이 지구상에 지방자치제를 시행하는 나라치고 자치행정, 소방자치, 교육자치 그리고 자치경찰제를 도입 시행하지 않는 나라는 거의 없다. 우리나라도 마지막 남아 있던 과제인 자치경찰제 도입 시행은 우리나라 지방자치 수준을 더한층 드높이는 계기가 되었다. 다만 현행 자치경찰제는 불완전하며 과도기적 자치경찰제 모델로 평가되는 만큼 향후 지속적으로 개선해 나가야 한다.

한편 현행의 우리나라 자치경찰제는 흔히 과도기적 모델로 평가받고 있다. 특히 국가경찰조직 외 별도의 자치경찰 관련 조직을 만드는 이원화 모델 대신에 코로나19 사태 등 국가재정력과 일원화 모

델로 급속히 선회하여 경찰법을 전부개정하는 등 법적토대도 구축하였기 때문이다.[10]

3. 우리나라 자치경찰제의 현재

윤석열 대통령 후보자는 2022년 3월 10일 당선되어 2022년 5월 10일 대통령에 취임했다. 윤석열 정부는 이전의 문재인 정부가 2021년 7월 시행한 일원화 자치경찰제에 대해 당시 대통령직인수위원회의 활동 및 120대 국정과제의 발표를 통해 국가경찰-자치경찰이원화 모델의 자치경찰제로 전격 전환하겠다는 입장을 표명하였다.

2024년에 제주, 세종, 강원 등에서 시범실시를 행한 후 2025년에 법적 개정 문제를 해결하고 2026년도에는 전국적으로 이원화 자치경찰제로 전환하기로 미리 언급했지만 2024년 말 현재까지 진전은 없다. 다시 말해 윤석열 정부는 국정과제 111번 "지방시대 실현을 위한 지방분권 강화" 영역에서 자치경찰권 강화라는 소제목을 통해 이른바 범정부 추진체계를 구성해 이원화 자치경찰제 모델 마련 및 제주, 세종, 강원에서 시범실시 후 성과분석 및 제도개선을 통해 우리나라 전국에 전면 시행하겠다는 점을 명시한 것이다.[11]

---

10 박준휘 외, (2020).「한국형 자치경찰제 시행 및 정착에 관한 연구(II)」. 한국형사법무정책연구원, p.611.

11 박준휘. (2023). "자치경찰의 현재, 과거, 미래". 자치경찰 정책토론회,「자치경찰제 정상화 방안」. 인천광역시자치경찰위원회, p.48.

여기서 의미하는 이원화 자치경찰제는 시도자치경찰위원회가 직접 자치경찰사무를 총괄하기 위해 심의 의결하는 방식으로 시도지사가 지휘 감독하는 시도자치경찰본부를 두는 방식이다. 그리고 그 하부에 시군구 단위별 혹은 시군구 단위를 한데 묶어서 자치경찰본부 소속 시군구 자치경찰대를 설치함을 상정한다.

2021년 전국에 자치경찰제가 도입 시행되기 직전에 자치경찰 사무영역인 생활안전에 속해 있던 지구대·파출소가 느닷없이 국가경찰 사무인 112상황실로 이관되는 급변화가 있었다. 즉「경찰청과 그 소속기관 직제」 제10조제2항제4호에다가 기존의 생활안전국(자치경찰 영역)에 소속되어 있던 〈지구대·파출소 상황관리업무의 기획〉 관련 업무를 신속히 이관시켜 놓은 것이다.[12] 당연히 전국 자치경찰위원회가 출범하기 약 6개월 전이었다.

국가경찰은 2020년 12월 경찰법이 국회본회의를 통과하자마자 기존에 생활안전과에 소속되어 있던 지구대·파출소를 신속하게 그 소속을 국가사무인 112상황실로 신속한 변경을 강행한 것으로 분석된다. 이러한 결과는 결국 2021년 7월 1일 시행에 들어간 자치경찰제 시행에서 손과 발의 역할을 수행해 주어야 할 지구대·파출소가 사라짐으로써 우리나라 자치경찰제 시행의 의미를 십분 반감시키는 결과로 이어질지 우려된다. 지구대·파출소는 시민과의 가장 가까운 접점에서 예방업무가 핵심이어야 하기 때문에 범죄예방 업무를 생

12 신현기. (2023). "윤석열 정부 자치경찰제의 발전 방향 탐색".「한국자치경찰논총」. 제2권 제1호, p.25.

명으로 하는 자치경찰에 존속하는 것이 당연하다.[13]

표 2 **경찰청과 그 소속기관 직제에서 지구대·파출소의 소속 현황**

『경찰청과 그 소속기관 직제』 중 발췌	
[2020. 10. 30 시행] [대통령령 제31132호 2020. 10. 30, 일부개정]	[2021. 1. 1. 시행] [대통령령 제31346호, 2020. 12. 31, 전부개정]
제9조(치안상황관리관) ① 치안상황관리관은 치안감 또는 경무관으로 보한다. ② 치안상황관리관은 다음 사항에 관하여 차장을 보좌한다. 1. 치안 상황의 접수·전파, 상황판단 및 초동보고 등에 관한 사항 2. 치안상황실 운영에 관한 사항 3. 안전관리·재난상황 및 위기상황 관리기관과의 연계체계 구축·운영 4. 112신고제도의 기획·운영 및 112종합상황실 운영 총괄[본조신설 2019.2.26.]	제10조(치안상황관리관) ① 치안상황관리관은 치안감 또는 경무관으로 보한다. ② 치안상황관리관은 다음 사항에 관하여 경찰청 차장을 보좌한다. 1. 치안 상황의 접수·상황판단, 전파 및 초동조치 등에 관한 사항 2. 치안상황실 운영에 관한 사항 3. 112신고제도의 기획·운영 및 112치안종합상황실 운영 총괄 **4. 지구대·파출소 상황관리업무의 기획** 5. 안전관리·재난상황 및 위기상황 관리기관과의 연계체계 구축·운영

이를 부연하면 지구대·파출소는 자치경찰이 치안현장 주민과의 최접점에서 지역의 치안수요에 직접 대응할 수 있게끔 이원화 모델의 시범실시 지역 중 최소한 한 곳 이상을 선정하여 자치경찰로 이

13 물론 지구대와 파출소는 예방업무와 신고처리 업무를 모두 수행한다. 문제는 지구대와 파출소가 국가 고유업무를 처리하는 부서인 112상황실로 가버렸기 때문에 주로 신고처리 업무 위주로 수행하게 되어 결국 범죄예방업무가 실종되는 위험에 노출될 공산이 커지게 됐다. 결국 지구대와 파출소가 없는 현행 자치경찰은 그 의미가 반감되고 그래서 무늬만 자치경찰제라는 비판이 나오게 된 것이다.

관해 운영할 필요가 있다. 그 다음 그 운영 결과를 다른 시범실시 지역과 비교 및 평가해 이원화 모델 전면 실시 마련 시에 소속과 운영 방안 등을 구체적으로 정하기로 한 것이다. 그리고 시민들의 가장 가까운 곁의 비상 상황에서 신속히 달려와 주어야 하는 112상황실은 국가경찰에서 운영하지만 역시 자치경찰도 함께 합동근무하는 것을 원칙으로 상정했다. 특히 치안수요가 많아 자치경찰에서도 112상황실을 운영하는 것이 불가피할 경우 국가경찰과 공조할 수 있는 시스템을 갖추도록 함을 원칙으로 상정했다.

또한 시도자치경찰위원회는 자치경찰본부장, 자치경찰대장 추천, 인사와 예산을 비롯해 중요한 치안정책의 심의와 의결을 통해 자치경찰업무의 중립성을 유지하도록 한다는 기준도 제시하고 있다. 향후 이원화 자치경찰제 모델에서는 현행 자치경찰사무를 담당하고 있는 경찰관 정원을 시도로 당연히 이관하는 동시에 시도경찰청 소속 인력은 자치경찰본부를 그리고 경찰서에 근무 중인 인력은 자치경찰대를 구성한다는 것이다. 또한 시도에서 자치경찰 인력 충원은 당연히 시도별로 신규채용에 따른다. 특히 자치경찰은 각 시도 소속 특정직 지방공무원이다. 따라서 시도지사가 임용권을 행사함을 원칙으로 한다.

향후 이원화된 형태의 자치경찰제 도입에 따라 이관 자치경찰 인력과 경찰장비에 대한 일련의 비용은 각 시도 재정자립도의 큰 차이를 감안해 국가가 부담함을 원칙으로 한다. 윤석열 정부에서 이원화 자치경찰 시범실시에 따른 재정부담의 축소를 위해 18개 시도경찰청, 259개 경찰서, 2,000여 개가 훌쩍 넘는 지구대·파출소 및 치안센터 국유재산을 시도가 공동으로 활용할 수 있도록 상정했다.

한편 전 장에서 간략히 언급했듯이 자치경찰예산은 정부의 지방이양사업 방식을 통해 이루어지고 있다. 즉 자치경찰 사무 수행 관련 예산은 경찰청 예산으로 이루어지는 것이 아니라 2023년 1월부터 각 17개 시도가 지방이양사업 방식에 따라 이루어진다. 결국 자치경찰 운영비는 시도예산으로 시도의회의 예·결산 과정을 통해 이루어지는 셈이다. 하지만 본 예산방식도 2026년까지 3년만 유효하다. 그 후에는 각 시도가 스스로 자치경찰 예산의 해결방안을 마련해야 한다. 궁극적으로 자치경찰은 독자적인 예산 확보 방안을 강구해야만 하는데, 예를 들어 교통과태료와 범칙금 그리고 자치경찰교부세의 신설 또는 경찰교부세의 신설 등 관련 방안을 적극적으로 강구해야 하는 상황이다.[14]

4. 기본 토대 구축 노력과 현황

지난 20여 년간 논의만 무성했던 우리나라 자치경찰제가 문재인 정부에서 국가경찰 창설 76년 만에 전격 시행에 들어간 것은 우리 경찰사에 큰 획을 긋는 역사였다. 2021년 7월 전국 17개 광역시도에서 경찰법에 따라 시행에 들어간 일원화 자치경찰제는 어느덧 3년의 시간이 훌쩍 지나 벌써 4년 차를 맞이했다. 애초 「경찰법」 제

14 박준휘. (2023). "자치경찰의 현재, 과거, 미래", 자치경찰 정책토론회. 「자치경찰제 정상화 방안」. 인천광역시자치경찰위원회, p.49.

18조부터 27조까지 자치경찰 사무로 생안, 여청, 교통 분야를 10개 조문으로 담았다. 자치경찰사무와 관련 입법 취지 및 목적은 지방행정과 치안행정의 융합을 통해 보다 촘촘한 시민의 치안안전망을 구축하자는 것이다. 이러한 취지에 맞게 전국 18개 시도자치경찰위원회는 시행 첫해에 대략 6개 분야로 시책사업을 발굴하여 시행에 들어갔는데, 그 핵심은 주로 첫째, 약자보호, 둘째, 시민안전의 확보, 셋째, 교통안전의 강화, 넷째, 주민참여와 소통활성화, 다섯째, 범죄예방을 위한 환경설계(CPTED), 여섯째, 자치경찰제 시행을 위한 적극적 홍보활동 등이 주류를 이루었음을 알 수 있다.[15]

그 후 2022년과 2023년에 걸친 2년 차에 각 자치경찰위원회의 시책사업들은 그 기본 틀이 크게 변하지는 않으면서 다만 내용은 비교적 강화된 것으로 평가된다. 전국 각 18개 자치경찰위원회가 수행한 대표적인 주요 시책 3개씩만 소개하면 다음과 같다. 이처럼 각 자치경찰위원회는 시책을 발굴하여 시도예산과 함께 각 시도경찰청장에게 산하 경찰서 집행부에서 시행하도록 예산과 함께 지휘·감독하는 방식으로 이루어진다.

표 3 시도자치경찰위원회의 시책 사업별 현황(2023년 6월 기준)

시·도	주요 시책 내용
서울	• 서울 반려견순찰대 안전에 안심을 + 더하다. • 정신응급합동대응센터 전국 최초 24시간 합동 운영 • 한강경찰대: 오직 사명감 하나로, 시민 안전을 내 생명같이

15 윤태웅. (2022). 전국 시도자치경찰위원회의 주요시책 분석과 개선 과제, 「분권레터 9월호」. 대한민국시도지사협의회; 박준휘. (2023). "자치경찰의 현재, 과거, 미래". 자치경찰 정책토론회. 「자치경찰제 정상화 방안」, 인천광역시자치경찰위원회, p.51.

시·도	주요 시책 내용
부산	• 부산 자치경찰 치안리빙랩 사업 추진 • 전국 최초 주취자 공공구호시설, 부산광역시 주취해소센터 개소 • 행복한 家 희망드림 프로젝트 운영
대구	• 대구형 셉테드 사업추진, 안전! 우리집·우리마당부터 시작, 범죄로부터 안전한 대구 • 우리가 청소년 자치경찰이다! • 개물림사고 예방 콜라보 프로젝트, 댕댕이와 함께하는 안전한 세상
인천	• 인천 자치경찰의 첫 걸음은 어린이가 안전한 인천 만들기 • 인천 자치경찰, 여성 안전을 최우선 목표로 선정 • 일상 속에서 인천 자치경찰을 알리다
광주	• 더 실감나는 성범죄 예방교육을 위해 모두 함께 힘을 모으다 • 광주 자치경찰 청년 서포터즈 112 운영 • 광주 자치경찰위원회 빛고을 자전거순찰대
대전	• 과학으로 진화하는 치안정책의 미래 IOT 스마트안심화장실 • 지능형 AI CCTV로 청소년 비행예방과 근린공원 안전! 두 마리 토끼를 다잡을게유 • 전국 최초의 움직이는 경찰서 폴리온이 대전시민의 치안을 책임진다
울산	• 지역순찰, 달리기, 환경보호까지! 시민과 함께하는 해울이 순찰대 • 울산시민의, 울산시민에 의한, 울산시민을 위한 맞춤형 범죄예방 마스터북 출간 • 우리마을 지킴이! 라이더 방범대
세종	• 주민이 뽑는 지역경찰장 주민추천제 • 세종시민의 미래를 더 안전하게
경기 남부	• 경찰 교통시설 현안문제 해소 방안 마련을 위해 교통공학 전문 분석 지원 • 도민이 이해하기 쉽게, 찾아가는 자치경찰 아카데미 • 통하고 합하는 공동대응팀: 성폭력 가정폭력에 대한 초기 상담 대응
경기 북부	• 위기아동 원스톱 보호체계 구축 - 주민의견수렴, 아동학대대응 위해 위기대응팀 운영 • 도민과 함께하는 안전하고 살기 좋은 경기북부 • 자타해 고위험자 신속 대응을 위한 응급입원 현장지원 센터 구축
강원	• 어린이보호구역 제한속도 탄력운영 • 보행자와 운전자 모두가 안전한 교통환경 패러다임 스마트 알림 시스템 • 자치경찰의 최일선 지역경찰 근무환경 개선 사업

시·도	주요 시책 내용
충북	• 주민중심의 자치경찰 치안협의체 운영 • 함께해요! 내고향 내부모 사랑애 사업 추진 • 지역별 맞춤형 농산물 도난 예방 시책 추진
충남	• 주민과 함께하는 충남형 안전한 우리동네 만들기 • 학교로 찾아간 화물차 사각지대 체험교육 • 위기가정의 회복을 위해 충남 자치경찰이 나선다
전북	• 더 안전한 전북, 도민과 함께 만들어요! • 우리동네 안전지킴이 자율방범대 활성화 • 전국 자치경찰위원회 최초 촉법소년 등 위기청소년 심리치료 프로그램 운영
전남	• 더 나은 치안 환경을 위한 새로운 시작 • 전남 자치경찰! 기초단위까지 촘촘히 확대! • 섬을 품다. 드론의 눈으로
경북	• 자치경찰 대학생 앰버서더! Z세대의 무한한 상상력이 자치경찰을 만나다! • 범죄예방 클린&안심 경북만들기를 통한 기초질서 확립과 지역 치안 문제 솔루션 제시 • 노인보행사망사고 예방의 첫 걸음! 마을통과구간 도로 식별성 강화 시범사업 추진
경남	• 우리동네 치안전문가 우리동네파수꾼! • 범죄예방 아일랜드, 치안 뉴노멀 시대, 도민과 더 가까워지기 위한 자치경찰의 연결고리 • 경남 자치경찰위원회 도민 보행 안전에 등불을 밝히다
제주	• 전국 최초! 전국 유일! 자치경찰제 발전을 위한 경찰청과 업무협약 체결 • 지역사회와 함께하는 치안 환경 조성과 노인 일자리 제공까지 두 마리 토끼를 한번에! • 찾아가는 현장 소통의 날, 아직도 자치경찰을 몰라?

출처: 전국자치경찰위원회.(2023). 「한국형 자치경찰! 우리가 함께 만들어 갑니다」. 신현기.(2023). 〈자치경찰론〉(파주: 법문사). p.311.

전국시도자치경찰위원회는 시행 1년 차를 맞이하여 프레스센터에 모여 법제도적 문제점들에 대해 지적하면서 즉각적인 경찰법 개정의 필요성을 주장한 바 있다. 그 후 2년 차와 3년 차에도 이러한 일원적 자치경찰 모델의 법제도적 문제점들을 지속적으로 개선 요구하였음에도 불구하고 개선된 것은 아직 없다.

우선 경찰법 개정을 통하지 않고도 관련 시행령 등을 손보고도 개선할 수 있는 실천 과제들이 얼마든지 존재한다. 그동안 다음과 같은 실천 과제들이 지속적으로 제시된 바 있다.

그 실천 과제는 첫째, 자치경찰위원회의 실질적인 인사권 확보를 위해 2021년 자치경찰제 시행 이전대로 지구대·파출소 소속 경찰관 직제(현 112종합상황실)의 생활안전과(현, 범죄예방대응과)로의 환원 과제이다. 자치경찰제 시행 직전에 경찰청의 주관하에 시행령 개정을 통해 국가경찰사무로 옮겨간 지구대·파출소는 애초 수십 년간 생활안전과에 존속해 왔을 뿐 아니라 범죄예방을 위한 자치경찰제의 손과 발이다. 이 때문에 현행 자치경찰제는 무늬만 자치경찰이라는 비판에서 벗어나지 못하고 있는 것이다. 둘째, 자치경찰위원회 내에 자치경찰 사무담당 직원들을 위해 보통승진심사위원회 및 보통징계위원회의 설치 필요성 등이다. 이는 이원화 자치경찰제가 도입되면 충분히 가능할 수 있는 문제다.

그리고 더 나아가서 법률 개정이 필요한 중점 사항에 대한 실천 주장도 있는데, 첫째, 이원화 자치경찰제 도입을 위한 별도의 (가칭) 지방자치경찰법 제정이다. 둘째, 지방자치법 개정을 통해 자치경찰 사무 개념의 명확화이다. 현행 경찰법에 따른 자치경찰사무는 정작 지방자치법에는 아무것도 담지 않았기 때문에 현행 자치경찰제가 국가위임사무인지 아니면 지방자치사무인지도 애매모호한 상황이다. 만일 이원화 자치경찰제 모델로 전환된다면 이 문제도 해결될 것으로 본다. 셋째, 자치경찰제 시행을 위한 예산 면에서 자치경찰 특별회계와 자치경찰교부세 조항을 신설해 안정적인 재원을 마련해야 한다. 현재 3년간 한시적으로 시행하는 지방이양사업 방식으로는 근본적인 자치경찰예산 문제를 해결할 수 없기 때문이다.

이와 같은 개선 과제들은 사실 윤석열 정부의 인수위원회가 개선하겠다고 밝혔던 이원화 자치경찰제 모델과 그 개선 방안들을 통해 어느 정도 실현될 수 있을 것으로 본다. 다만 윤석열 정부에서 제시한 로드맵에 따라 이원화 자치경찰제 모델 도입이 실현될 수 있느냐 하는 점과 동시에 그것이 실현되었을 때, 과연 국민이 바라는 진정한 의미의 자치경찰제인가 하는 물음은 여전히 남을 수도 있다.[16]

하지만 현행 경찰법에서 제시된 일원화 자치경찰제 도입 시행은 매우 많은 문제점들을 지니고 있는 관계로 제도 운영상에서 그 실효성에 의문이 제기되는 것은 분명해 보인다. 더욱이 무늬만 자치경찰 혹은 심지어 일각에서 이러한 방식의 자치경찰제는 사실상 예산 낭비가 아니냐는 비판까지 등장하는 것을 볼 때, 그 개선방안을 찾는 과제는 분명 시급해 보인다.

무엇보다 윤석열 정부는 어느 정도 보수정부로 이해해 볼 때, 비교적 작은 정부를 통한 최대의 효율화를 추구한다고 보여진다. 이러

16 박준휘. (2023). "자치경찰의 현재, 과거, 미래". 자치경찰 정책토론회. 「자치경찰제 정상화 방안」. 인천광역시자치경찰위원회, p.51.

한 차원에서 볼 때 자치경찰제 운영 역시 권력의 분산보다는 오히려 내부 효율과 규모의 경제 효과를 거두는 데 유리한 집권적 통치체제를 선호할 가능성도 있다. 특히 윤석열 정부에서 행정안전부에 새로 경찰국을 설치한 것도 위와 같은 배경에서 이해해 볼 수 있다.[17] 이러한 시각이 만일 현행 일원화 자치경찰제에서 이원화 자치경찰제로 전환함에 있어 강하게 작용할 경우 향후 우리나라 자치경찰제의 확대는 쉽지 않은 테마가 될 가능성도 상존한다. 이와 반대로 만일 행정안전부가 설치한 경찰국을 통해 전국 시도자치경찰위원회에 대한 실질적인 지원 및 통제 관리가 가능할 경우 향후 현행 자치경찰제가 확대되고 발전할 가능성도 기대해 볼 만하다.

이러한 모델은 수년 전 영국에서 시행하던 내무부(Home Office)가 지방정부와 지방경찰청장을 통제 관리하던 방식에 비교해 볼 수 있다. 이전 영국의 3원체제 방식은 내무장관, 지역경찰위원회, 지역경찰청장 등 3자가 상호 견제와 균형을 이루는 방식과 유사하다고 보여진다. 하지만 그 당시 영국 내무부장관은 지방경찰에 대한 간섭이 너무 강해져 문제가 발생한 나머지 「경찰개혁과 사회책임법」을 통해 지역치안평의회, 지역치안위원장, 내무부 장관, 지역경찰청장 등 4원체제로 개편하여 오늘에 이르고 있다.[18]

---

17 이상민 행안부 장관은 2022년 경찰국을 신설하며 심한 논란이 일었을 때, "장관이 치안업무에 대한 지휘를 당연히 할 수 있다고 개인적으로 해석한다"는 입장을 표한 바 있으며, 2024년 10월에는 '경찰행정의 발전 방안 연구'라는 제목의 연구보고서(한국정책학회)가 발주 및 마무리됨으로써 야권의 비판적 지적도 있었다. 본 보고서는 국가경찰기관을 지휘하고 감독하는 '책임장관' 중심으로분석한특징을지닌다(https://v.daum.net/v/20241003165400433: 검색일: 2024. 11. 17.).

18 신현기 외 9인. (2021). 〈비교경찰제도론〉(파주: 법문사). pp.277~291; 영국 내무부 장관이 지방경찰에 예산을 상당히 많이 주다 보니 치안문제에 대한 간섭이 점차 확대되는 등 여

무엇보다 윤석열 정부 인수위에서 제시한 이원화 자치경찰 모델은 사실 지난 문재인 정부에서 홍익표 의원안과 매우 흡사해 보인다.

박준휘는 이원화 자치경찰 모델인 홍익표 의원안이 실행되지 못한 이유를 "코로나19 상황하에서 추가적으로 과도한 예산이 들어간다는 현실적 이유도 있었지만 새로운 자치경찰제 도입에 있어 국민의 낮은 지지율과 대국민 경찰서비스의 혼란 야기 가능성 때문"이었다고 분석했다. 또 하나 중요한 대목은 이원화 자치경찰 모델의 도입 논의 시 행정경찰과 사법경찰의 구분 과제가 여전히 존재한다는 점이다. 예를 들어 외국의 경우 행정경찰과 사법경찰의 조직을 분리하여 운영하는 사례가 별로 없다는 점이다. 특히 영미법계 국가인 영국과 미국의 경우 기능별 구분도 별로 없다는 점이다. 역시 대륙법계 국가인 독일, 프랑스, 일본의 경우도 개념적 구분만 있을 뿐, 그 기능별 주체의 분리는 없다는 것이다. 이는 행정경찰과 사법경찰의 개념적 구분이 불가한 동시에 무의미하다는 데 기인하고 있다는 것이다.[19]

이러한 이유 때문에 2021년 전국 17개 광역시도에서 도입 시행된 자치경찰제 역시 생활안전, 여성청소년, 교통, 1,000명 이하 인원의 소규모 경비[20], 여성청소년 관련 일부 수사 등에 극히 한정하는

러 가지 문제점들이 발생해 개선방안의 일환으로 나온 것이 4원체제였다. 주민직선으로 선출되는 지역치안위원장제 도입이 그 핵심이었다.

19 박준휘. (2023). "자치경찰의 현재, 과거, 미래". 자치경찰 정책토론회. 「자치경찰제 정상화 방안」, 인천광역시자치경찰위원회. p.51; 강성용·차종진·김용훈·김태형·염윤호·박재일·이현주. (2020). 「행정·사법경찰 분리 주장에 대한 비판적 고찰」. 치안정책연구소.

20 1,000명 이하의 지역축제, 해돋이 구경 인파가 모이는 경우 등, 실제 이런 경우는 자치경찰이 시도경찰청장을 지휘하고 보고받는 등 점검한다.

등 주로 범죄예방 기능 중심의 사무로 이루어졌으며 대부분의 수사 업무는 국가사무로 수행 중이다.

한편 현행 자치경찰제의 핵심은 지역실정에 맞는 맞춤형 경찰활동이다. 즉 지역 실정에 맞는 치안 시책을 발굴하여 시도 예산을 투입함으로써 촘촘한 치안 안전망을 구축함이 핵심이다. 치안시책과 관련해서는 2가지 시각으로 나누어 볼 수 있다. 하나는 지금까지 물론 자치경찰제 시행 이전에도 국가경찰이 전국에서 지역별로 차별화된 경찰활동을 어느 정도 펼쳐 왔던 것은 사실이다. 다만 예산과 인력의 한계로 인해 큰 영역 중심으로 치안 시책이 수행되었던 것이다. 또 하나는 2021년 전국 단위 자치경찰제 시행 이후 기존에 시행하던 안전망을 보다 더 촘촘하게 보완함은 물론 새로운 시책들이 생안, 여청, 교통 영역에서 다수 나온 게 사실이다. 무엇보다 새로운 시책 발굴에 전국 시도 예산이 추가 투입됨으로써 범죄예방이 상당히 보완되고 있다는 점도 크게 눈에 띈다.

필자는 현행 경찰법상 매우 제한적으로 부여된 권한의 한계 때문에 자치경찰위원회의 경우 "경찰법상 수갑이 채워져 손가락으로만 시도경찰청장을 지휘 감독해야 하는 형태의 자치경찰", "무늬만 자치경찰", "말로만 자치경찰" 혹은 "기형적 자치경찰"이라는 비판에 직면해 그냥 일원화 자치경찰제를 이원화 자치경찰제로만 간단히 전환하는 것이 과연 바람직한 것인지도 의문점으로 본다. 즉 우리가 자치경찰제 시행과 관련해 깊이 고민해 봐야 할 대목은 자치경찰제 시행의 최종 목표를 "자치경찰 중심의 일원화 모델"[21]에 두고 그 타

21 박준휘. (2023). "자치경찰의 현재, 과거, 미래". 자치경찰 정책토론회. 「자치경찰제 정상화

당성을 찾아 나갈 필요가 있다는 점이다.

필자는 공동연구자들과 함께 "자치경찰 중심의 일원화 모델"을 서울시에 제시한 바 있는데, 이를 "통합형 자치경찰 모델"[22]이라고 정의한 바 있다.[23] "통합형 자치경찰 모델"은 현재의 18개 시도경찰청과 259개 경찰서 모두를 시도지사 산하로 전환하는 방식의 자치경찰제를 의미했다. 본 모델은 오히려 지방자치 분권이념에도 부합하고 현재와 같이 경찰이 3개 사무로 쪼개져서 운영되지 않아도 된다. 현재와 같이 경찰이 세 개로 쪼개져 운영되는 데서 오는 경찰직원들의 혼란과 자치경찰은 지역실정에 맞는 치안시책을 더 촘촘하게 구축하자는 것이 핵심인데 정작 시민들은 현행 일원화 자치경찰제 시행이 무엇인지 제대로 이해하지 못하고 있음이 지난 3년 동안 설문조사들을 통해 나타나 있다.

선진 외국의 경우 국가경찰의 사무는 대부분 정보, 보안, 외사 영역으로 최소화하고 있다. 우리나라도 마찬가지이다.[24] 시도경찰청과 소속 경찰서들이 시도지사 산하로 전환하는 방식의 자치경찰제 경우를 가정해 보면, 사실 경찰의 최고 책임자는 기존의 대통령에서 자치단체장으로 바뀌는 점만 달라지는 것이 된다. 2021년 시행에 들어간 전부개정 경찰법에 따라 현행 우리나라 경찰체제는 이른바 삼

방안」. 인천광역시자치경찰위원회, p.53.

22 신현기·이상열·남재성·양재열. (2017). 「서울시 특별사법경찰 10년, 자치경찰제로의 전환을 위한 발전 방안 연구」. 서울특별시 연구보고서. pp.1~296.

23 필자와 공동연구자들은 2017년 서울시 연구용역을 통해 이미 "통합형 자치경찰 모델"을 제시한 바 있다.

24 신현기·이상열·남재성·양재열. (2017). 상게보고서, p.258.

원적 지휘체계와 일원적 집행체계를 유지하고 있는데, 이는 매우 복잡하고 혼란하다는 점이 단점으로 지적되고 있다. 삼원적 지휘체계는 경찰청장이 국가경찰사무를 지휘 감독하고 국가수사본부장은 수사사무를 그리고 시도자치경찰위원회는 자치경찰사무에 대해 지휘 감독권을 행사함으로써 삼원화하고 있다.[25]

또한 이는 비교적 높은 수준의 자치권을 확보하면서 재정수요뿐만 아니라 경찰 내외부 혼란도 최소화될 수 있을 것으로 본다.[26] 또한 윤석열 정부의 국정철학과 함께 어느 정도 맞아떨어질 수도 있다고 본다. 하지만 필자가 제안하는 "통합형 자치경찰 모델"은 다음과 같이 극복해야 할 과제를 지니고 있는데, 행여 단체장의 자치경찰에 대한 전횡 가능성에 대한 우려이다. 또한 이와 관련해 예상되는 지역부패들이다. 하지만 이와 관련해서 그 대안은 시도자치경찰위원회의 권한을 강화해 그것을 견제하는 것이 충분히 가능하다고 본다. 그리고 수사와 관련된 단체장의 지역부패도 역시 국가수사본부의 지휘를 받는 광역수사경찰권의 강화와 검찰의 수사권 강화 및 공직자수사처의 권한 강화[27] 등을 통해서도 어느 정도 예방이 가능할 것으로 본다. 여기에 오늘날 수많은 NGO 시민단체와 기자 등 언론들도 중요한 견제 역할을 충분히 수행할 것으로 본다. 특히 견제기구로 자치경찰위원회가 단체장과 본부장을 철저히 견제할 수 있을 것이다.

한편 우리나라 경찰사무는 엄밀한 의미에서 2021년 전부개정 경

25 전국시도자치경찰위원장협의회. (2024). 「전국시도자치경찰위원장협의회 백서」. p.34.
26 이러한 박준휘의 주장은 필자의 시각과 거의 일치하는 것으로 보여진다.
27 박준휘. (2023). 상게 자료, p.53.

찰법에 따라 사실상 국가경찰과 자치경찰 및 국가수사본부 등 한 지붕 세 가족으로 분리된 국가경찰 중심의 일원화 경찰제 모델이다. 이를 시행해 온 지 3년이 훨씬 지나 벌써 4년 차에 접어들었다. 「경찰법」 제18조부터 제27조(10개 조문)까지 생안, 여청, 교통 분야를 자치경찰 사무 영역에 한정해 자치경찰위원회가 시도경찰청장을 지휘 감독한다고 하지만 국가경찰 중심의 일원적, 법제도적 한계로 인해 많은 문제점을 보여 주고 있다. 또한 시도 단체장은 월권행위를 예방한다는 차원에서 권한 부여가 원천 차단되다 보니 자치경찰 관련 시책 지원을 위한 예산 면에서 관심이 적어지는 게 사실이다.[28]

더 심각한 것은 경찰법에 자치경찰 사무로 분리된 생안, 여청, 교통 영역에서 자치경찰관은 없고 다만 사무만 분리되어 기존 국가경찰이 해당 사무를 그대로 수행하는 등 자치경찰위원회에 별로 권한이 주어지지 않았으며 법상 주어진 권한도 실익이 없어 다시 시도경찰청장에게 재위임하지 않으면 안 된다. 이러한 방식의 일원화 자치경찰제는 무늬만 자치경찰로서 그 이하도 이상도 아니라고 하면 지나친 평가일까. 이러한 현행 자치경찰제 시행은 어떤 의미에서 보면 사실상 국민의 예산 낭비 아닐까.[29]

특히 2021년 자치경찰제를 시행하면서 비록 재정소요가 적은 일원화 자치경찰제 모델로 시행하기로 했지만 적지 않은 인력과 예산

---

28 물론 자치경찰 예산은 시도의회 상임위원회와 예산결산특별위원회가 관여하지만, 사전에 시도예산실에서 필수로 예산을 조율해야 하기 때문이다.

29 동일한 순찰차, 동일한 지구대·파출소, 동일한 유니폼을 착용한 국가경찰이 자치경찰 사무를 수행하다 보니 많은 홍보비를 지출해 가면서 자치경찰제가 시행되었다고 홍보를 펼치고 있음에도 불구하고 정작 자치경찰 사무의 수혜자인 시민들은 자치경찰제가 시행되었는지 알 길이 없을 뿐만 아니라 관심도 미미한 실정이다.

이 투입된 것으로 파악된다. 그 예로 출범 당시에 시도자치경찰위원 126명이 선출·임명되었다. 자치경찰위원회 정원 기준 376명의 지방공무원과 51명의 국가경찰공무원이 자치경찰 사무국에서 근무했다.[30] 다시 말해 현원 기준 사무국의 근무 인원은 총 518명으로 원만한 경찰서 1개 규모에 해당할 정도였다. 인건비를 제외하고도 2021년 7월부터 12월까지 6개월 간 전국 18개 시도자치경찰위원회 별로 평균 4억 7천만 원의 기관 운영비와 사업비가 소요된 것으로 나타났다.[31] 매년 예산은 확대되고 있는 실정이다.

이런 의미에서 볼 때, 형식적 기구에 불과한 자치경찰위원회제는 어떤 의미에서 볼 때, 예산 낭비라는 비판을 받게 될지도 모른다. 이미 일각에서 이러한 시각이 제기되고 있기도 한 게 사실이다. 중요한 것은 기왕에 시행하는 자치경찰제라면 지금과 같이 애매모호한 자치경찰제가 아니라 본 제도를 이원화 모델로 전격 전환하여 제대로 시행해야 한다고 본다. 다시 말해 위에서 지적한 일련의 법제도적 모순을 개선하고 정말 시민의 안전을 위해 더 촘촘한 안전망이 구축될 수 있도록 제대로 시행해야 한다.

아래에서 살펴보는 시범 특별자치도들이 내놓은 이원화 자치경찰제 모델들이 정부가 선언한 만큼 실천에 옮겨지길 기대한다. 또 하나는 위에서 제시한 연방제형에 가까운 서울시 "통합형 자치경찰제 모델"도 중장기적으로 논의해 나갈 필요가 있다고 본다. 이 방식

---

30 박준휘. (2023). "자치경찰의 현재, 과거, 미래". 자치경찰 정책토론회. 「자치경찰제 정상화 방안」. 인천광역시자치경찰위원회, p.50.

31 박준휘. 상게 보고서, p.50.

은 현행 일원화 자치경찰제의 혼란, 그리고 향후 전환 시범실시가 예고된 이원화 자치경찰제 모델을 거치지 않음으로써 시민들에게 혼란을 덜 줄 수 있다는 장점을 크게 지니고 있다. 궁극적으로는 우리나라 경찰도 미래에는 지방분권의 이념에 따라 연방제형에 가까운 서울시 "통합형 자치경찰제 모델"의 방향으로 발전시켜 나가는 것이 맞다고 본다.

5. 마지막 꿰어진 퍼즐 자치경찰제

법제도적 문제점들은 차치하고서라도 전국 17개 광역시도에서 경찰법에 따라 시행 중인 자치경찰제는 분명 민주성을 앞세우고 선진국가로 진입하는 대한민국의 이정표였다고 볼 수 있다. 그러나 우리나라 자치경찰제는 애초 이원화 준비과정 중 급회전하여 일원화 자치경찰제 모델을 시행하면서 많은 문제점이 표면화되는 과도기를 경험하고 있다. 물론 이원화로 시행했어도 현행 일원화 자치경찰 모델처럼 역시 어떤 영역에서든 문제점은 나타났을 것이다. 왜냐하면 우리는 어떤 제도를 만들 때 처음부터 100% 완벽하게 만들어 낼 수 없는 한계를 지니고 있기 때문이다. 이 때문에 사람들은 이미 만들어진 어떤 법이나 제도들에 대해 끊임없이 개정과 개선 활동을 반복하고 있다.

아무튼 2021년 7월 1일 우리나라에서 자치경찰제 도입 관련 논의만 무성하던 차에 일단 자치경찰제가 도입되었다는 것 그 자체만으로도 매우 큰 의미를 지닌다. 특히 이는 미래 지방분권 국가로서의 기본적 요소를 갖춘 것이라는 차원에서 그 역사적 의미가 매우 크다. 어느 선진 외국에서든 지방자치제가 완성되기 위해서는 자치행정, 소방, 교육, 경찰 분야에서 반드시 자치가 이루어져야만 한다고 볼 때, 우리나라도 2021년 마지막 남아 있던 과제인 자치경찰제를 전격 도입함으로써 마지막 퍼즐이 완성된 것이다. 이는 지방자치의 완성으로 가는 마지막 관문을 통과한 것으로 평가받고 있다. 문제는 어떻게 도입된 자치경찰제를 잘 정착시키고 부족한 부분은 보완하고 개선하느냐이다.[32]

6. 이원화 자치경찰제의 시범실시 방향

윤석열 정부가 인수위를 통해 발표한 이원화 자치경찰제에 대비해 그 시범지역으로 논의되었던 제주특별자치도, 세종특별자치시, 강원특별자치도, 전북특별자치도에서 제시한 시범 실시 모델을 살펴보면 다음과 같다. 이와 함께 서울은 수도라는 특수성에 비춰 역시 서울특별시 자치경찰 모델도 "통합형 자치경찰제 모델"로서 간략히 소개하였다.

앞서 간략하게 언급했듯이 서울시 "통합형 자치경찰제 모델"은 현재의 일원화 자치경찰제의 문제, 그리고 이원화로 갈 경우 그 이원화 자치경찰제로부터의 번거로운 제반 문제점들을 뛰어넘을 수

32 신현기. 상게서. pp.341~342.

있으며 시민들도 혼란에 빠지지 않을 것이다. 즉 시도지사 산하에 자치경찰본부장을 두고 그들로 하여금 산하 경찰서를 운영하는 방식을 의미한다.[33]

1) 서울특별시 자치경찰 모델

2018년 12월 서울시는 자체적으로 다음과 같은 모델을 내놓았다. 서울시는 한국정책학회에 연구용역을 의뢰해 나온 보고서를 토대로 다음과 같은 "통합형 자치경찰제" 모델을 발표하였다. 서울시의 "통합형 자치경찰제" 모델의 핵심 내용은 별도로 자치경찰제를 운영하면 시민들의 혼란이 우려되는 만큼 연방제 수준에 가까운 모델을 도입하자는 것이었다. 이는 서울특별시경찰청장이 서울 소재 31개 경찰서와 지구대·파출소를 이끌고 서울특별시장 산하에 소속되는 방식, 즉 전환 방식을 통한 "통합형 자치경찰제"를 시행하자는 모델이었다.

이 서울시 "통합형 자치경찰제 모델"에는 2021년 문재인 정부에서 시행에 들어간 현재의 일원화 자치경찰제에서 발생한 문제들 그리고 향후 이원화로 갈 경우 그 이원화 자치경찰제로부터의 번거로운 제반 문제들을 뛰어넘을 수 있으며 시민들도 혼란에 빠지지 않을 것이라는 주장이 함께 담겨 있다. 즉 시도지사 산하에 자치경찰본부장을 두고 그들로 하여금 산하 경찰서를 운영 관리하는 모델을 의미한다.

---

33 신현기. (2023). "윤석열 정부 자치경찰제의 발전 방향 탐색". 「한국자치경찰논총」. 제2권 제1호, pp.3~33.

한편 서울시 자치경찰제 모델은 거의 연방제 수준의 자치경찰제에 버금갈 정도로 이해된다. 현행 국가경찰제를 향후 전국 단위 자치경찰제로 그대로 전환할 경우, 이는 매우 진전된 자치경찰제 모델이라는 학계의 지적과 평가도 나온 바 있다.[34]

박준휘는 홍익표 의원의 이원화 자치경찰제 모델과 2017년 서울시가 제안한 연방제 수준의 자치경찰제 모델(서울시 모델)이 좀 더 적합할 것이라고 보았다. 즉 그는 “서울시 모델은 홍익표 의원의 이원화 모델을 건너뛰는 모델”이라고 진단했다. 서울시 모델은 사실 자치경찰 사무와 관련해 지구대·파출소, 경찰서, 시도경찰청을 전부다 지방자치단체로 이관하는 모델이기 때문이다. “서울 자치경찰 모델의 큰 장점은 사실 일반 시민에게 있어서 거의 혼란이 없다는 것이다. 자치경찰제로의 전환에 있어서 자원을 최대한 효율적으로 활용할 수 있다는 점을 또한 장점으로 들었다”라고 분석했다. 또한 박준휘는 “2021년 문재인 정부에서 시행한 자치경찰제 모델의 자치수준이 10, 홍익표 모델의 자치수준이 50, 서울시 모델의 자치수준이 90이라고 가정하면 최소 50을 거치지 않고 90으로 바로 가자는 모델이다. 홍익표 의원의 모델과 21년 문재인 정부의 현행 모델은 이 중간단계를 거쳐야 하므로 대 국민 혼란과 자원의 효율성 등 여러 가지 차원에서 문제가 있다는 지적이다. 따라서 현행 모델을 진행하면서 향후 90의 모델로 진행해 가기 위해서는 중장기적 시각에서 차근히

34 서울특별시(한국정책학회, 책임연구 신현기. 공동연구 이상열. 남재성. 양재열). 「서울시 특별사법경찰 10년, 자치경찰제로의 전환을 위한 발전 방안 연구」. 2017, pp. 1~296.

준비작업을 해 나가야 한다"라고 진단한 바 있다.[35]

(1) 서울특별시 자치경찰 모델(제1차)

이 당시 서울시 광역단위 자치경찰제 모델안의 핵심 내용은 다음과 같이 ① 각 시도경찰청을 각 시도로 이관하며 자치경찰위원회를 설치한다. ② 자치경찰이 모든 사무를 담당하고 수사권도 부여한다. ③ 자치경찰위원회에서 경찰청장과 서장을 추천하고 시도지사가 임명한다. ④ 기존 경찰조직과 사무가 이관되는 만큼 해당 인력이 자치경찰로 이관되며 ⑤ 역시 조직, 사무, 인력이 이관되는 만큼 재정도 자치경찰론 이관되어야 한다는 주장이었다.[36] 중장기적 차원에서 볼 때 우리나라 경찰도 결국에는 이쪽 방향으로 가는 것을 연구해 나갈 필요가 있다고 본다.

35 박준휘 외 7명. (2021).「한국형 자치경찰제 시행 및 정착에 관한 연구(III)」. p.695.

36 박준휘 외 7명. (2021).「한국형 자치경찰제 시행 및 정착에 관한 연구(III)」. pp.57~59.

그림 3 **바람직한 서울시 국가-자치경찰제 분리 모델(안)**

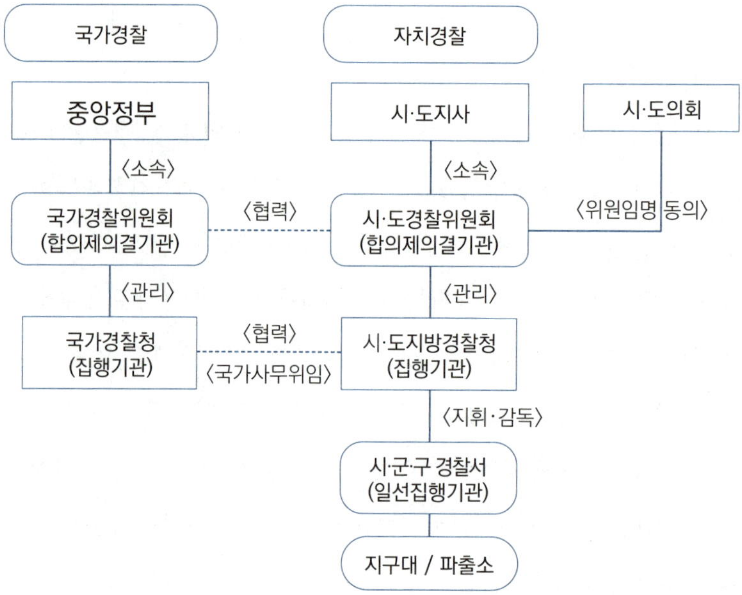

출처: 서울특별시(한국정책학회, 책임연구 신현기. 공동연구 이상열. 남재성. 양재열). 「서울시 특별사법경찰 10년 자치경찰제로의 전환을 위한 발전 방안 연구」. 2017, p.258.

(2) 서울특별시 자치경찰 모델(제2차)

서울시자치경찰위원회는 2023년 제2차 서울시 모델(이원화 모델안 체계도)을 제시했다. 이는 이전의 제1차 모델을 기본으로 하고 있기 때문에 거의 흡사해 보인다. 본 서울시 이원화 모델안 체계도의 특징은 국가경찰의 고유사무(정보, 보안, 외사 예외)를 제외한 나머지 모든 사무가 자치경찰로 전환되어야 한다는 주장이다. 즉 시도경찰청 이하 지구대·파출소까지 모든 경찰조직이 시도지사 산하에 소속되어 지방행정과 치안행정이 융합하여 지역실정에 맞는 시민의 안전을 담보해야 한다는 주장이다.[37] 제2차 서울시 자치경찰 모델은 서울시자치경찰위원회가 제시한 이원화 자치경찰제로 기존의 제1차 모델에서 많이 벗어나지 않은 1차 모델인 "통합형 자치경찰제" 모델로 보아도 무방하다.[38]

이 서울시 자치경찰 모델의 핵심내용은 첫째, 이원화 기본방향으로 자치경찰 중심의 전면적인 이원화이다. 둘째, 조직 면에서 볼 때, 시·도 산하로 시·도경찰청 이하 이관 및 자치경찰위원회를 운영하는 것이다. 셋째, 사무 면에서 기본적으로 자치경찰이 전부 수행(단, 국가사무인 정보·외사·보안 제외)한다는 것이다.

특히 인력은 지방직 경찰로 신분전환을 원칙으로 하며, 시·도지사가 시도경찰청장을 임명한다는 것이다. 즉 시·도자치경찰위원회의 지휘를 통해 서울경찰청장이 집행하도록 한다는 것이다. 재정의 경우는 '자치경찰교부세' 신설 및 세원 이관 그리고 재산은 경찰청사·물품 등 일괄 시·도로 이관하며 관리 등은 특별회계로 마련한다는 것이다.[39] 특히 그동안 배제되었던 시민의 치안정책 참여 등 시민권한의 명문화를 제시한 것은 기존에 명시되지 않았던 특이점으로 보여진다.[40] 제1차 모델과 제2차 모델의 큰 차이는 제2차 모델에서 국가사무인 정보·외사·보안은 제외했다는 점이다.[41]

---

37 신현기. (2023). "윤석열 정부 자치경찰제의 발전 방향 탐색". 한국자치경찰연구학회. 「한국자치경찰논총」. 제2권 제1호, pp.16~17.

38 신현기. (2023). 〈자치경찰론〉(파주: 법문사). pp.341~345.

39 서울특별시 자치경찰위원회. (2023). 세미나 발표 자료.

40 서울특별시 자치경찰위원회. (2022). 발표 자료; 신현기. (2023). "윤석열 정부 자치경찰제의 발전 방향 탐색". 「한국자치경찰논총」. 제2권 제1호, p.17.

41 서울시 자치경찰위원회는 2018년 제1차 자치경찰모델을 기본으로 2023년 4월을 기해 제2차 모델(이원화 모델안 체계도)을 제시하였다. 이는 물론 제1차 모델을 기본으로 하고 있기

그림 4 **서울시 이원화 자치경찰 모델안 체계도(2024)**

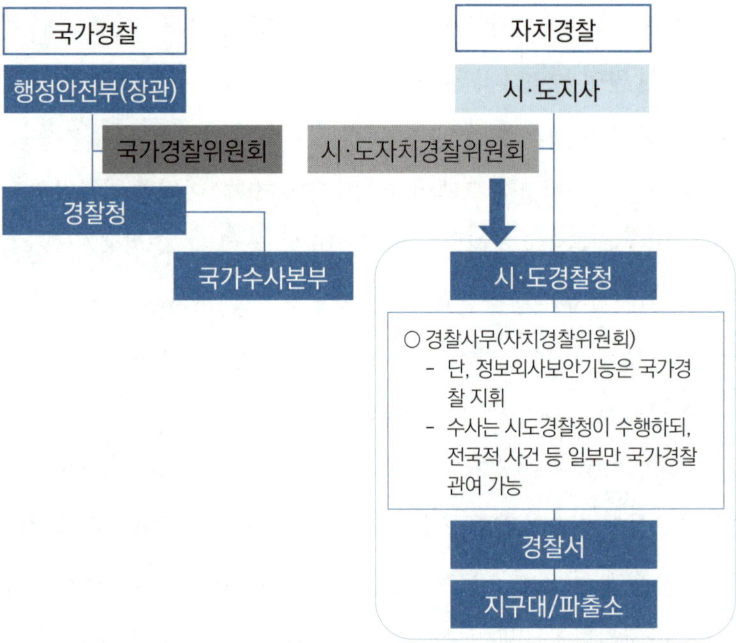

출처: 서울특별시자치경찰위원회, 세미나 발표 자료(2023).

위에서 제시된 서울특별시 이원화 자치경찰 모델안(2023년)의 핵심 내용을 살펴보면 다음과 같다.[42]

이와는 달리 각 시범지역 시도들은 자치경찰 이원화 방안을 내놓았다. 즉 강원, 전북, 세종, 제주에서 향후 시범실시해 보고 전국으로 확대 적용하게 될, 이른바 "이원화 자치경찰 모델"을 각각 내놓게 되

때문에 거의 흡사하다고 볼 수 있다.

42 이는 2023년 4월을 기해 서울자치경찰위원회가 제시한 〈서울시 이원화 자치경찰 모델안〉으로서 전국 시도자치경찰위원회 중 대표적으로 제시한 모델이라는 점에서 큰 의미를 가진다. 서울시 자치경찰위원회는 2023년 4월을 기해 "서울특별시 이원화 자치경찰 모델안(2023년)"을 제시하였다.

었다. 이제는 내놓는 데 그치지 않고 실천에 옮기는 시행 여부가 주목받게 됐다. 사실상 세종시를 제외하고[43] 나머지 강원, 전북, 제주, 서울의 자치경찰 이원화 모델은 자치경찰의 인력과 조직이 시도지사 산하의 자치경찰로 이관되어야 한다는 주장으로 이루어져 있다.

하지만 본 모델은 그대로 적용되는 것은 아니고 사전에 국회에서 이원화 자치경찰제 시행을 위한 법률이 만들어져야 한다. 그런데 아직까지 행정안전부나 국회 차원에서 진전된 움직임이 없으며 한없이 더디기만 하다. 이하에서는 제주, 세종, 강원, 전북의 "이원화 자치경찰제 모델안"에 대해 살펴보기로 한다.

2) 제주특별자치도의 이원화 자치경찰 모델

(1) 현행 제주자치경찰제 조직 운영 모형

제주자치경찰단은 다음과 같이 4개의 붙임 자료를 제시하고 있는데, 이는 전체 제주자치경찰단의 자치경찰제 이원화 모델을 이해하는 데 크게 도움이 된다. 이어서 붙임 1과 붙임 2의 제주형 자치경찰제 조직 운영 모형을 소개하면 다음과 같다.

첫째, 제주형 자치경찰제 조직 운영 모형이다. 둘째, 현장조치권 강화에 필요한 법률 개정사항 등이다.[44] 제주자치경찰은 그 자치경찰 사무 관련 권한이 작기는 하지만 아무튼 형식상 이원화 자치경찰제를 시행해 오고 있는 것이다. 본 모델에서는 더 강력하며 실효적인 이원화 자치경찰제 모델을 내놓고 있다.

43 황문규. (2024). 「자치경찰 3년 회고와 발전방안」. 자치경찰정책토론회 자료, p.61.
44 신현기. (2023). 〈자치경찰론〉(파주: 법문사). pp.348.

그림 5 **현행 제주자치경찰제 조직 운영 모형**

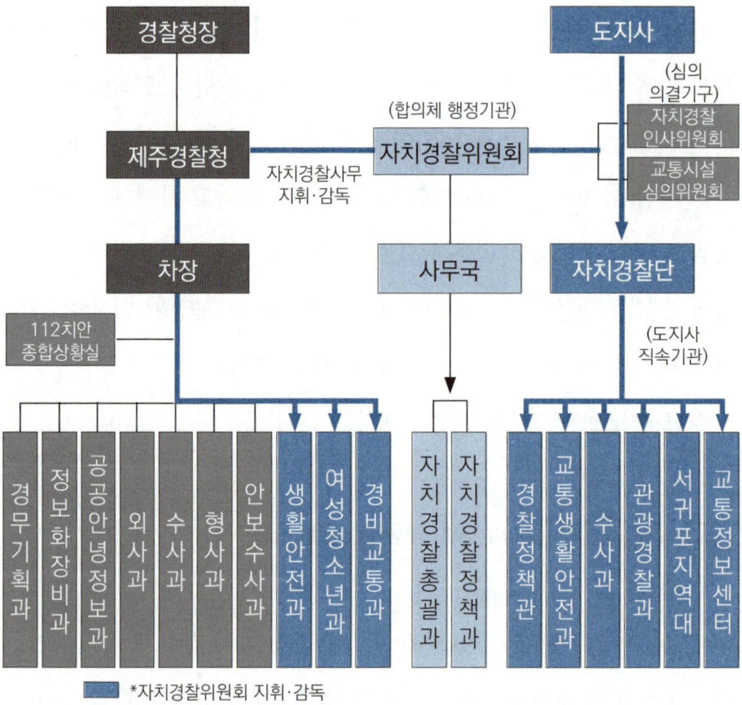

출처: 경기도북부자치경찰위원회, 내부자료(2023).

이어서 이원화 자치경찰제 시범운영 시 조직 운영 모형을 살펴보면 다음과 같다.

(2) 향후 이원화 자치경찰제 시범운영 시 조직 운영 모형

제주자치경찰단은 제주특별자치도의 이원화 자치경찰제 시범운영 시 조직 운영 모형을 만들어 국무총리 소속 경찰발전위원회 소위원회 등에 제안하였다.

그림 6 **제주의 이원화 자치경찰제 시범운영 시 조직 운영 모형**

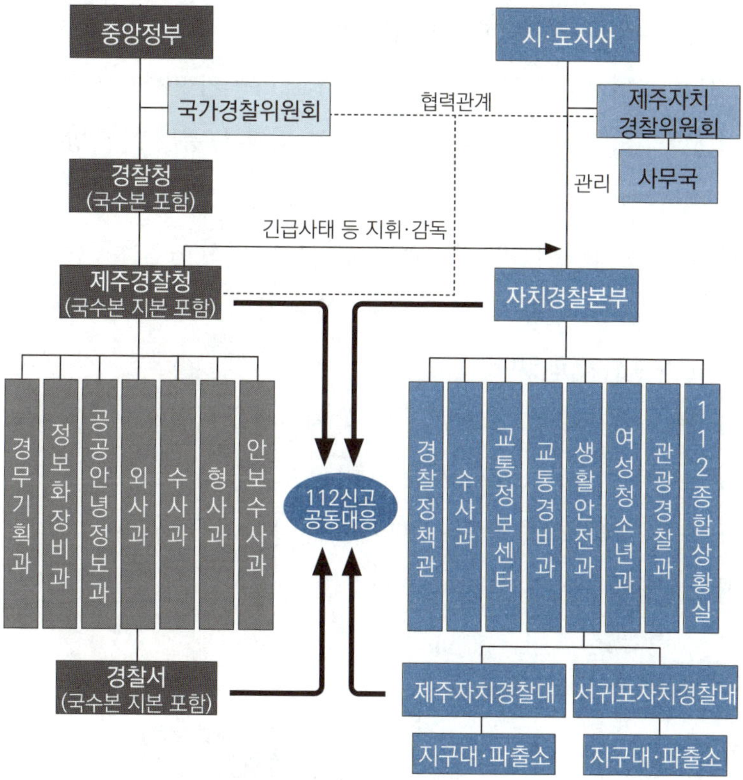

출처: 경기도북부자치경찰위원회, 내부자료(2023).

제주자치경찰단은 제주자치경찰위원회에 소속되어 지휘 감독을 받고 있다. 물론 제주자치경찰직원들의 인사권은 제주도공무원이기 때문에 제주도인사위원회를 거쳐 제주도지사가 행사하고 있다.

3) 세종특별자치시의 이원화 자치경찰모델

노무현 참여정부의 지방분권을 위한 국가사업으로 탄생한 세종은 특별자치시로 작지만 광역자치단체로서 지위를 가진다. 서울의 수도권 과밀화를 해소하는 동시에 전 국토의 균형발전을 이루자는 모태로서 탄생하였으며 정부 대부분의 각 부처가 이주하여 정착된 거대한 기획의 산물이었다. 정부 각부는 외교부, 통일부, 국방부 등을 제외하고 국무총리실을 비롯해 나머지 대부분의 부처는 이미 세종특별자치시로 이전한 지 오래되었다. 국회 역시 이전을 꾸준히 준비하고 있으며 이미 세종특별자치시에 부지도 확보해 놓고 차근차근 준비해 나가고 있다.

세종특별자치시도 2023년에 공식 자치경찰 이원화 모델을 내놓았는데 다음과 같다. 세종시장 산하에 견제 및 심의 의결기관으로 세종자치경찰위원회를 두고 그 밑에 자치경찰본부를 두며 자치경찰 사무를 관장하는 모델로 이해된다.

그림 7 **세종시의 이원화 모델**

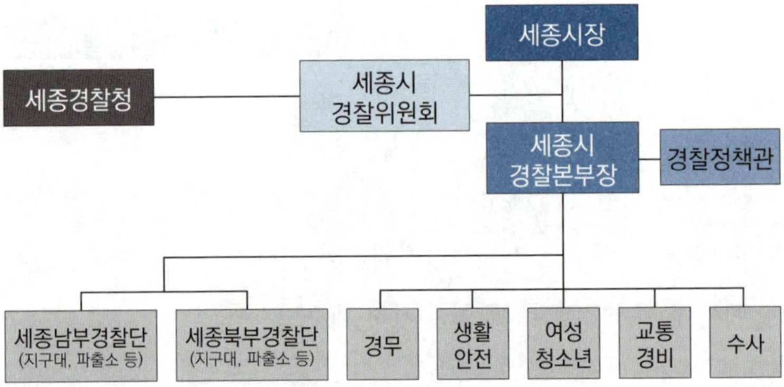

출처: 경기도북부자치경찰위원회, 내부자료 참조(2023).

그림 8 **자치경찰 이원화 시 세종시 자치경찰사무 지휘·감독 체계 모델**

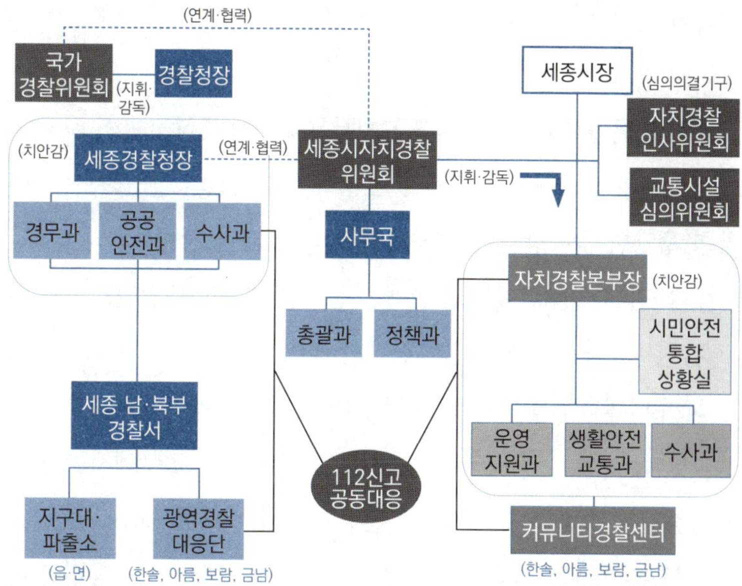

출처: 김흥주·홍성표·장일식. (2024).「자치경찰 이원화에 대비한 세종형 자치경찰 모형 도출 연구」; 세종특별자치시, 세미나 자료(2024. 09. 30).

이어서 세종특별자치시의 경우는 2024년 9월 30일 세종특별자치시청사에서 학술세미나를 개최하고 다음과 같이 개선 및 변형된 자치경찰 이원화 모델을 선보였다. 이른바 "세종시 자치경찰사무 지휘·감독 체계도", 즉 새로운 이원화 자치경찰 모델을 선보인 것이다. 물론 이는 세종특별자치시의 공식입장은 아니고 세종특별자치시 자치경찰위원회의 공식입장에서 제시된 모델이다. 아무튼 본 내용은 2023년 모델보다 상당히 많이 전환시킨 모델로 평가된다. 눈에 띄는 것은 광역경찰대응단과 커뮤니티경찰센터를 만들어 4개의 지구대·파출소를 운영하겠다는 복안이다. 세종특별자치시 자치경찰 모델은 강원, 제주, 전북 등이 대부분의 경찰권한을 시도로 이관함을 상정하고 있는 데 반해 그 강도가 크지 않아 보인다.

4) 강원특별자치도의 이원화 자치경찰제 모델 분석

강원도는 2022년 5월 16일 이광재 국회의원의 제안으로 21대 국회 행안위에서 강원특별자치도법이 통과되어 강원특별자치도가 되었다. 강원도 탄생 627년 만에 강원도는 역사의 뒤안길로 사라지고 강원특별자치도가 새롭게 탄생한 것이다. 강원특별자치도의 경우 국회 입법과정을 거쳐 특별법에 따라 2022년 특별자치도로 재탄생하였다. 이에 따라 강원특별자치도 역시 윤석열 정부에서 이원화 자치경찰제 시범실시 지역으로 선정되었다. 이처럼 제주, 세종, 강원, 전북은 이원화 시범 자치경찰 모델을 만들었으며 국무총리 산하 경찰제도발전위원회를 통해 바람직한 최종 모델로 완성되도록 의견 공유도 이루어지는 등 향후 시범실시에 대비해 왔다. 하지만 이미 2024년에 시범실시에 들어갈 것이라는 정부의 선언은 2025년 전반기까지 어떠한 변화도 없는 상태다. 아무튼 강원특별자치도가 제안한 이원화 자치경찰 모델은 서울시 통합형 자치경찰 모델과 완전 동일하지는 않지만 어느 정도는 유사한 점도 보여진다.

강원도와 전북은 지역 특색을 살려 시장 및 군수 산하 기초자치단체에서도 역시 자치경찰대를 설치할 것을 제시했으며 이곳을 통해 이원화 자치경찰제를 시범실시하겠다는 모델을 제시한 것으로 평가된다.[45]

45 신현기. (2023). 〈자치경찰론〉(파주: 법문사). p.362.

그림 9 **강원특별자치도가 제안한 이원화 자치경찰 모델**

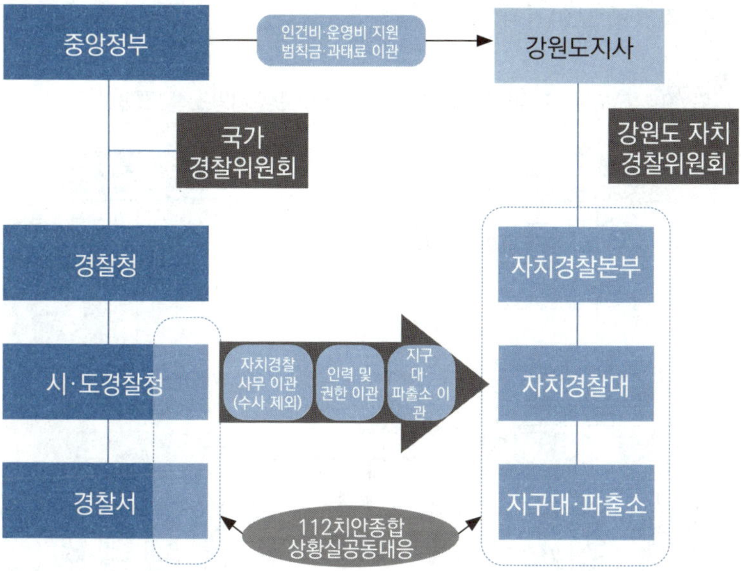

출처: 경기도북부자치경찰위원회, 내부자료(2023).

5) 전북특별자치도의 이원화 자치경찰 모델

2024년 1월 18일을 기해 인구 170만여 명의 전북특별자치도가 출범했다. 전라북도가 사라지고 새롭게 전북특별자치도가 탄생하게 된 것이다. 전북특별자치도는 윤석열 정부에서 추가로 공식 이원화 자치경찰제 시범지역으로 지정된 것은 아니다. 다만 특별자치도가 되었기 때문에 전북특별자치도 스스로와 언론 등에서 역시 미래 이원화 자치경찰 시범지역일 필요가 있다는 논의가 많이 이루어진 데 기인한 것으로 이해된다. 아무튼 종합적으로 볼 때, 만일 이원화 자치경찰제로 시범실시가 이루어진다면 전북특별자치도 역시 강원,

제주, 세종과 함께 현정부에서 시범지역으로 선정될 가능성이 매우 높을 것으로 보여진다.

qw

그림 10 전북특별자치도형 자치경찰제 이원화 모델(시범조직 모형)

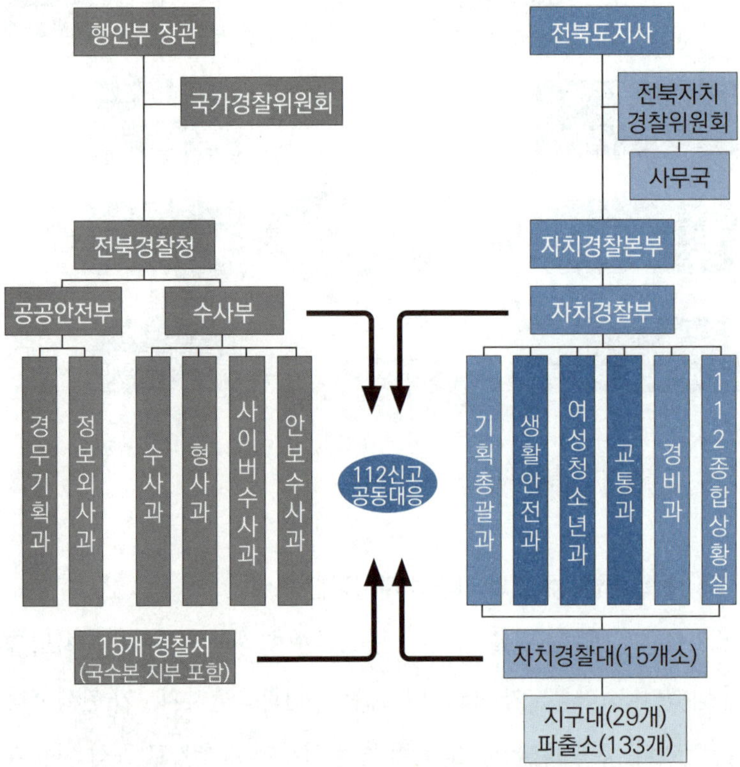

출처: 투데이안(https://www.todayan.com/ 검색일: 2023. 4. 15).

전북특별자치도는 2023년 4월 12일 완전한 이원화 자치경찰제를 전제로 이른바 전북형 자치경찰제 이원화 모델을 제시했다. 언론에 충분히 소개되었다. 그동안 현재의 일원화 자치경찰제의 문제점을 근본적으로 개선하기 위해 많은 법제도적 개선 목소리를 많이 내기도 했다.

다음과 같이 완전한 이원화를 전제조건으로 한 '전북특별자치도형 이원화 자치경찰제 모델'의 기본 내용은 다음과 같다. 즉 자치경찰사무와 국가경찰사무를 명확히 구분·수행, 경찰청 자치경찰사무 인력 이관 및 도지사 인사권 행사, 인건비·운영비는 전액 국비 지원, 사업비는 국비보조로 운영하되 과태료·범칙금을 자치경찰 재원으로 활용, 도지사 소속으로 전북특별자치도에 자치경찰본부, 시군에 자치경찰대 설치 등이 바로 그것이다.[46]

전북특별자치도는 이번에 매우 독특한 제안을 내놓았는데, 바로 시도차원 산하에 있는 기초자치단체까지 참여할 수 있는 이원화 자치경찰제 모델 방안을 마련한 계획을 제시했다는 점에서 그 의미가 돋보인다.

무엇보다 전북특별자치도의 지역특색과 실정이 적극 반영된 시장·군수가 주관하는 '(가칭)자치경찰협의회' 등을 운영하는 것도 함께 제시하였다는 점에서 큰 의미를 지닌다. 전북특별자치도의 이원화 자치경찰 모델의 핵심 토대는 주민참여 없이는 진정한 자치경찰제를 이룰 수 없다는 판단하에 시군이 참여하는 이원화 자치경찰 모델안을 제시했다는 점에서 큰 의미를 보여 준다.[47]

46 투데이안(https://www.todayan.com/ 검색일: 2023. 4. 15.).
47 투데이안(https://www.todayan.com/ 검색일: 2023. 4. 15.).

7. 윤석열 정부의 자치경찰제 모델 방향

1) 일원화 자치경찰제의 법제도적 한계

2021년 7월 1일 문재인 정부(더불어민주당)에서 일원화 방식의 자치경찰제가 시행된 다음 해인 2022년 5월 10일 국민의힘 당 출신의 윤석열 정부가 공식 출범하였다. 아무튼 2021년 문재인 정부에서 시행된 일원화 방식의 자치경찰제는 우리나라 국가경찰 창설 76년 만에 시행되었다는 것 그 자체만으로도 큰 의미를 지니고 있다. 하지만 다른 의미에서 볼 때, 현행 일원화 자치경찰제는 지난 3년간 시행하면서 법제도적 측면에서 적지 않은 미비점들을 보여주었다.

총 36개 조문으로 이루어진 「경찰법」 구조에서 자치경찰 관련 사항은 제4장 시도자치경찰위원회 등이다. 「경찰법」 제18조부터 제27조까지 자치경찰에 관한 내용이 명시되었는데 총 10개 조문에 불과하고 나머지 규정 모두는 기존 국가경찰의 권한과 조직 등에 관한 내용을 담고 있다. 현재는 경찰법에 관한 일련의 개정 관련 법안을 제시할 수 있는 소관부서를 경찰청이 단독으로 맡고 있다. 우리나라 지방자치제가 24년 전인 1991년에 중단된 지 30년 만에 부활되어 시행된 만큼 지방행정의 주무부서인 행정안전부도 경찰청과 공동으로 소관하도록 변경할 필요가 있다고 본다.[48]

2022년 7월 15일 이상민 행정안전부 장관은 '경찰제도개선안'을 발표하면서 행정안전부에 경찰국을 신설하였다. 행정안전부 장

48 강기홍. (2024). 「자치경찰 3년 회고와 발전방안」, 자치경찰정책토론회 자료, p.42.

관은 경찰국에서 국가경찰위원회 안건 부의, 경찰 관련 중요 정책과 법령의 국무회의 상정, 총경 이상 경찰공무원에 대한 임용 제정, 그리고 자치경찰 지원 등을 담당하게 된다는 점을 밝혔다. 이처럼 행정안전부에 경찰국이 새로 설치되면서 경찰제도의 개선안도 동시에 진행되었다. 기존에는 경찰청장이 총경 이상 인사권을 행사하고 행정안전부, 국무총리 그리고 최종 대통령의 결재를 받는 방식으로 운영되었으나 행정안전부에 경찰국이 새로 설치되면서 행정안전부 장관이 가져가게 되었다. 이 때문에 국가경찰이 강하게 반발하기도 했다. 경찰국 개정안 처리도 불과 4일 만에 마무리되면서 잠시나마 경찰과 정부 간의 갈등도 첨예하게 표출된 바 있다.

경찰국의 조직은 경찰국장을 현직 치안감급으로 산하에 총괄지원과, 인사지원과 및 자치경찰지원과이며 각각 3급이나 4급 공무원 혹은 총경급이 맡도록 했다. 본 경찰국의 인력은 각 3개 과들이 각각 5~6명씩 16명 정도로 구성되었다.

이처럼 행정안전부 내에 경찰국이 새로 설치됨으로써 경찰청과 협력해 2021년 시행된 자치경찰제의 발전을 위해 적극 나설 것을 기대했지만 안타깝게도 오히려 경찰국은 경찰청을 대변하는 역할에 그치는 인상을 보여 줌으로써 현 정부의 국정 과제 중 하나인 자치경찰제가 신속히 자리 잡는 데 있어 별로 도움이 되지 못하는 것으로 분석된다.[49]

---

49 강기홍. (2024). 「자치경찰 3년 회고와 발전방안」. 자치경찰정책토론회 자료, p.42.

그림 11 **윤석열 정부 행정안전부 산하 초대 경찰국의 조직도**

행정안전부 경찰국 조직도

출처: https://www.newsroad.co.kr/news/articleView(검색일: 2024. 11. 10).

2) 일원화 자치경찰제의 한계와 윤석열 정부의 자치경찰권 강화 노력

현행 일원화 자치경찰 모델은 경찰법에 따라 제도화된 것이다. 자치경찰 사무는 생활안전, 여청, 교통, 1,000명 이하 운집 관련 정도의 지역경비(음악회, 신년 해돋이 구경, 보름달 보기 등), 여청 관련 일부 수사 등에 대해 자치경찰이 수행하는 것 등이다. 하지만 국가경찰제 하에서 경찰법상 분류된 자치경찰 사무를 수행하는 방식으로 설계된 현행 일원화 자치경찰제는 순수한 의미의 자치경찰제라 보기 어렵다. 익히 알려진 바와 같이 선진 외국에서 자치경찰제는 시장이 지방자치 이념이 지향하는 주민·시민 중심의 생활치안으로 이루어지고 있다.

익히 알려진 바와 같이 우리의 현행 일원화 자치경찰제는 시도자치경찰위원회가 시도지사 산하에 독립 합의제 행정기관으로 설치·존재하면서 자치경찰사무로 분류된 생안, 여청, 교통 사무에 대해 오직 시도경찰청장을 지휘·감독하는 방식으로 운영된다. 심지어는 국가위임사무인지 혹은 지방자치사무인지도 불분명할 뿐만 아니라 특히 국가경찰로 하여금 자치경찰 사무를 수행하도록 하는 방식이다 보니 그 권한, 인사, 조직 면에서 국가경찰이든 자치경찰 사무 수행자든 모두가 혼란스러운 게 사실이다. 이 때문에 많은 학계 전문가는 현행 일원화 자치경찰 모델을 기형적 자치경찰로 지적하기도 한다. 특히 현행 일원화 자치경찰제의 큰 한계는 2022년 10월 29일 할로윈을 맞아 많은 인파가 몰리면서 발생한 비극적인 이태원 압사사고에서 잘 보여주었다. 예를 들어 위와 같은 이태원 참사는 이론적으로 볼 때 지역행사이기 때문에 자치경찰사무에 해당할 수 있겠지만 정작 법적으로 예방활동을 할 아무런 권한이 주어지지 않아 애초부터 관여하지 못했다.[50]

현행 자치경찰제의 예산도 문제다. 정부는 자치경찰위원회 운영예산을 2023년 1월부터 3년간 한정 지방이양사업 방식을 통해 지원하고 있다. 물론 이 기간 동안은 그럭저럭 운용한다고 하지만 그 이후부터는 각 시도가 자체 예산을 마련해야 하는 부담이 기다리고

---

50 강기홍. (2024). 「자치경찰 3년 회고와 발전방안」. 자치경찰정책토론회 자료, p.40.

있다. 가령 (가칭)자치경찰교부금 제도 등 어떤 바람직한 대안이 마련되지 않으면 안 되는 실정이다.

한편 그동안 윤석열 정부의 자치경찰권 강화 노력이 전혀 없었던 것은 아니다. 2022년 5월 10일 윤석열 정부가 출범한 이후, 대통령직 인수위(위원장 안철수)는 지역균형발전특위와 함께 국정과제 및 실천과제(2022. 4. 27.)를 전격 발표했다.[51] 즉 3대 약속, 15대 국정과제가 제시되었다. 특히 국정과제 중 지방분권 강화 부분에서 "자치경찰권 강화"도 함께 발표되었다. 그리고 윤석열 정부의 120대 국정과제 중 111번째에서 지방시대 실현을 위한 지방분권 강화, 그리고 자치경찰권 강화와 함께 범정부 추진체계를 구성하여 "이원화 자치경찰제 모델"을 마련 및 시범실시도 함께 발표되기도 했다. 특히 윤석열 정부는 자치경찰제 추진 방안을 위해 우선 제주특별자치도, 세종특별자치시, 강원특별자치도[52] 등에서 시범실시 할 것을 예고한 바 있다.[53]

---

51 윤석열 정부는 2022년 7월 22일을 기해 120대 국정과제를 발표했다.

52 전북특별자치도는 제주, 세종, 강원에서 이원화 자치경찰제 시범실시 지역으로 알려진 이후 특별자치도가 되었으며, 언론 등에서 전북특별자치도 역시 시범특별도에 포함된 것처럼 기사화되기도 했다. 즉 정부가 공식 발표한 것은 아니었던 것으로 보여진다.

53 애초 예고에서는 위 3개 시도에서 2024년 시범실시를 거친 후 성과 분석과 함께 2025년 관련법을 개정하고 2026년에는 전국 시도에 개선된 이원화 자치경찰제를 전면 시행할 예정임도 언급된 바 있다.

표 4 **윤석열 정부의 이원화 자치경찰제 시행을 위한 미래 과제**

시기	내용
2022 하반기	이원화 자치경찰제 발전 범정부 체계구성, 제주/세종/강원 시범실시 방안 마련
2023	3개 시도 (제주/세종/강원) 특별법 동시 개정
2024	제주/세종/강원 이원화 자치경찰제 시범 운영, 시범 후 성과 분석
2025	자치경찰 이원화를 위한 경찰법 및 지방자치법 개정
2026	이원화 자치경찰제 전국 시행

출처: 신현기. (2023). 〈자치경찰론〉. 파주: 법문사. p.364.

또한 국무총리 산하에 경찰제도발전위원회(경발위)도 출범해(2022.9.6.) 2023년 말까지 활발한 활동을 보여주었다. 본 위원회가 다룬 주요 안건은 자치경찰제 발전방안, 경찰대학 개선방안, 경찰처우 개선 방안 등을 논의(6개월 후 필요 시 6월 연장, 최대 1년까지)하고 대안을 마련하는 것이 가장 큰 목적이었다. 경찰제도발전위원회는 2023년 5월 2일 제11차 회의를 열고 현장경찰 역량강화 방안, 자치경찰 이원화 방안, 국가경찰위원회 개편 방안, 행정안전부 장관의 경찰청 지휘 감독체계 보완 방안, 그리고 경찰대학 개혁방안 등에 대한 의견을 종합적으로 정리하기도 했다.[54]

윤석열 정부의 취임 초창기에 자치경찰 강화에 관한 일련의 논의가 사뭇 진전되는 것으로 보였으나, 정부의 여러 중요한 국정과제들에 밀려나 이원화 자치경찰제 시범실시, 그리고 더 나아가서 기존의

54 https://www.newspim.com/news/view/20230502001046 (검색일: 2023. 5. 2.); 그 후 2023년 5월 23일(제12차 회의) 회의를 개최하고 해산된 것인지 지속되고 있는 것인지 불분명한 상황에 머물러 있는 것으로 보인다.

기형적인 자치경찰제를 바로 잡기 위한 관련 경찰법 개정 등이 시급한데 현정부의 적극적 관심과 국회의 관련법 개정 노력 등이 현재 거의 보여지지 않고 있다.

8. 각 시도의 이원화 자치경찰 모델에 대한 종합 평가

각 시도의 이원화 자치경찰 모델에 대한 종합 평가를 정리해 보면 다음과 같다.

첫째, 서울과 강원도의 이원화 자치경찰제 모델안이다. 서울특별시 모델과 강원특별자치도 모델은 서로 공통점이 많다. 특히 시도경찰청의 조직 일부를 자치경찰로 필히 이관시켜야 한다는 주장을 강하게 보여 주는 편이다. 이는 자치경찰제를 한층 더 강화시키는 차원에서 획기적인 주장으로 이해된다. 다만 광역단위이기 때문에 자치경찰활동이 이른바 주민 근거리 치안확보에 있어서 다소 취약점은 존재하며 국가경찰의 일정 반발도 극복해야 하는 게 하나의 과제다.

둘째, 제주특별자치도와 전북특별자치도 일원화 자치경찰제 모델안이다. 이것 역시 상호 공통점이 있다. 특히 제주는 2006년 7월 자치경찰제를 시행해 18년의 노하우를 가지고 있으며 이번에 제시된 이원화 자치경찰제 모델이 타 시도의 모델보다 그 내용과 체계면에서 매우 치밀하여 국가경찰과의 갈등도 잘 피해 가며 극복할 수 있는 모델로 평가된다.

셋째, 세종특별자치시 이원화 자치경찰제 모델안이다. 세종시 모델에서 세종자치경찰위원회의 지위를 독립된 하나의 기구로 제시했다는 점에서 독특하다고 평가된다. 다만 독립기구화 했을 경우 실제 주민 치안의 제고와 직결될 수 있을지가 과제이다.

끝으로 위에서 살펴본 모든 지역의 이원화 자치경찰 모델이 주민과 가장 가까운 거리에서 치안유지를 수행하고 있는 지구대·파출소를 자치경찰로 이관해야 한다고 주장한다. 이와 같이 통일된 중지는 향후 자치경찰이 나아갈 방향을 잘 짚어주고 있는 것으로 보여진다. 유럽과 북미 국가들의 자치경찰은 기초단위인 시장 중심으로 시행되는 게 일반적이다.[55] 반면 우리나라 자치경찰제는 광역시도단위에서 이루어지고 있다. 원래 자치경찰제는 주민이 있는 접점지역인 기초자치단체 차원에서 시행되는 게 바람직한 제도라고 볼 때, 광역차원에서는 조직, 인력, 예산을 최소한으로 하고 기초자치단체 차원에서 자치경찰이 주류가 되어 수행되는 방향으로 가는 것이 매우 중요하고 필요하다고 본다.

55 강기홍. (2024).「자치경찰 3년 회고와 발전 방안」. 자치경찰정책토론회 자료, p.50.

9. 이원화 자치경찰제로의 전환을 위한 논의 방향

1) 정부의 강한 시행 의지

전국 시도자치경찰위원회(2021. 7. 1.~2024. 6. 30.)를 통해 지난 3년간 검증된 결과들을 검토해 볼 때, 상당히 많은 제도적 문제가 불거져 나오기도 했다. 우리가 어떤 제도를 도입 시행할 경우 가장 중요한 것이 법적 토대이다. 현행 자치경찰제도의 도입 시행도 마찬가지이다. 하나는 국회에서 새롭게 (가칭)자치경찰법을 제정하는 방법이 있다. 또 다른 하나는 현행 경찰법을 개정하여 쟁점으로 떠오른 법제도상의 문제영역들을 개선하는 방법이 있다. 현행 일원화 자치경찰제 시행에서 나타난 수많은 문제점을 개선하기 위한 방안 중 하나인 이원화 자치경찰제로 전환하기 위해서는 대통령과 행안부의 시행 의지, 국회 행정안전위원회의 관련법 개정 의지, 전국시도자치경찰위원회, 경찰청, 대한민국시도지사협의회, 각 시도의회 등의 강한 개선 의지가 필수이다.[56] 이를 좀 더 부연하면 다음과 같다.

첫째, 대통령의 강력한 제도 개선 의지이다. 2006년 7월 국내에서 유일하게 제주특별자치도에서 자치경찰제가 도입될 수 있었던 것은 대선공약 중 하나로 자치경찰제 도입을 제시했던 노무현 전 대통령의 강한 의지 때문에 가능했다고 본다. 역시 2021년 7월 17개 전국 광역시도단위에서 도입 시행된 자치경찰위원회제도 역시 대선공약 중 하나로 제시했던 문재인 전 대통령의 강한 의지에서 비롯

56 신현기. (2023). "경기도북부자치경찰위원회의 3년 성과와 향후 과제". 「한국자치경찰논총」, 제3권 제1호, p.9.

되었다고 본다. 이는 대통령과 행정부처의 실천 의지가 얼마나 중요한 것인지를 잘 보여 주는 대목이다.

둘째, 국회의 국민 치안안정을 확대 개선하기 위한 강한 입법 의지이다. 현행 일원화 자치경찰제를 시행하면서 경찰법제도상 발견된 수많은 문제점이 지속적으로 지적되어 왔다. 여러 루트를 통해 이러한 문제점을 국회 행정안전위원회와 행정안전부에 전달한 것으로 보이지만, 이를 개선하고자 하는 어떤 노력이나 의지도 찾아보기 어렵다.

셋째, 자치경찰위원장협의회 및 언론과 전문가 집단에서 현행 일원화 자치경찰제가 가진 문제점을 개선하기 위한 대안으로 이원화 자치경찰제로의 전환을 위해 더 강한 입장을 표명하지 못한 아쉬움도 상존한다.

앞서 지적했듯이 전문가 집단으로부터 현행 일원화 자치경찰제 모델이 "경찰법상 수갑이 채워져 손가락으로만 지휘 감독해야 하는 자치경찰", "무늬만 자치경찰" 혹은 "기형적 자치경찰"이라는 지적에 대해 정부와 국회가 관심을 기울여보길 기대한다. 이제는 국가경찰이든 자치경찰이든 그들 자신을 위해 존재하는 것이 결코 아니며, 경찰은 어디까지나 국민, 시민, 주민의 안위를 위해서 부단하게 노력할 때만 그 존재 가치가 있다는 당위성을 되새겨 보아야 할 것이다.

2) 이원화 자치경찰제의 성공 조건

원래 자치경찰 영역인 생활안전과(현 범죄예방대응과)에 소속되어

예방 사무를 수행하던 지구대, 파출소, 치안센터가 자치경찰의 손과 발이 되어 주어야 하는 만큼, 이는 원래 존속 운영되던 생활안전과(현 범죄예방대응과)로 되돌려져야 한다고 본다. 그리고 이것은 당연히 여청 및 교통과 함께 자치경찰위원회 산하에서 인사권과 지휘권이 행사되도록 함이 바람직하다. 또한 중·단기적으로 자치경찰사무는 이원화 자치경찰제로 전환하고 자치경찰공무원 직렬을 새로 마련하여 운영해 나가도록 함이 바람직하다.

현행 대통령령으로 행정안전부와 그 소속기관 직제에 규정된 행정안전부 산하 경찰국도 자치경찰국으로 재조직하되, 국장도 현직 치안감보다는 고위공무원단 소속 고위행정공무원이 맡는 게 바람직하다. 경찰청은 이미 1991년 행정안전부의 외청으로 독립해 운영 중인 만큼 그 독립 기능을 살려주고, 행정안전부에 새로 설치된 경찰국을 오히려 자치경찰국으로 변경해 자치경찰제가 안착되도록 집중 지원하는 역할이 필요하다. 만에 하나 행정안전부의 경찰국이 독립적 수사와 대공수사 그리고 확대가 이루어진 현실에서 경찰청을 통제하려는 의도가 조금이라도 있다면, 이는 독립 경찰청 설치의 취지에도 전혀 맞지 않다고 본다. 이미 외청으로 1991년 독립하여 정치적 중립을 유지하고 있는 경찰청에 대해 행정안전부가 스스로 국가경찰국을 설치해 직할화하기보다는 오히려 행정안전부 내에 자치경찰국을 두어 지방자치와 시민안전을 추구하는 자치경찰제의 운영을 적극 지원하는 것이 더 시급하다.[57]

한편 자치경찰제의 발전방향 차원에서 우리 실정에 맞는 자치경

57 장철영. (2024). 「자치경찰 3년 회고와 발전방안」. 자치경찰정책토론회 자료, p.36.

찰제의 미래를 짚어보면 다음과 같다.

첫째, 이미 「경찰법」 제18조부터 제27조(10개 조문)까지 자치경찰사무가 구분되어 담겨 있다. 생안, 여청, 교통, 지역경비 등이 바로 자치경찰 사무인데, 이 사무를 국가경찰이 그대로 담당하고 있다. 특히 법제도적으로 현행 일원화 자치경찰제는 원래의 자치경찰제 시행 정신과 당위성을 제대로 살려내지 못하고 있다. 이 점이 '무늬만 자치경찰, 수갑이 채워진 자치경찰, 기형적 자치경찰, 애매모호한 자치경찰'이라는 비판이 지속적으로 나오고 있는 원인이다.[58]

따라서 자치경찰의 발전 방향 중 하나로 자치경찰 스스로 자체 사무를 수행할 이원화된 자치경찰제로 전환하여 자치경찰 인력과 조직을 갖추는 것이 지방분권 시대에 당연하고 시급해 보인다.[59]

둘째, 현행 경찰법상 자치경찰사무가 생안, 여청, 교통으로 분리되어 각 시도자치경찰위원회가 시도경찰청장을 지휘 감독하는 데서 많은 문제점이 복잡하게 나타나는 만큼 국가경찰이 사무를 수행하는 방법보다는 자치경찰 원래의 취지에 맞도록 자체 인력과 조직을 갖추고 시민의 안위에 집중하도록 하는 이원화 자치경찰제로의 전환은 필연적이라고 본다. 이미 시범지역도 선정된 만큼 이제는 국회 행안위와 행정안전부가 실천에 옮기기 위한 속도를 내야 한다.

셋째, 전국 시도자치경찰위원회는 지난 3년간 「경찰법」 제24조의 시도자치경찰위원회 소관 사무 중에서도 극히 일부만 이행하고

58 황문규. (2024). 「자치경찰 3년 회고와 발전방안」. 자치경찰정책토론회 자료, p.66.

59 최소한 현재 법제도상 자치경찰로 분류되어 3년 이상을 시행해 온 생활안전, 여성청소년, 교통 분야에 한정해 이원화 자치경찰제를 시행하는 것이 바람직하다고 평가된다.

있다. 예를 들어 주어진 미미한 자치경찰 사무담당 경찰에 대한 인사권조차도 그 실익이 거의 없는 관계로 대부분 시도경찰청장에게 재위임을 할 수밖에 없는 애매모호한 자치경찰제가 그것을 잘 보여준다. 무엇을 시급히 개정하고 실천해야 하는지가 이미 명확히 나와 있다.

넷째, 서울시와 강원도는 연방제에 가까운 이원화 자치경찰 모델을 제시했다. 특히 서울시 모델은 국가사무인 정보, 보안, 외사 등을 제외하고, 나머지 모든 경찰사무를 시도지사 산하로 전환시켜야 한다는 이원화 자치경찰제 모델을 내놓고 있는데, 이러한 제안도 그 의미가 매우 크기 때문에 중장기적 시간을 가지고 심층 연구해 나갈 필요가 있다고 본다.

마지막으로 현 윤석열 정부의 현행 일원화 자치경찰제 모델의 현주소를 요약 정리해 보면 다음과 같다. 즉 윤석열 정부의 행정안전부는 2022년 5월 출범 후 강원, 세종, 제주에서 이원화 자치경찰제 모델 방식으로 2024년 시범실시를 추진키로 했다. 이러한 결정은 현행 일원화 자치경찰제 모델의 문제점들을 개선하기 위한 차원이었다. 이곳 시범지역에서 이원화 자치경찰제 모델을 도입한 후, 이를 전국 광역시도로 확대하겠다는 방침이 그 핵심 내용이다. 하지만 행정안전부는 이원화 자치경찰 시범도입을 예고했던 그 시범실시 일정이 2024년 초였다. 아쉽게도 이미 2024년 말인데도 아직 어떤 논의도 이끌어내지 못한 채 가안조차 나오지 않고 있다. 벌써 2021년 7월 현행 일원화 자치경찰제가 시행된 지도 4년 차인데도 불구하고 아직 이원화 자치경찰로의 분리조차 안 된 상태로 그 속도가 나지 않고 있는 것이다. 이런 지지부진한 속도로 볼 때 연내 계획대로 시범 도입은 어렵고, 결국 2025년으로 넘어오게 되었다.

모름지기 자치경찰제란 주민 주도형 자치분권제도에 해당한다. 동시에 자치경찰제는 지방행정과 치안행정의 융합을 통해 주민 밀착형 치안 시책을 발굴하는 등 촘촘한 안전망을 구축하기 위해 만들어진 것이다.

무엇보다 많은 문제점을 지닌 현행 일원화 자치경찰제가 향후 지방자치단체 소속의 자치경찰관을 보유한 이원화 자치경찰제 모델로 전환되어 실효적 자치경찰제가 이루어지기를 기대한다.

제 4 부

마무리 말

제 8 장

마무리 말

정순관 이상훈 황문규 신현기 박동균 김순은

2021년 7월 1일 출범한 자치경찰제가 3년이 경과하였다. 역대 정부의 다양한 논의를 거치는 과정에 광역자치경찰과 기초자치경찰 간, 이원화 모형과 일원화 모형 간 매우 열띤 논의가 이어져 왔다.

문재인 정부에 들어서는 검·경 수사권 조정이라는 권력기관의 개혁이 자치경찰과 이어져 자치경찰의 도입은 매우 낙관적인 분위기를 이어갔다. 제2장에서 논의한 바와 같이 국가경찰을 분할하여 자치경찰을 창설하는 이원화 모형이 매우 유력한 대안으로 논의되기도 하였다. 이원화 모형하에 43,000명의 경찰력을 분리하여 자치경찰을 도입한다는 매우 구체적인 대안을 마련하였다. 그러나 재정적 소요가 큰 이원화 모형은 코로나19 상황을 맞이하여 일원화 모형으로 대체되었다.

시·도경찰청의 법적 위상과 성격을 둘러싸고 이론이 많았음에도 재정적인 면이 크게 고려되어 일원화 모형의 자치경찰제가 전격 도입되었다. 여기에는 과거의 정부들에서 논의된 자치경찰 방안들이 종합적으로 반영된 결과라고 할 수 있다. 자치경찰제 도입은 미군정에서부터 시작하여 역대 모든 정부가 논의했던 경찰제도 개선을 위한 정책과제였다. 아래에서는 1945년 광복 이후부터 현재까지의 자치경찰제 도입 및 개선을 위한 논의를 살펴본다.

1. 정부별 자치경찰의 특징

1) 미군정에서의 자치경찰제 논의

경찰의 지방분권화를 원했던 미군정은 결국 일제 강점기에 조직된 중앙집권적 국가경찰제 존속을 선택했다. 해방 직후 좌익계열의 사회교란에서 야기되는 극도로 혼란한 정치적 상황을 고려한다면 민주와 분권을 기반으로 하는 미국식 자치경찰제보다는 단기간에 효율과 능률을 가져다줄 중앙집권적 경찰, 즉 국가경찰체제가 우선시 된 것이다.

2) 대한민국의 건국과 국가경찰제의 시작

건국 당시의 대한민국 국가경찰제는 해방 이후의 극한 갈등과 혼란 속에 대한 대안으로서 출범하였다는 역사적 배경을 갖고 있다고 볼 수 있다. 이후 오늘날 전국적으로 시행되고 있는 자치경찰제는 식민지 시대에서 출발하여 최근까지 이어져 온 중앙집권적 경찰시스템에 대한 시민들의 다양한 요구의 분출과 자유와 민주주의에 대한 자신감에서 비롯된 것이다.

3) 이승만 정부에서의 자치경찰 논의

이승만 정부(1948~1960)에서 자치경찰제가 처음으로 논의된 것은 1955년 9월 11일 국무회의에서는 「경찰법안」을 의결하면서 자치경찰제 도입을 위한 방안이 제시된 것이다. 당시 법무부 장관의 제안으로 「경찰법안」이 의결되었는데, 이 법안에서는 시도지사 소속하에 3인의 지방경찰위원회를 두고 이를 통해 경찰을 관리하도록 하는 자치적 요소를 포함시킨 바 있다. 그러나 자치경찰제 도입을 위한 입법화에는 도달하지 못하였다.

4·19혁명으로 이승만 정부가 붕괴하자 제4대 국회(1958~1960)는 경찰조직을 선거 주관부처인 내무부에서 분리함으로써 경찰의 정치적 중립성을 확보하기 위하여 1960년 5월 경찰중립화법안기초특별위원회가 경찰법제정안을 발의하는 과정에서 국립경찰과 자치경찰로 이원화하는 문제를 논의하였다. 경찰의 자치화를 통해 민주경찰을 구현하고자 함이었다. 그리고 1960년 6월 내무부 경찰개혁심의회에서 별개의 「경찰중립화법안」(1960)을 마련하면서 자치경찰제를 전면 실시하는 안을 검토하는 등 보다 구체적인 도입논의가 있었다.

4) 박정희 정부와 지방자치의 중단

박정희 정부의 1970년대와 전두환 정부의 1980년대는 경찰조직의 효율성이 강조되면서 자치경찰제에 대한 논의 자체가 불가능하였다.

박정희 정부(1961~1979)는 집권과 동시에 지방자치에 관한 임시

조치법을 선포하고 지방자치를 잠정 중단시켰다. 강력한 중앙집권 형식으로 국정을 운영해 나갔다. 군사정부의 입장에서 경찰은 군인과 더불어 중요한 정권 수호자이기 때문에 경찰권을 분산시키는 자치경찰제의 도입은 논의조차 이루어질 수 없었다.

5) 전두환 정부와 21세기 발전방향

전두환 정부(1981~1988)는 치안본부가 작성한 「2000년대를 향한 경찰발전 방향 연구」(1985)에서 자치경찰의 필요성을 강조하였다. 이 연구의 본래 목적은 경찰의 오랜 숙원인 치안본부를 내무부 소속에서 독립하여 외청으로 가려는 방안을 마련하는 것이었다. 이 보고서에 의하면 분권화의 기반이 조성되고 지방자치가 정착되는 2000년대에는 치안본부를 합의제 위원회가 관리하는 치안처로 발전시켜 경찰의 민주적 관리와 운영을 확보하고 지역주민의 욕구에 부응하는 경찰행정을 위하여 경감 이하는 지방직으로 이원화하는 시도단위의 자치경찰제 도입을 제시하였다.

6) 노태우 정부에서의 경찰청 독립과 자치경찰 논의

1988년 제13대 총선으로 여소야대 국회가 출범한 이후, 노태우 정부는 행정개혁위원회를 설치하여 국정 전반에 대한 제도개혁안을 마련하였다. 개혁안은 국가경찰 일원체제를 유지하고 자치경찰제 도입은 지방자치가 시행되어 정착되면 점진적으로 검토한다는 내용을 담고 있다.

이에 대해 민주정의당·통일민주당·민주공화당은 「야3당 단일경찰법안」(1989)을 발의하였다. 동 법안에서는 경찰조직의 정치적 중립을 확고히 하면서 국가경찰제도를 기초로 하되 지방분권화를 추구하여 자치경찰제도를 가미하는 절충형 경찰제도를 도입하고자 하였다.

7) 김영삼 정부의 자치경찰

1991년부터 실시된 지방의회의 구성을 시작으로 지방자치의 서막을 알리면서 지방자치 및 교육자치와 더불어 자치경찰제 역시 '지방자치의 완성'이라는 차원에서 새로운 제도 도입을 위한 논의가 본격화되었다. 1991년 출범한 경찰위원회의 제도적 미비점을 보완하고 경찰의 정치적 중립을 더욱 공고히 실현하기 위하여 경찰개혁을 추진하였는데, 그 핵심과제로 자치경찰제를 통한 경찰권의 분산을 검토하였다.

8) 김대중 정부의 자치경찰

제15대 김대중 정부(1998~2003)의 출범은 헌정사상 초유의 여야간 정권교체를 의미했다. 자치경찰제 도입은 김대중 정부의 100대 개혁과제 가운데 하나였다. 정부·여당은 물론 경찰청도 적극적으로 도입안을 제시하였다. 이로써 자치경찰제 논의는 집권 여당이 된 새정치국민회의 '자치경찰제 정책기획단'의 「경찰법 개정 법률안」(1998), 경찰제도개혁위원회의 「자치경찰제안」(1998), 경찰청 '경찰제도개선기획단(후에 '경찰개혁위원회'로 확대·개편)'의 「경찰법개정법률안」(1999) 등을 통해 보다 구체화되었다. 김대중 정부의 자치경찰제 모형은「일본형 자치경찰제 모형」과 유사한 국가경찰과 자치경찰의 이원화 자치경찰제이며 경찰위원회 중심의 광역단위 자치경찰제이다.

9) 노무현 정부의 자치경찰

노무현 정부의 자치경찰제 논의는 국가경찰제의 장점과 자치경찰제의 장점을 조화롭게 하려는 데 중점을 두었다. 국가경찰 조직 및 운영체계를 그대로 유지하면서, 시·군·구청장 소속으로 자치경찰대를 설치하여 주민생활 중심의 자치경찰제를 도입하는 모델을 만든 것이다. 자치경찰은 방범순찰, 사회적 약자보호, 교통안전 및 단속, 기초질서 유지, 지역의 시설 및 행사 경비 등을 담당하도록 하였다.

노무현 정부는 2006년 7월 1일 제주특별자치도에서 자치경찰제를 시작했다. 제주특별자치도의 출범과 함께 시작한 자치경찰제 시행은「제주특별자치도 설치 및 국제자유도시 조성을 위한 특별법」에 법적 근거를 두었다. 이 법에서는 제11장(제106조 내지 제139조)에서 자치경찰의 설치 및 운영을 규정하고 있다. 동법에서는 제주특별자치도는 자치경찰단을 설치하고 행정시에는 자치경찰대(서귀포지역경찰대)를 두도록 하였다. 자치경찰단에 대한 지휘·감독은 시행 초기에는 도지사에게 맡김으로써 현재와 같이 시도자치경찰위원회와 같은 위원회를 두는 모델은 아니었다.

10) 이명박 정부의 자치경찰

이명박 정부(2008년~2013년)는 2008년 2월 29일「지방분권촉진에 관한 특별법」 제11조제3항에서 자치경찰제의 도입 의무를 명시한 바 있다. 대통령직 인수위원회가 발표한 '5대 국정지표 192개 과제'에서는 자치경찰제도 도입을 핵심과제인 '법질서 확립방안'을 구현하는 차원에서 일반과제의 하나로 명시하였다. 이명박 정부는 국가경찰의 골격을 그대로 유지하면서 지방분권의 취지를 조화롭게 구현하는 자치경찰제를 도입하고자 하였다. 국가경찰과 자치경찰을 이원화하는 구조이다. 자치경찰제를 도입함에 있어서도 국가경찰의 안정된 치안역량과 남북분단 및 대규모 집회시위 등 현실적 여건을 고려하면 국가경찰제의 근간을 유지할 필요가 충분하다는 것이다.

11) 박근혜 정부의 자치경찰

2014년 12월, 지방자치발전위원회는 시·군·구 기초단위 중심 자치경찰제 도입을 골자로 지방자치 발전 종합계획을 발표하였으며, 자치경찰제가 추구하는 지방분권의 이념과 지역 특성과 여건을 고려한 치안서비스 제공을 목표로 제도 도입을 추진하였다(이상훈·박병욱·남재성, 2021). 박근혜 정부의 자치경찰제 도입방안은 기초단위에서 자치경찰제를 제한된 사무범위에서 시행하는 것을 내용으로 한다는 점에서 이전 정부의 논의와 유사하다(송병일, 2015: 29).

12) 문재인 정부의 자치경찰

역대 정부와는 달리 문재인 정부(2017-2022)의 자치경찰제 도입을 위한 추동력은 검찰개혁에서부터 시작되었다. 검찰개혁이 경찰개혁을 요구하고, 경찰개혁은 자치경찰제 도입을 요구하는 식의 조직이론에서 목표와 수단의 연계(goal-meas chain) 현상이 발생한 것이다(양영철, 2018: 145). 검찰개혁으로 수사권의 경찰 이양과 고위공직자범죄수사처 출범(2021)이 이루어져서 검찰 조직과 사무는 축소되었다. 수사권을 이양받은 경찰의 비대화는 경찰권 분권을 통한 자치경찰제의 도입으로 이어지게 된다. 바야흐로 광역단위 자치경찰제가 전국적으로 확대·실시된 것이다.

2. 자치경찰 탄생의 의의

1) 제도의 도입

첫 번째 자치경찰제의 의의는 제도가 도입되었다는 점에서 찾을 수 있다. "시작이 반이다"라는 우리의 속담처럼 비록 불완전하지만 일단 도입된 자치경찰제는 예상보다 훨씬 빠르게 발전하고 있다. 실제로 2006년에 제주특별자치도에서 도입되어 시범적인 차원에서 설치되었던 자치경찰단이 자치경찰의 전면적 논의 시 매우 유익한 기초와 출발점이 되었다는 것은 주지의 사실이다. 처음 출발하는 전면적 자치경찰의 논의는 최소한 제주특별자치도의 자치경찰단이 시금석이 되었다.

우리나라의 지방자치 부활 시 개정되었던 지방자치법의 모습도 유사하였다. 2할자치 또는 무늬만 자치라는 비판을 받았던 1988년 개정된 지방자치법도 32년이 지나 명실공히 자치분권2.0 시대와 부합하는 지방자치제도로 발전된 예도 제도의 시작이 갖는 의의를 보여주고 있다.

2024년 6월을 기준으로 벌써 자치경찰이 출범한 지 3년이 경과하였다. 자치경찰이 제도적 용어가 되어 이미 대학교의 강의, 지방자치 관련 학회의 연구주제로 자리잡고 있다.

자치경찰 현장에서는 지역에 맞는 주민밀착 서비스의 향상을 위하여 지역마다 지역의 특수성에 부합하는 치안서비스 개발에 성과를 내고 있다.

2) 시·도 경찰청의 출범

우리나라의 자치분권 상의 문제점 중의 하나는 특별지방행정기관의 과다로 행정의 중복과 비효율이 높다는 점이다. 중앙정부의 지방행정기관과 지방정부의 기능이 중복되어 정리의 필요성이 노무현 정부 이후부터 자치분권의 추진주체를 통해서 이어져 왔다.

노무현 정부는 제주특별자치도에 한정해 시범적으로 특별지방행정기관을 정리·합리화하였다. 제주특별자치도 내에서 국토관리, 노동위원회, 보훈 등의 기능은 완전히 중앙정부에서 제주도로 이관되었다. 이명박 정부 때에는 국토와 하천, 해양과 항만, 식의약품 분야의 일부 사무가 위임형식으로 지방으로 이양되었다. 박근혜 정부는 특별지방행정기관의 정리화를 검토하였으나 성과에는 이르지 못했다.

이런 관점에서 문재인 정부는 괄목할 만한 성과를 창출하였다. 자치경찰제 도입의 두 번째 의의는 시·도경찰청의 명칭에서 찾을 수 있다. 중앙정부의 지방행정조직은 기관의 명칭 앞에 "지방"이라는 단어가 붙여진다. 지방경찰청을 포함하여 지방국세청, 지방보훈청, 지방환경청, 지방병무청, 지방국토청, 지방환경청 등 전국에 2020년 5월을 기준으로 5,137개의 특별지방행정기관이 설치되어 있었다. 이 중에서 2,300개가 경찰행정과 관련된 것이었다(하혜영, 2021).

2021년 1월 1일부터 지방경찰청에서 "지방"이라는 단어를 삭제하고 시·도경찰청으로 변경함으로써 경찰기능의 집행을 위한 특별지방행정기관을 정리한 의의를 낳았다. 앞에서 논의한 바와 같이 일원화 모형하에서 자치경찰사무를 시·도경찰청이 집행하게 되었다. 이때 지휘와 감독기관이 경찰청이 아니고 새롭게 신설된 자치경찰위원회가 되었다. 따라서 자치경찰위원회와 시·도경찰청의 출범으로 경찰기능을 집행하기 위한 특별지방행정기관이 중앙-지방협력조직으로 변화되었다. 지방경찰청의 반국가-반지방 조직으로의 시·도경찰청의 변화는 우리나라 특별지방행정기관을 정리한 효과를 낳았다. 향후 그 밖의 특별지방행정기관을 정리할 때 시·도경찰청의 사례가 좋은 참고자료가 될 수 있다.

3) 자치경찰사무의 지방정부 사무에 추가

1988년 지방자치법의 전부개정에 이어 1991년 지방의회, 1995년 지방정부의 장 선거로 지방자치가 부활하게 되었다. 지방자치의 부활을 기대하였던 민주 인사들의 바람대로 지방자치의 부활은 공정선거에 기여하였다. 선거에 의하여 여·야 간에 평화로운 정권교체가 가능하게 되어 우리나라 민주주의 발전에 크게 기여하게 되었다.

그럼에도 불구하고 국민들의 주민주권에 기초한 주민의식은 크게 변하지 않았다. 자기결정, 자기책임, 자기부담이라는 주민자치의 기본적 원리도 크게 개선되지 않았다. 관치시대의 전통과 관행이 남아 있는 곳이 많았다. 결론적으로 지방자치의 주민 체감도가 높지 않았다.

국민이나 주민들이 지방자치의 체감도를 가장 쉽게 느낄 수 있는 곳은 서비스가 이루어지고 있는 매일 매일의 일상이다. 그런데 매일 매일 접할 수 있는 공공 서비스이면서도 국가가 집행하고 관리하게 되면 주민들의 참여기회가 반감되어 체감도를 낮춘다. 중앙정부 관점의 치안 서비스가 주민 관점의 치안 서비스가 상이하기 때문이다. 주민관점의 치안 서비스는 주민친화적, 주민밀착형 서비스의 제공에 초점을 맞춘다. 치안이 법집행을 넘어 치안 서비스화를 의미하기도 한다.

자치경찰법 등 관계법령의 개정으로 자치경찰이 출범하였다. 시·도자치경찰위원회와 시·도경찰청이 창설되고 자치경찰사무의 집행이 이루어지고 있다. 제도적으로 치안기능도 국가사무와 자치사무로 대분되었다. 지방정부의 사무 중에 치안도 포함되게 되었다. 지방정부의 기능이 치안영역으로 확대된 것이다. 이제는 「지방자치법」 제13조제2항제8호로 "자치경찰사무"를 넣게 되면 자치경찰 도입의 의의가 배가될 것이다.

4) 행정위원회로서 시·도자치경찰위원회의 설치

자치경찰 논의의 첫 번째 정책방향이 경찰권의 민주적 통제였다. 경찰권의 민주적 통제가 어느 논의보다도 중요한 것은 우리나라 과

거의 경찰사와 무관하지 않다. 현재는 든든한 시민생명과 재산의 파수꾼이지만 종전에는 반민주적 행태로 경찰청장이 사과한 사례도 적지 않았다.

자치경찰의 민주적 통제기제로서 도입된 제도가 행정위원회 성격의 자치경찰위원회였다. 자치경찰위원회를 합의제 행정기관인 행정위원회의 지위로 제도화함으로써 자치경찰위원회의 정치적 중립은 물론 전문성을 확보하였다. 의결기관인 행정위원회로서 시·도지사로부터 독립성을 확보하였으며 위원의 추천권자를 시·도지사, 지방의회, 교육감, 위원추천위원회, 국가경찰위원회 등으로 다양화함으로써 전문성 확보에도 노력하였다. 특히 사회적 약자보호를 위해 인권전문가 또는 여성의 참여를 위한 배려도 포함하였다. 별도의 사무기구를 설치함으로써 행정적인 측면에서도 독립성을 확보하였다. 국가경찰위원회도 행정위원회의 지위를 보장받지 못한 현실을 감안할 때 자치경찰위원회의 행정위원회화는 매우 의의가 크다.

5) 중앙-지방협력 모형

자치경찰의 출범은 중앙-지방의 지도·감독관계가 중앙-지방협력관계로 변화되고 있다는 것을 시사하는 가장 적절한 제도이다. 제반 상황을 고려하여 별도의 지방조직을 설치하는 대신에 기존의 지방경찰청을 반국가-반지방의 시·도경찰청으로 전환하여 국가사무, 수사사무, 자치사무를 집행하도록 제도화하였다.

향후 다양한 정책분야에 있어서 중앙-지방의 협력이 필요하다. 특히 지방정책의 협력을 위하여 중앙-지방협력회의를 설치하였다.

일정한 주기로 중앙-지방협력회의를 통하여 중앙정부와 지방정부가 지방정책의 조정·협력하고 있다.

같은 관점에서 일상의 행정을 집행하는 과정에서 중앙-지방의 상호협력의 대표적인 사례가 자치경찰이 되었다. 치안분야에 중앙-지방 협력관계는 새로운 국정 거버넌스의 시도라는 의의를 지녔다.

3. 자치경찰위원회의 구성 및 운영의 시사점

역대 정부에서 자치경찰제 도입에 대한 많은 논의가 있었다. 하지만 번번이 도입에는 실패했다. 실제로 자치경찰제는 경찰활동의 민주성·분권성·주민지향성을 향상시키기 위한 방안으로 좋은 제도이다.

미국이나 영국, 일본 등 주요 선진국들은 각 국가마다의 역사적 전통과 특성에 따라 자치경찰제를 이미 실시하고 있다.

1990년대 지방자치제 시행과 더불어 자치경찰제가 본격 논의되기 시작하였고, 2004년에는 지방분권특별법에 자치경찰제도 도입에 대한 명문화가 이루어졌다. 우리나라 최초 자치경찰제는 2007년 3월 제주특별자치도에서 시행하였고 출범 당시 38명으로 시작하여 꾸준히 증가하고 있다. 제주자치경찰은 제주특별자치도지사 소속 직속기관으로 주요 수행사무는 주민의 생활안전 활동에 관한 사무, 지역교통 활동에 관한 사무, 공공시설과 지역행사장 등의 지역경비에 관한 사무, 특별사법경찰사무 등이다. 일반행정과 치안행정의 다양한 연계 사무를 통해 많은 성과를 보여주었으며, 특히 최근 코로나19 상황에서 행정명령 지원 등 경찰력을 적극 지원함으로써 제주도 코로나19 방역에서 중요한 역할을 수행하였다.

자치경찰제는 2021년 7월 1일 공식적으로 출범했다. 원래 국민들이 기대했던 국가경찰제와 자치경찰제의 분리된 이원화 모형이 아닌 국가경찰 신분으로 자치경찰의 업무를 수행하는 일원화 모형으로 출범하였다. 앞으로 치안행정과 지방행정간 연계와 협력, 교통·셉테드(방범시설) 개선 등 자치단체와 자치경찰의 결합을 통해 치안서비스의 질을 향상시켜야 한다. 특히, 학교폭력, 치매노인 실종, 자살위험 신고 등 상황 발생 시 사건 처리와 피해자에 대한 복지행정과 연계된 지원 서비스가 동시에 진행될 수 있다. 또한 신호등·CCTV·가로등 설치 등 자치단체의 교통안전시설과 자치경찰의 범죄예방시설을 상호 유기적으로 연계하여 운영함으로써 치안 서비스의 질을 높이고, 관련 시설·장비를 신속하게 보완·개선할 수 있다.

현재의 제도는 광역자치단체 단위로 운영되기 때문에 기초자치단체와의 유기적 협조는 어려운 부분이 있다. 하지만 자치경찰제의 시행은 경찰역사에서는 큰 전환점이다. 일원화 모형이 갖고 있는 여러 가지 한계를 갖고 출발했다. 先(선)시행, 後(후)보완이라는 자세로 전국의 18개 자치경찰위원회가 많은 노력을 하고 있다. 실제로 자치경찰제 시행 이후 시민밀착형 치안서비스 등 많은 긍정적인 변화가 나타나고 있다.

자치경찰제가 안정적으로 정착되어 최고의 치안 안정성을 유지하면서 자치분권의 이념을 실현할 수 있도록 자리매김해야 한다. 하지만 자치경찰제를 실제로 운영하는 과정에서 여러 가지 한계점이 노출되고 있다. 이러한 한계를 극복하고, 진정으로 지역주민의 안전을 위한 자치경찰제로 정착되기 위해서는 쉽게 고칠 수 있는 것부터 바꾸어야 한다. 여기서 필자는 평소 국가경찰과 자치경찰의 이원화 시범실시 전이라도 지금 당장 시행할 수 있는 것 두 가지를 제안하고 싶다. 이는 자치경찰 시행의 의지만 있다면 법률을 개정하지 않더라도 가능한 쉬운 일이기 때문이다.

첫째, 현재 파출소와 지구대는 국가경찰인 코로나19종합상황실 소속이다. 파출소와 지구대는 원래 자치경찰인 생활안전과 소속이었는데, 자치경찰 시행 직전에 코로나19종합상황실 소속으로 직제가 변경되었다. 예전처럼 파출소와 지구대를 자치경찰 소속으로 해서 지역주민들과 함께하는 공동체 치안을 만들고 예방순찰을 강화해야 한다.

파출소와 지구대를 중심으로 지역주민과 함께하는, 주민과 소통하는 지역사회 경찰활동(community policing)으로 나가야 한다. 파출소와 지구대의 지역경찰은 그들의 혼자만의 역량으로 그 지역의 치안을 유지하기는 거의 불가능하다. 지역주민들과 지역의 유관기관과의 소통과 협조가 필수적이다. 공동체 치안이 필요하다.

영국이나 미국, 독일 등 주요 선진국의 현대 경찰활동을 보면, 지역사회의 거의 모든 분야와 협력하여 범죄발생을 예방하고, 범죄로부터의 피해를 최소화하는 것을 목표로 하는 이른바 '지역사회 경찰활동(community policing)'으로 전환하고 있다. 따라서, 현대 경찰활동의 가장 바람직한 전략은 지역사회로부터 여러 요구나 생각을 경청하는 것이며, 여기에는 경찰관의 합동 도보순찰, 지역사회 조직화, 시민친화적 접촉 강화 등이 포함된다.

아울러 지역에 있는 독거노인, 아동, 장애인 등 사회적 약자를 보호하는 촘촘한 사회안전망을 만드는 데 파출소와 지구대가 적극적인 역할을 할 필요가 있다. 앞으로 사회에 불만을 품은 외로운 늑대의 묻지마 범죄(이상동기범죄), 아동 및 노인학대 등 범죄예방에 꼭 필요하다.

둘째, 현재 시·도자치경찰위원회에는 최소한의 인사권도 없다. 현재 자치경찰위원회는 경정급 이하의 자치경찰에 대해 승진, 전보, 파견, 직위해제 등 임용권 및 징계 요구권을 행사할 수 있도록 되어 있다. 하지만 경찰 내부의 인사 시스템에 접근할 수도 없고, 모든 임용권 행사 시 시·도 경찰청장의 추천을 받아야 하며, 승진 대상자를 결정하거나 징계 여부와 수위를 결정하는 승진심사위원회, 징계위원회 등을 자체적으로 설치할 수도 없게 되어 있다. 다시 말해서, 자치경찰에 대한 실질적인 인사권한이 없는 것이다. 조직을 이끌어가기 위한 최소한의 인사권이 부여되어야 한다.

자치경찰위원회에 승진심사위원회와 징계위원회를 설치해서 어느 정도 제대로 된 인사권을 부여해야 한다. 책임과 권한이 같이 가야 한다. 제대로 된 자치경찰을 운영하기 위해서는 꼭 필요하다.

자치경찰제가 안정적으로 정착되려면 결국 광역 지방자치단체장에게 권한과 책임을 주어야 한다. 당장은 법률 개정 사항이고 쉽지는 않겠지만 방향은 이렇게 가야 한다.

자치경찰은 주민자치행정과 경찰행정을 잘 연계할 수 있는 장점이 있다. 지역주민들의 의견을 반영하고, 그들이 능동적으로 참여해서 한국형 자치경찰제 모델을 만들어 나가야 한다. 앞으로 한국형 자치경찰제는 초기 시행 과정에서 오류를 수정하고, 법률적, 제도적 보완과 개선이 있어야 한다. 결론적으로 국가경찰과 자치경찰을 이원화하여야 한다. 국가경찰의 신분으로 자치경찰 업무를 수행하는 지금의 일원화 모형은 한계가 있다. 시·도 경찰청장은 사무에 따라 각각 경찰청장, 국가수사본부장, 자치경찰위원회의 지휘를 받아 업무혼선이 불가피하다. 또한 자치경찰위원회가 자치경찰사무에 대한 집행기능이 없고 심의·의결만 가능하기 때문에 사무처리에 대한 직접적인 감독권 행사에 많은 제약이 있다. 무엇보다도 '자치경찰관'이 따로 존재하지 않아 자치경찰제도의 시행에도 불구하고 시민들이 변화를 체감하기가 어렵다.

따라서 자치경찰은 지방자치단체 소속으로 해야 한다. 이 문제는 시간의 문제이지, 향후 이원화 방향으로 갈 것으로 기대한다. 이원화하면 향후 자치경찰의 모집과 선발, 승진과 전보, 재정 문제는 자동으로 해결될 것이다.

우리나라에서 지방자치가 처음 출범할 때, "이 작은 나라에서 지방자치가 왜 필요하냐?", "예산낭비다. 필요 없다. 정치 공세다"라는 이야기가 많았다. 하지만 지방자치 제도는 나름 긍정적으로, 발전적으로 정착하고 있다. 자치경찰제도 마찬가지다. 이제 3살이 조금 넘었다. 계속 시민을 위한, 시민의 안전을 위한 제도로 진보, 발전할 것이다.

우리나라에 76년 만에 실시되는 대한민국형 자치경찰제의 모범답안은 아무도 모른다. 아니. 모범답안은 없다. 지금 당장 할 수 있는 것에 집중할 필요가 있다.

4. 자치경찰 치안적 성과와 한계

자치경찰의 치안적 성과와 한계를 간략히 정리하면 다음과 같다.

첫째, 나름 의미 있는 성과도 있지만 '자치경찰사무는 있으나 자치경찰은 없는' 현행 자치경찰제가 안고 있는 문제점과 한계도 뚜렷이 드러났다. 그러나 이러한 문제점과 한계도 자치경찰제 시행이 없었다면 드러나지 않았을 것이라는 점에서 시행착오를 피할 기회를 만들어주고 있다. 과도기적 모델로서 현행 자치경찰제는 ① 제도 변화에 따른 국민 혼란이 없고, ② 추가적 재정 투입이 거의 없으면서도, ③ 향후 확대·발전에 따른 시행착오를 최소화할 수 있도록 지방행정과 치안행정이 상호 이해의 시간을 가지고 있으며, ④ 자치경찰제에 대한 국민의 낮은 공감대에도, 실제 시행함으로써 지역실정에 적합한 자율적·창의적 치안활동 일정한 성과를 거두고, ⑤ 특히 완전한 자치경찰제로의 발전가능성을 열어놓은 성과가 있다. 다만, 이러한 성과가 과도기적 모델이 그대로 유지되어야 한다는 의미는 결코 아니다. 과도기적 모델로서의 역할을 다하고 있으며, 이를 토대로 완전한 자치경찰제로 나아갈 때 더 큰 의미를 가진다는 의미다.

둘째, 전면 시행 중인 자치경찰제는 시행 그 자체로 경찰 임무 등 경찰 개념에 대해 지자체와 경찰 간 인식 차를 줄일 수 있는 기회를 제공하고 있다. 사실 지자체 공무원은 물론 시도지사가 그동안 지방행정의 영역 밖에 있는 경찰행정을 접하기는 쉽지 않았다. 이러한 현상은 특히 1991년 경찰청이 경찰중립화 방안으로 행정안전부 외청으로 독립되면서 더욱 심해졌다. 그러한 상황에서 시도지사에게 (시도자치경찰위원회를 통해) 자치경찰조직을 설치·운영할 책임을 부여한다는 것은 자치경찰제의 취지와 이상에도 불구하고 무리가 있었음을 부인하기 어렵다. 과도기적 자치경찰제를 통해 지자체에서는 경찰을 이해하고, 경찰은 시도의 지방행정을 이해할 기회를 가진다면, 이는 향후 자치경찰제의 이상을 구현해 가는 데 커다란 밑거름으로 작용할 것이다.

또한 현장 경찰관들이 자치경찰제에 대해 이해하고 그 필요성을 인식하기 시작했다는 점이다. 책상머리에서 또는 이론이 아니라 시도지사 소속의 자치경찰위원회가 지방행정과 치안행정을 연계할 때 현장에 어떤 도움이 되는지를 체감하고 있다. 또한 지역주민이 필요로 하는 치안서비스가 있으면 이를 현장에 구현하기 위해 경찰청까지 여러 단계를 거쳐 올라가도 예산확보가 불확실한데, 시도에서는 적시에 예산확보가 되고 이를 토대로 지역주민의 요구를 반영한 치안서비스를 제공할 수 있다는 점도 경험하고 있다. 이는 전국시도자치경찰위원장협의회에서 2023년 6월 발간한 '대한민국 자치경찰 2주년 우수사례집'에서도 확인할 수 있다. 일선 경찰관들이 현행 자치경찰제에 대해 보통보다 낮은 수준으로 평가하고 있음에도 자치경찰제에 대한 긍정 경험이 되어, 결과적으로 이원화된 자치경찰조직에서 근무할 의향에 유의미한 양(+)의 영향을 미치고 있는 요인으로 작용하고 있는 이유이기도 하다(김상호, 2024).

셋째, 자치경찰제 운영 과정에서 드러난 문제점과 한계는 '자치경찰사무는 있으나 자치경찰은 없는' 모델 그 자체가 가지고 있는 한계에서 비롯한다. 자치경찰의 정체성이 무엇인지를 혼동케하여, 결과적으로 자치경찰의 치안적 성과는 물론 이를 위한 시도자치경찰위원회의 다양한 노력과 시도도 국가경찰을 위한 보조적·지원적 활동으로 평가절하하게 만들거나 아예 자치경찰의 치안적 성과에 대한 논의 자체를 어렵게 만든다. 자치경찰제 시행 3년이 지난 현시점에서도 이 제도의 '성공적 운영을 위한 실천적 논의(이서호, 2024)'로 온전히 나아가지 못한 채 여전히 규범학적·제도적 관점에서 자치경찰제에 대한 논의를 이어가고 있는 이유이기도 한다.

넷째, 경찰청이 자치경찰제 안착에 대단히 비협조적이었다는 점을 짚고 넘어가지 않을 수 없다. 자치경찰제 시행 초기 경찰청 내 자치경찰 지원부서는 자치경찰제 안착을 위해 나름 애쓴 것을 인정하지 않을 수 없다. 그러나 그 이외에는 자치경찰사무와 관련 여부를 떠나 냉소적이고 심지어 자치경찰제를 무력화시키려는 시도가 있었음도 부인하기 어렵다. 2023년 출범 첫해, 경찰청에서는 위원회에 파견된 경찰공무원의 근무성적평정(승진의 핵심 요소) 방식에 대해 위원회의 개입을 배제하는 방향으로 논의하였다. 앞서 살펴본 바와 같이 경찰공무원법에서는 시도경찰청에서 자치경찰사무 담당 경찰공무원에 대한 승진 등의 임용권을 위원회에 부여하고 있는데, 정작 위원회에 근무하고 있는 경찰관에 대해서는 아무런 권한도 행사할 수 없게 만들려고 했던 것이다. 당시 경찰청의 논의는 자치경찰관이 없는 모델에서 자치경찰사무를 관장해야 하는 위원회의 기능을 사실상 무력화시키려는 시도나 다름없다고 해도 과언이 아니다(황문규, 2021c).

문제는 이것이 처음이 아니라는 점에 있다. 2020년 12월 말 자치경찰제 시행을 앞둔 시점에 지구대·파출소를 종전 생활안전 부서에서 112치안종합상황실로 그 소속을 변경한 사례도 있다. 또한 자치경찰사무의 상당한 부분이 지구대에서 수행되어, 지역특성에 부합하는 치안서비스 제공의 핵심 기구임에도 그 소속 경찰관에 대한 인사권을 위원회에서 배제해버리기도 하였다. 문제는 그로 인해 지구대에서 112신고에 대한 출동·대응 이외 범죄예방활동을 위한 '방범순찰'에 적극적으로 나서길 기대하기 어렵게 되었다는 점이다.

게다가 전국 시도자치경찰위원회에서 지구대·파출소의 소속 변경에 대한 우려를 강하게 지적하자, 경찰청은 최근 이상동기 범죄가 잇따라 발생한 것을 계기로 경찰조직개편 방안을 내놓았다. 이 조직개편 방안은 범죄예방과 대응 관련 조직이 결합하고자 경찰청에 '범죄예방-지역경찰-112상황' 기능을 통합하여 범죄예방과 대응을 총괄하는 범죄예방대응국을 신설하고 18개 시도경찰청과 259개 경찰서에도 범죄예방대응과(서울청: 범죄예방대응부)가 신설하는 것을 핵심으로 하고 있다(경찰청, 2023). 시도경찰청 이하 조직에서 '자치경찰'의 외관을 전부 삭제하여, 경찰은 자치경찰과 아무런 관련성이 없는 조직으로 만들어버렸고, 그에 따라 자치경찰위는 경찰과 대외적으로 협력해야 하는 외부조직의 하나로 규정돼 버렸다. 특히, 시도경찰청을 구성하는 3개의 축 가운데 하나인 '자치경찰차장

(또는 자치경찰부장)'의 외관을 변경함으로써 시도경찰청과 자치경찰위의 지휘·감독관계를 과 단위 차원으로 격하한 것이다. 또한 국가경찰사무과 자치경찰사무의 구분을 불분명하게 함으로써 결과적으로 국가경찰사무에서 제외되는 자치경찰사무의 범위를 축소함은 물론, 자치경찰의 정체성을 확보하기 곤란하게 만들어버린 것이다. 궁극적으로 자치경찰위원회 사무국의 (기대)역할을 약화시키고 있다.

같은 맥락에서 자치경찰위원회 사무국 파견경찰관의 현원을 유지하고, 이를 정원화해야 한다는 주장을 자치경찰제 출범 직후부터 최근까지 전국시도자치경찰위원장협의회의 명의로 요구하고 건의하였음에도 지금까지 묵살 내지 방치하고 있다. 사실 자치경찰위원회 사무국은 생활안전·여성청소년·교통 등의 자치경찰사무와 관련한 경찰정책기획·운영 및 예산 편성, 그리고 인사 등을 하고, 시도경찰청장을 지휘·감독하는 역할을 해야 한다. 따라서 경찰청의 생활안전 및 교통 기능은 점진적으로 축소 또는 폐지하고, 자치경찰위원회 사무국으로 하여금 기존 경찰청의 기능(특히 생활안전국과 교통국)을 대체할 수 있도록 해야 한다. 그럼에도 기존 경찰청의 기능이 자치경찰제 시행과 관계없이 여전히 유지되고 있다는 점을 고려하면, 경찰청은 어쩌면 자치경찰제의 성공적 안착을 기대하지 않는 것 아닌가라는 의구심을 던지지 않을 수 없다. 경찰청 간부 경찰관들의 인식 개선이 필요하다는 것을 말해준다.

다섯째, 자치경찰제에 대한 시도지사 및 시도의회의 인식도 결코 간과하기 어려운 문제적 장면이 있다. 첫 번째 장면은 왜 자치경찰이 시도지사의 영향력 하에 휘둘릴 것이라는 우려가 제기되는지를 보여준다(한겨레, 2023. 6. 22). 모 지자체장이 경찰활동과 관련하여 자신과 다른 입장을 취한 모 시도경찰청장에 대해 “완전한 지방자치 경찰 시대라면 내가 즉각 파면”했을 것이라고 하여, 향후 지자체장 소속의 자치경찰이 지자체장의 정치적 영향력으로부터 과연 정치적 중립을 유지할 수 있을까라는 의구심을 던져주었다. 두 번째 장면은 현행 자치경찰위원회를 시도지사로부터 직무상 독립성을 보장하기 위한 합의제 행정기관으로서의 지위를 계속 유지하는게 적절한지에 대한 의문을 던져준다(강원일보, 2022. 12. 18). 전임 지자체장이 구성한 자치경찰위원회에서 추진한 국제심포지엄 개최에 필요한 예산을 지원하지 않거나 차기년도 예산안 심의·의결 과정에서 업무추진비 전액을 삭감한 사례 등은 자치경찰위원회의 지위가 얼마나 취약한지를 생생히 보여준 것이다.

5.자치경찰의 자율성과 한계

자치경찰제가 시행되기까지는 많은 시간과 어려움이 있어 왔다. 경찰제도의 개혁은 권력의 배분과 정치적 중립성의 확립에 모아졌다. 그러나 권력의 배분이라는 문제는 늘 어려움을 수반하여 매우 느리게 진전된다는 것을 우리는 역사에서 배워왔다. 분권정책은 그래서 소리없는 전쟁이라고 불린다. 그러나 결국 분권화의 추진으로 사회의 다양성 확보는 건전한 사회진보의 변치 않은 방향이라는 것도 역사에서 배워왔다. 현대사회문제는 다양성과 불균형에서 온다. 그러나 다양성이 사회진보의 힘의 원천이고 문제해결의 열쇠임도 분명하다.

자치경찰제의 시행으로 경찰제의 분권화를 이루는 일은 수십년간 사회의 민주성과 다양성을 위한 개혁과제 중에 마지막 제도개혁이 될 것이라는 전망은 과도한 해석이 아니다. 경찰권력의 민주적 통제라는 취지를 고민한 이원화의 추진이 일원화로 전환되어서 아쉽지만, 일단 시작한 제도실험이 제도적 불안에 노출되지 않도록 세심한 운영전략이 필요하다. 지방자치법에 자치경찰사무를 자치사무로 규정하여 자치경찰의 자치성을 제도적으로 확고히 하고, 이원화의 시범실시 등 차후 제도개선에도 철저한 준비가 필요하다.

지금 우리는 자치경찰제 운영에 있어서 제도의 성공사례들을 축적해 나가는 길을 걷고 있고, 걸어야 한다. 그 핵심방향은 우선 자치경찰사무의 추진과 관련된 협력체제의 견고한 구축이다.

20세기 후반부터 세계적으로 나타난 두드러진 현상의 하나는 사회문제를 해결하는 접근방식에서의 변화이다.[1] 즉, 사회문제를 해결하는 데 있어서 중앙정부의 획일적 문제해결 접근이 퇴색하고 지방중심의 분권적 문제해결 접근방식이 증가하고 있다. 다원주의 사회로의 진입은 이러한 추세를 더욱 가속화할 것이다. 이러한 시대적 흐름을 반영하고 있는 것이 '거버넌스(Governance)'라는 용어라고 할 수 있다. 거버넌스는 여러 가지의 논의가 있지만 일반적으로 '공사 영역의 다양한 행위자들이 분리되지 않고 함께 결합하고 조화를

1 필자는 다른 지면에서 사회변화와 사회문제의 해결방식의 변화에 대한 검토를 한 바 있다. 정순관(2014), 민선6기 신뢰의 확장으로 지방자치의 제2도약을 시작하자, *시도뉴스레터*, vol. 51, 전국시도지사협의회

이루어 사회문제를 해결해가는 정부관리 양태'로 정의한다. 사회문제와 관련된 행위주체들의 적극적인 참여에 따른 합의를 중시하는 문제해결방식으로의 변화를 말하는 것이다. 즉 사회문제를 해결하는 중요한 규칙이 기존의 '합산적 선택법칙(collective choice rules)'에서 각 행위주체들이 참여하여 대화를 통해 공동체 이익을 구성해내는 '구성적 선택법칙(constitutive choice rules)'으로 이동하고 있는 것이다. 또한 어느 한 행위주체가 우월적이고 특권적으로 기능해서는 사회문제가 해결되는 것이 어렵다는 것을 보여주는 것이다. '좋은 거버넌스(good governance)'인가는 사회문제를 해결하기 위해 협력을 유도해 낼 수 있는 '규칙의 질'에 달려있다. 협력을 유도해 낼 수 있는 규칙의 질이 민주적일 때 이를 우리는 민주적 거버넌스라고 말한다. 이러한 좋은 거버넌스 구축은 자치경찰 관련 범죄예방에도 좋은 환경을 구축할 것이다. 지역주민 간 사회통합의 정도가 클수록 범죄에 대한 두려움도 줄어든다는 믿음은 연구결과에서도 확인되고 있다.[2]

자치경찰 지원에 관한 조례의 제정에 따른 경찰과 자치단체 간 협의회개최, 자치경찰위원회를 중심으로 지역맞춤형 치안정책의 개발 등은 지속적으로 추진되고 있다. 대통령으로 구성되는 정책협의체 운영의 개선, 전국 자치경찰위원회 사무국장으로 구성되는 원탁회의, 자치단체에서 제정한 자치경찰 지원조례 등에 따른 실무협의회 등은 자치경찰제도의 정착을 위한 좋은 제도적 기반이다.

2 박재풍, 김병준(2024), 지역주민 간 사회통합이 범죄두려움 감소에 미치는 영향, 한국공안행정학회보, 제96호, 한국공안행정학회

지방자치의 완성도를 높이고 지방의 종합행정력 제고를 위해 도입된 현행 자치경찰제는 시행 초기 일부 우려에도 불구하고, 지난 3년간 국민 안전에 공백 없이 현장에서 안정적으로 운영되어 정착 과정을 거치고 있다. 지역 내 민·관·경 협력 및 치안 관련 논의가 제도 시행 이전보다 활성화되고 있는 것도 현실이다.

그러나 자치경찰제에 대한 비판적 시각도 여전한 것도 사실이다. 자치경찰의 국가경찰 예속화를 강화하는 요소들에 대한 경계가 필요하다. 특히 전국적 치안사건이 일어나면 이러한 움직임은 더욱 강해질 것이다. 자치경찰 이원화제도의 도입이 시급한 이유이다. 한편에서 이러한 자치경찰제도 개선의 움직임이 일어나고 있다. 감사원과 국회중심의 자치경찰제도 개혁과제추진 동향, 경찰청의 자치경찰 예산제도 개선 등이 그 예이다.

한편 자치경찰의 논의에서 우리가 흔히 간과하고 있는 국가경찰위원회의 역할과 개혁에도 관심을 가질 필요가 있다. 국가경찰위원회는 시·도자치경찰위원 1명의 추천권, 자치경찰관련 법령과 정책의 심의의결권을 가지고 있어(법 제10조제1항제6호) 자치경찰제도 발전에 중요한 영향을 행사하는 기구다. 그러나 국가경찰위원회의 사무는 경찰청에서 수행(법 제11조제1항)하게 되어있어 실질적으로 경찰청의 영향권에 있다. 따라서 국가경찰위원회의 구성에 자치경찰제도 도입의 취지를 잘 구현할 수 있는 경험과 의지가 있는 인사들의 진입이 매우 중요할 것이다. 그리고 국가경찰위원회의 사무기구를 독립해서 설치할 필요가 있다. 이는 경찰개혁위원회의 권고사항이기도 했다.(2017. 11. 경찰청 경찰개혁위)

자치경찰제의 성공적 운영과 제도정착을 위해서 현 제도에서 운영되고 있는 자치단체의 협력체제의 운영활성화와 지속적인 정부간 협력체제 개선 등으로 어렵게 출발한 자치경찰제가 성공적으로 정착하기를 기대한다. 이러한 제도개선의 진전으로 이원화된 자치경찰제의 도입과 시행, 자치경찰사무에 투입될 독립적 예산제도 도입 등으로 진정한 자치경찰제의 자율성이 확보되길 바란다.

6. 자치경찰의 과제

1) 자치경찰의 발전방향

우리나라에 적합한 자치경찰제는 무엇인가? 이에 대해서는 매우 다양한 방식의 자치경찰제 모델을 생각할 수 있으나, 적어도 다음의 방향성을 가지고 자치경찰 중심의 이원화 자치경찰제로 나아가야 한다. 첫째, 자치경찰제는 자치분권의 이념을 구현하는 방향이어야 한다. 자치경찰제는 중앙집권화된 국가경찰의 지방분권화로 이어져야 한다. 즉, 일원적 국가경찰체제가 국가경찰과 여러(18개 시도) 자치경찰이 서로 경쟁과 협력할 수 있는 다원적 경찰체제로 전환되는 방향이어야 한다. 이는 또한 경찰에 대한 민주적 통제가 가능하게 만드는 방안이기도 하다.

둘째, 자치경찰은 지방행정과 경찰행정을 연계한 자율적·창의적인 경찰활동으로 지역특성에 부합하고 지역주민이 필요로 하는 치안서비스를 제공할 수 있어야 한다. 경찰과 지역주민들의 참여와 협력하에 다양한 지역적 치안문제를 해결하는 지역사회경찰활동(Community Policing)에 충실할 수 있어야 함을 말한다. 치안활동에 지자체의 인프라와 인적·물적자원을 활용함으로써 종합지방행정이 구현되는 방향이어야 한다.

셋째, 자치경찰이 자율적·창의적으로 지역의 치안사무를 수행할 수 있는, 그래서 적어도 해당 지역에서 '치안의 주체'가 되는 자치경찰제이어야 한다. 자치경찰은 '있어도 되고, 없어도 되는, 그래서 국가경찰의 보조자'에 그쳐서는 안 된다. 자치경찰에게 지역적 치안사무를 주체적으로 처리할 정도의 충분한 권한과 조직, 인력이 주어져야 함을 의미한다. 따라서 현재의 국가경찰을 그대로 유지하는 것을 전제로 (광역 또는 기초)지자체에 자치경찰을 신설하는 방안은 논의로 할 필요가 있다. 왜냐하면 이러한 자치경찰 방안은 자치경찰도 무언가의 일을 하려고 하기 때문에 없는 것보다는 낫겠지만 그 운영을 위한 예산, 인력 등을 부담해가면서까지 굳이 국가경찰과 중복적으로 운영할 필요가 있을까라는 의구심을 던지지 않을 수 없기 때문이다.

아울러 다음과 같은 사항을 고려하여야 한다.

첫째, 현행 자치경찰제 모델에서 이원화 모델로 가는 경우 ① 자치경찰도 국가경찰과 마찬가지로 치안의 주체로 할 것인지 등 자치경찰에게서 기대하는 역할이 과연 무엇인지, ② 그에 따른 자치경찰의 사무와 권한, 그리고 ③ 자치경찰공무원의 신분은 어떻게 할 것인지, ④ 정치적 중립성 확보를 위한 자치경찰위원회의 역할 및 그 지위, ⑤ 자치경찰을 통한 경찰권 분산 여부, ⑥ 자치경찰관서의 청사 신설 여부, ⑦ 자치경찰에 대한 재정부담 등이 충분히 고려되어야 한다. 왜냐하면 이원화는 관점에 따라서 국가경찰과 자치경찰의 절연 또는 경찰이라는 공통분모의 축소를 의미하기 때문이다. 경우에 따라서는 치안력 약화의 가능성도 배제키 어렵기 때문이다. 이는 특히 시도에 (가칭)자치경찰본부 등을 설치할 경우 18개의 자치경찰본부가, (시군에 자치경찰대가 설치된다면 국가경찰서에 비춰볼 때) 258개의 자치경찰대가 신설되어야 한다는 점에서 더욱 그러하다. 그에 따라 관서장과 관리·지원부서 및 예산도 요구된다. 자치경찰제가 자칫 현장 치안인력은 감축시키고 경찰관리자는 증가시켜, 결과적으로 '국민이 필요로 하는 치안서비스 제공'이 아니라 '경찰 내부 승진잔치'를 위한 제도 개선이라는 오해를 불러일으킬 수 있음을 간과해서는 안 된다.[3]

바로 이 점에서 이원화 모델의 구체적인 방안이 정해지기 전에는 현행 시도경찰청의 자치경찰화(이른바 자치경찰 중심의 이원화)[4]를 점진적으로 추진하는 것도 배제해서는 안 된다.

---

3 이러한 오해가 오해로 그치지 않을 수 있음은 경찰 국가수사본부의 출범 과정에서 '국수본 핑계로 벌써 역대급 승진잔치, 경무관 승진만 100% 가깝게 늘어'라는 기사에서 확인된다. 2021.2.1.자 펜앤드마이크, 몸집 키우는 경찰 국수본… '고삐풀린' 권력 막을 자 없다.

4 시도경찰청의 자치경찰화는 다음과 같이 생각해 볼 수 있다. 예컨대, 시도경찰청 이하 조직·인력·사무 등을 전부 시도로 이관하는 것을 원칙으로 한다. 다만, 시도경찰청 소관사무 전체를 자치경찰사무로 지정하되, 수사, 정보, 외사 등은 국가경찰사무로 한다.

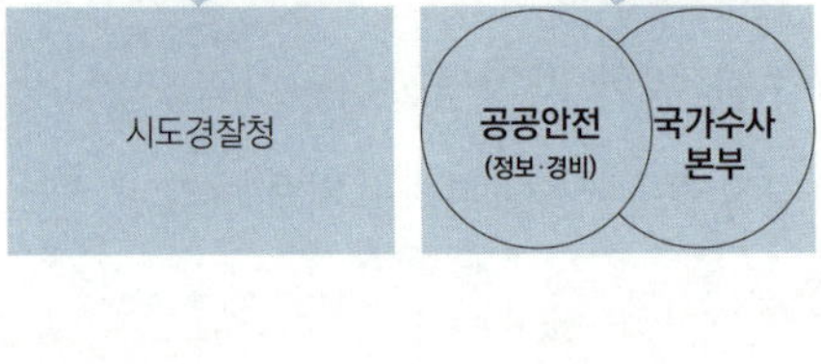

둘째, 기존 중앙집권적 국가경찰에 의한 획일적인 치안활동에서 탈피하여 자율적·창의적인 치안활동을 도모하자는 자치경찰제의 취지를 감안한다면, 자치경찰에 관한 사항은 경찰법과 독립된 이른바 '자치경찰법'에 규율되어야 한다. 이는 특히 법령의 소관부서와 관련되어 있다는 점에서 더욱 그러하다. 실제로 경찰청이 소관부서로 되어 있는 현행 경찰법 및 관련 법령의 개정 시에 자치경찰위원회에서 관여하는 데에는 한계가 있다. 이원적 자치경찰제 모델로 가는 경우 경찰법과 독립적인 자치경찰법 제정의 필요성은 더욱 크다. 현 단계에서도 자치경찰과 관련된 「경찰법」, 「경찰공무원법」 및 관련 하위법령에 대한 제·개정과정에 자치경찰(또는 시·도지사)의 관여를 명문화할 필요가 있다. 다음으로, 자치경찰사무도 현행 「지방자치법」의 자치사무로 규율되어야 한다. 현행 경찰법상 자치경찰사무는 통상 자치사무의 처리방식과 반대로 지방에서 국가로 사무처리를 위임하고 있는 등 과연 자치사무에 해당하는지 등 그 법적 성격에 논란이 있다는 점에서 더욱 그렇다. 아울러, 자치경찰에 이관할 사무를 '인위적으로' 구분, 예컨대 몇 개는 자치경찰사무, 몇 개는 국가경찰사무로 구분하는 우를 범해서는 안 된다. 이는 경찰청, 시도경찰청 단위의 상급 기관에 커다란 영향을 미치지는 않는다. 그러나 최일선에서는 어떤 사무가 자치경찰사무인지 아닌지, 그래서 출동해야 하는지 여부 등 치안현장에서는 물론 국민에게 적지 않은 혼란을 초래하고 결국 최일선 치안기구의 종합적 치안대응 역량의 약화로 이어질 수 있음을 간과해서는 안 된다. 따라서 자치경찰사무와 국가경찰사무를 구분하는 경우 개별사무가 아니라 경찰 기능별로 자치경찰사무 또는 국가경찰사무로 구분해야 한다. 또한 자치경찰사무와 관련한 국가경찰의 조직과 기능은 원칙적으로 (필요하다면 점진적 방식으로 하되, 반드시) 폐지 또는 축소되어야 한다.

셋째, 어떠한 이원화인지에 관계없이 지구대·파출소는 자치경찰에 반드시 포함되어야 한다. 그렇지 않을 경우 국가경찰은 읍·면·동·리 단위까지 하부조직을 두면서, 지역주민과 가장 가까이 있어야 할 자치경찰은 정작 주민 곁에 존재하지 않게 되는 역설적인 상황에 놓이게 될 것이기 때문이다(황문규, 2022). 여기서 간과해서는 안 될 것은 10개의 지구대·파출소를 운영하는 A경찰서를 가정할 경우 원칙적으로 10개의 지구대·파출소를 자치경찰로 완전히 전환해야 한다는 점이다(황문규, 2019). 국가경찰은 예컨대 지역의 몇 개 거점을 중심으로 이른바 '거점 순찰대'를 운영함으로써 자치경찰을 보충적으로 지원함이 바람직하다.

마지막으로, 자치경찰사무의 범위와 관계없이 자치경찰에게도 원칙적으로 형사법상 초동조치의 권한 및 경찰관직무집행법상 권한이 (국가경찰과 거의) 동일하게 부여되어야 한다. 즉, 어느 방식으로 역할 배분을 하든지에 관계없이 자치경찰과 국가경찰이 상호 보충적으로 역할을 뒷받침할 가능성을 열어놓아야 한다. 경찰에 필요한 기본적인 권한을 부여해야 한다는 의미다. 그러지 않을 경우 모든 경찰사무를 일일이 열거할 수 없기에 자칫 역할 공백이 발생할 가능성을 배제키 어렵기 때문이다.

2) 우리 실정에 맞는 자치경찰의 미래

원래 자치경찰 영역인 생활안전과(현 범죄예방대응과)에 소속되어 예방 사무를 수행하던 지구대, 파출소, 치안센터는 자치경찰의 손과 발의 역할을 해주어야 하는 만큼, 이는 원래 존속 운영되던 생활안전과(현 범죄예방대응과)로 다시 되돌려져야 한다고 본다. 그리고 이것은 당연히 여청 및 교통과 함께 자치경찰위원회 산하에서 인사권과 지휘권이 행사되도록 함이 바람직하다고 본다. 또한 중·단기적으로 자치경찰사무는 이원화 자치경찰제로 전환하고 자치경찰공무원 직렬을 새로 마련하여 운영해 나가도록 함이 바람직하다고 본다.

현행 대통령령으로 행정안전부와 그 소속기관 직제에 규정된 행정안전부 산하 경찰국도 자치경찰국으로 재조직하되 국장도 현직 치안감보다는 고위공무원단 소속 고위행정공무원이 맡는게 바람직하다고 본다. 경찰청은 이미 1991년 행정안전부의 외청으로 독립해 운영 중인 만큼 그 독립 기능을 살려주고 행정안전부에 새로 설치된 경찰국은 오히려 자치경찰국으로 변경해 자치경찰제가 안착되도록 집중 지원하는 역할이 필요하다고 본다. 만에 하나 행정안전부의 경찰국이 독립적 수사와 대공수사 그리고 확대가 이루어진 현실에서 경찰청을 통제하려는 의도가 조금이라도 있다면, 이는 독립 경찰청 설치의 취지에도 전혀 맞지 않다고 본다. 이미 외청으로 1991년 독립하여 정치적 중립을 유지하고 있는 경찰청에 대해 행정안전부가 스스로 국가경찰국을 설치해 직할화하기 보다는 오히려 행정안전부 내에 자치경찰국을 두어 지방자치와 시민안전을 추구하는 자치경찰

제의 운영을 적극 지원하는 것이 더 시급하다고 본다.[5]

한편 자치경찰제의 발전방향 차원에서 우리 실정에 맞는 자치경찰제의 미래를 짚어보면 다음과 같다.

첫째, 이미 경찰법 제18조부터 제27조(10개 조문)까지 자치경찰 사무가 구분되어 담겨있다. 생안, 여청, 교통, 지역경비 등이 바로 자치경찰 사무인데, 이 사무를 국가경찰이 그대로 담당하고 있다. 특히 법제도적으로 현행 일원화 자치경찰제는 원래의 자치경찰제 시행 정신과 당위성을 제대로 살려내지 못하고 있다. 이 점에서 무늬만 자치경찰, 수갑이 채워진 자치경찰, 기형적 자치경찰, 애매모호한 자치경찰이라는 비판이 지속적으로 나오고 있는 원인이다.[6]

따라서 자치경찰의 발전 방향 중 하나로 자치경찰 스스로 자체 사무를 수행할 이원화된 자치경찰제로 전환하여 자치경찰 인력과 조직을 갖추는 것이 지방분권 시대에 당연하고 시급해 보인다.[7]

둘째, 현행 경찰법상 자치경찰사무가 생안, 여청, 교통으로 분리되어 각 시도자치경찰위원회가 시도경찰청장을 지휘 감독하는 데서 많은 문제점들이 복잡하게 나타나는 만큼 국가경찰이 사무를 수행하는 방법보다는 자치경찰 원래의 취지에 맞도록 자체 인력과 조직을 갖추고 시민의 안위에 집중하도록 하는 이원화 자치경찰제로의 전환은 필연적이라고 본다. 이미 시범지역도 선정된 만큼 이제는 국회 행안위와 행정안전부가 실천에 옮기기 위한 속도를 내야 한다.

---

5 장철영. (2024). 「자치경찰 3년 회고와 발전방안」. 자치경찰정책토론회 자료, p.36.

6 황문규. (2024). 「자치경찰 3년 회고와 발전방안」. 자치경찰정책토론회 자료, p.66.

7 최소한 현재 법제도 상 자치경찰로 분류되어 3년 이상을 시행해 온 생활안전, 여성청소년, 교통 분야에 한정해 이원화 자치경찰제를 시행하는 것이 바람직하다고 평가된다.

셋째, 전국 시도자치경찰위원회는 지난 3년간 경찰법 제24조의 시도자치경찰위원회 소관 사무 중에서도 극히 일부만 이행하고 있다. 예를 들어 주어진 미미한 자치경찰 사무담당 경찰에 대한 인사권조차도 그 실익이 거의 없는 관계로 대부분 시도경찰청장에게 재위임을 할 수밖에 없는 애매모호한 자치경찰제가 그것을 잘 보여준다. 무엇을 시급히 개정하고 실천해야 하는지가 이미 명확히 나와 있다.

넷째, 서울시와 강원도는 연방제에 가까운 이원화 자치경찰 모델을 제시했다. 특히 서울시 모델은 국가사무인 정보, 보안, 외사 등을 제외하고, 나머지 모든 경찰사무를 시도지사 산하로 전환 시켜야 한다는 이원화 자치경찰제 모델을 내놓고 있는데, 이러한 제안도 그 의미가 매우 크기 때문에 중장기적 시간을 가지고 심층 연구해 나갈 필요가 있다고 본다.

마지막으로 현 윤석열 정부의 현행 일원화 자치경찰제 모델의 현주소를 요약 정리해 보면 다음과 같다. 즉 윤석열 정부의 행정안전부는 2022년 5월 출범 후 강원, 세종, 제주에서 이원화 자치경찰제 모델 방식으로 2024년 시범실시를 추진키로 했다. 이러한 결정은 현행 일원화 자치경찰제 모델의 문제점들을 개선하기 위한 차원이었다. 이곳 시범지역에서 이원화 자치경찰제 모델을 도입한 후, 이를 전국 광역시도로 확대하겠다는 방침이 그 핵심 내용이다. 하지만 행정안전부는 이원화 자치경찰 시범도입을 예고했던 그 시범실시 일정이 2024년 초였다. 아쉽게도 이미 2024년 말인데도 아직 어떤 논의도 이끌어 내지 못한 채 가안조차 나오지 않고 있다. 벌써 2021년 7월 현행 일원화 자치경찰제가 시행된 지도 4년 차인데도 불구하고 아직 이원화 자치경찰로의 분리조차 안 된 상태로 그 속도가 나지 않고 있는 것이다. 이런 지지부진한 속도로 볼 때 연내 계획대로 시범 도입은 쉽지 않아 보인다.

모름지기 자치경찰제란 주민 주도형 자치분권제도에 해당한다. 동시에 자치경찰제는 지방행정과 치안행정의 융합을 통해 주민 밀착형 치안 시책을 발굴하는 등 촘촘한 안전망을 구축하기 위해 만들어진 것이다.

무엇보다 많은 문제점을 지닌 현행 일원화 자치경찰제가 향후 지방자치단체 소속의 자치경찰관을 보유한 이원화 자치경찰제 모델로 전환되어 실효적 자치경찰제가 이루어지기를 기대한다.

참고문헌

- 강기홍. (2024).「자치경찰 3년 회고와 발전방안」. 자치경찰정책토론회 자료.
- 강성용·차종진·김용훈·김태형·염윤호·박재일·이현주. (2020).「행정·사법경찰 분리 주장에 대한 비판적 고찰」. 치안정책연구소.
- 고정근. (2023). 제주자치경찰 특별사법경찰 주요 성과와 향후 과제, 전국 특별사법경찰 미래발전 토론회 자료집. 제주특별자치도·한국형사법무정책연구원.
- 경찰개혁위원회. (1999). 〈자치경찰의 이해〉. 서울: 경찰청.
- 경찰청. (2023.9.18). 경찰청 조직재편 추진, 일선현장 치안역량 강화. 경찰청 보도자료.
- 경찰청. (2024). 자치경찰의 이해.
- 구길두. (2009). 한국의 자치경찰도입에 관한 연구. 〈석사학위논문〉. 전남대학교 대학원.
- 권오성 외 23인. (2022).「포용국가를 지향하는 분권형 정부체계 수립에 관한 연구」. 박영사.
- 김상호. (2024). 이원화 자치경찰제도에 대한 경찰공무원 태도 연구.「한국경찰학회보」, 26(2).
- 김석준 외. (2002).「거버넌스의 이해」. 서울: 대영문화사.
- 김순은. (2012). 주민주권론과 지방자치의 발전. 지방행정연구, 26(1). 한국지방행정연구원.
- 김순은. (2014). 지방행정 60년사. 한국지방자치학회 제7회 지방분권포럼.
- 김순은. (2020). 우리나라의 지방자치와 자치분권: 자치분권으로 가는 길. 서울: 조명문화사.
- 김순은. (2021a). 자치경찰제의 추진과정과 의의 및 향후과제. 자치분권위원회 편,「문재인 정부의 자치경찰」. 서울: 조명문화사.
- 김순은. (2021b). 행정의 역사적 발전: 공안행정. 서울대학교 주최 세미나 발표 논문.
- 김순은. (2021c). 지방자치법 개정 주요 이슈와 변화: 자치분권2.0 시대의 개막.「공공정책」, 183: 14~18.
- 김순은. (2021d). 문재인 정부의 자치분권 성과와 과제: 자치분권 2.0 시대의 제도적 토대.「지방행정연구」, 35(4): 3~36.
- 김순은. (2023).「지방자치와 지방분권의 대전환: 자치분권2.0 시대의 개막」. 서울: 조명문화사.

- 김영식. (2024). 지방분권을 향한 한국형 자치경찰제 3년의 성과와 과제. 「공공정책」, 226: 18~20.
- 김용태. (2018). 노인범죄의 협력치안네트워크에 관한 실증연구. 「한국경찰연구」, 17(2): 35.
- 김원중.견승엽. (2023). 자치경찰제도와 지역 치안상황과의 관계 검토. 「법학연구」, 23(4): 10-15. 한국법학회.
- 김정준·이상열. (2019). "협력치안 활성화 방안에 관한 시민 인식 연구". 한국치안행정논집 제16권 제1호. 한국치안행정학회.
- 김진혁. (2007). 한국경찰 60년, 평가와 전망. 법학연구. 한국법학회.
- 김칠성. (2008). 〈한국경찰의 분권화에 관한 연구〉. 박사학위논문. 경남대학교 대학원.
- 김홍환·정순관. (2018). 역대정부 지방분권과제와 성과에 대한 평가. 「지방행정연구」, 32(1), 3~34.
- 김흥주·홍성표·장일식. (2024). 「자치경찰 이원화에 대비한 세종형 자치경찰 모형 도출 연구」; 세종특별자치시. 세미나 자료(2024. 09. 30).
- 대구시 자치경찰위원회 홈페이지 자료.
- 대통령 소속 자치분권위원회. (2023). 문재인 정부의 자치경찰-이해와 적용.
- 류준혁. (2021). 자치경찰제도의 문제점에 대한 경찰관들의 인식분석. 「한국치안행정논집」, 18(1): 123~136.
- 박동균. (2021). 대구시 자치경찰 100일의 성과와 과제, 대한지방자치학회 학술세미나 자료집
- 박동균. (2023). 자치경찰제의 평가와 개선과제. 제주도 자치경찰세미나 발표논문.
- 박동균. (2024). 자치경찰 에세이 1권, 2권. 박영사.
- 박동균·이행준. (2019). 한국 자치경찰제의 도입방향에 관한 연구. 한국경찰연구, 제18권 제1호. 한국경찰연구학회.
- 박동균·이행준. (2020). 한국자치경찰제도 정착을 위한 광역자치단체의 과제. 경찰학논총, 제15권 제1호. 원광대 경찰학연구소.
- 박범래. (1988). 〈한국경찰사〉. 용인: 경찰대학.
- 박재풍·김병준. (2024). 지역주민 간 사회통합이 범죄두려움 감소에 미치는 영향. 한국공안행정학회보, 제96호. 한국공안행정학회.
- 박재희·김지영. (2022). 자치경찰제의 성공적인 시행을 위한 초기 운영의 쟁점 분석: 시·도자치경찰위원회의 인식조사를 토대로. 「한국지방행정학보」, 19(1): 103~129.

- 박준휘 외. (2020).「한국형 자치경찰제 시행 및 정착에 관한 연구(Ⅱ)」. 한국형사법무정책연구원.
- 박준휘 외. (2021). 한국형 자치경찰제 시행 및 정착에 관한 연구(Ⅲ). 한국형사법무정책연구원 연구총서.
- 박준휘 외. (2022). 특별사법경찰에 관한 연구(Ⅰ). 한국형사법무정책연구원 연구총서.
- 박준휘. (2023). "자치경찰의 현재, 과거, 미래". 자치경찰 정책토론회.「자치경찰제 정상화 방안」. 인천광역시자치경찰위원회, 인천자치경찰정책토론회 자료.
- 서울시자치경찰위원회. (2023). 서울시 이원화 자치경찰제 모델안.
- 서울특별시. (2018).「서울시 특별사법경찰 10년 자치경찰제로의 전환을 위한 발전 방안 연구」, 연구보고서(신현기, 이상열, 남재성, 양재열). pp.263~264.
- 서울특별시자치경찰위원회. (2023). 세미나 발표 자료.
- 서재로. (2020). 권리, 제도, 주권: 지방자치에서 자치권의 본질에 대한 연구. 한국행정학보, 54(4). 한국행정학회.
- 석청호. (2010). 협력치안체제구축과 민간경비의 역할. 한국경호경비학회지, 제24호. 한국경호경비학회.
- 세종시자치경찰위원회. 세미나 자료집. 2024. 09. 30.
- 소순창. (2016). 역대 정부의 지방분권 정책의 평가. 2016년 동계 한국도시행정학회 학술대회 발표논문.
- 송병일. (2015). 합리적인 자치경찰제 도입 방안에 관한 연구. 〈자치경찰연구〉. 8(1): 28~55.
- 송영지. (2015). 자치경찰제도의 도입에 관한 연구. 〈국제법무〉. 7(1): 125~146.
- 신현기 외 9인. (2021). 〈비교경찰제도론〉. 파주: 법문사.
- 신현기. (2021). 〈자치경찰 –제주자치경찰제도의 체계적 접근–〉. 파주: 법문사.
- 신현기. (2022). 문재인 정부의 자치경찰제 도입에서 나타난 문제점과 향후 발전방향.「한국자치경찰논총」, 1(1): 36~50.
- 신현기. (2023). "경기도북부자치경찰위원회의 3년 성과와 향후 과제".「한국자치경찰논총」, 제3권 제1호.
- 신현기. (2023). "윤석열 정부 자치경찰제의 발전 방향 탐색".「한국자치경찰논총」, 제2권 제1호.
- 신현기. (2023). 〈자치경찰론〉. 파주: 법문사.
- 양영철. (2018). 역대 정부와 문재인 정부의 자치경찰 도입 과정에 관한 비교 연구. 〈한국행정사학지〉, 제43호: 133~163.

- 양영철·황문규·고승한. (2021). 자치경찰단 행정복합치안센터 운영 성과 및 확대 방안 분석 연구. 제주자치경찰단 연구용역보고서.
- 양영철. (2021). "문재인 정부 자치경찰 도입에서 국가경찰과 자치경찰과의 관계", 김순은·정순관·양영철·황문규·이상훈(공편), 문재인 정부의 자치경찰 이해와 적용. 대통령소속 자치분권위원회.
- 오승은. (2017). 일본의 통합형 경찰제도에 관한 연구. 「한국지방자치학회보」, 29(3). 한국지방자치학회.
- 우정식. (2020). 코로나19 대응과 자치경찰제 필요성. 자치분권위원회.
- 윤태웅. (2022). 전국 시도자치경찰위원회의 주요시책 분석과 개선 과제. 「분권레터 9월호」. 대한민국시도지사협의회.
- 이달곤. (1994). 협의의 지방행정; 연구성과와 과제. 한국행정학보 28(4), 한국행정학회.
- 이상훈·박병욱·남재성. (2021). 지방행정과 치안행정 연계를 통한 자치경찰제 발전방안. 〈행정안전부 연구용역 보고서〉.
- 이서호. (2024). 한국형 자치경찰제도 인식에 미치는 예측요인에 관한 연구. 「지방행정연구」, 38(1).
- 이승종. (2015). 성숙한 지방자치의 발전과제, 지방행정연구, 29(2). 한국지방행정연구원.
- 이윤호. (2020). 현대사회와 범죄. 서울: 다해.
- 이재영. (2011). 민경 협력치안이 지역경찰의 사기에 미치는 영향에 관한 연구. 박사학위논문. 동국대학교.
- 이정원. (2022). 현행 자치경찰제의 공법적 고찰, 「숭실대학교 법학논총」 52.
- 이정훈. (2014). PEQ를 활용한 노인범죄에 대한 협력치안네트워크의 구축 방안에 관한 연구. 「한국치안행정논집」, 11(2): 79~85.
- 이주락. (2014). 재난안전 강화를 위한 지역사회 경찰활동방안. 치안정책연구소.
- 이황우. (1998). 〈경찰행정학〉. 서울: 법문사.
- 자치분권위원회. (2019). 자치경찰제 도입방안.
- 자치분권위원회. (2020). 자치경찰제의 새로운 모형.
- 자치분권위원회. (2022). 「자치분권 백서: 우리의 삶을 바꾸는 자치분권」. 2018~2022.4. 서울: 대통령 소속 자치분권위원회.
- 장철영. (2024). 「자치경찰 3년 회고와 발전방안」, 자치경찰정책토론회 자료.
- 전국 자치경찰위원회. (2023). 한국형 자치경찰!, 우리가 함께 만들어 간다. 대한민국 자치경찰 2주년 우수사례집.

- 전국시도자치경찰위원장협의회. (2024). 「전국시도자치경찰위원장협의회 백서」.
- 정순관. (2014). 민선6기 신뢰의 확장으로 지방자치의 제2도약을 시작하자. *시도 뉴스레터*, vol. 51. 전국시도지사협의회.
- 정순관. (2016). '한국지방자치의 발전과제와 미래'. 한국지방자치의 발전과제와 미래. 박영사.
- 정우열. (2015). 협력치안에 대한 경찰과 민간경비의 인식 연구. 「경찰학논총」, 10(3): 407.
- 정웅. (2011). 협력치안의 제도화와 민경협력의 과제. 「치안정책연구」, 25(2): 62~78.
- 정정화. (2017). 박근혜정부의 지방분권정책 평가와 과제. 「한국자치행정학보」, 31(3), 1~23.
- 조병인 외. (2011). "한국경찰의 협력치안 실태와 개선방안 연구". 형사정책연구 제22권 제3호. 한국형사정책연구소.
- 최선우. (2011). 치안서비스의 공동생산론적 접근. 「한국공안행정학회보」, 11: 375~411.
- 통계청. (2021). 2020년 전국 시도별 재정자립도.
- 통계청. (2022). 대한민국 지역별 1인당 GRDP(지역 내 총생산) 순위.
- 하혜영. (2021). 특별지방행정기관의 설치 현황과 개선과제. 「이슈와 논점」, 1792: 1~4.
- 하상군. (2014). 한국 경찰사의 변천에 관한 연구: 치안, 민주성, 봉사를 중심으로, 한국행정사학지 제34호.
- 황문규. (2024). 「자치경찰 3년 회고와 발전방안」. 자치경찰정책토론회 자료.
- 황문규. (2022). 국가경찰 중심의 일원적 자치경찰제의 법·제도적 한계와 발전방안. 「한국지방자치학회보」, 24(3): 88-105.
- 황문규. (2021). 전국 18개 자치경찰위 협력적 경쟁 시대 개막. 「대한민국 정책브리핑(www. korea.kr, 2021. 7. 2.검색)」.
- 황문규. (2021). 경찰청은 자치경찰제 성공을 기대하기는 하는 걸까. 오마이뉴스 2021. 8. 18. http://www.ohmynews.com/NWS_Web/View/at_pg.aspx?CNTN_CD=A0002767604& CMPT_CD=RPORT.
- 황문규b. (2020). 자치경찰에 대한 민주적 통제 방안. 「한국경찰학회보」, 22(3).
- 황문규. (2019). 문재인 정부 자치경찰제 도입방안의 의의와 과제. 「경찰법연구」, 17(1).
- 투데이안(https://www.todayan.com/ 검색일: 2023. 4. 15).

https://www.kmib.co.kr/article/view.asp?arcid=0923804858(검색일: 2024. 11. 13).

https://www.kado.net/news/articleView.html?idxno=1275824(검색일: 2024. 11. 28).

- Boettke, P.J, J.S.Lemke and L.Palagashvili. (2016). Re-evaluating community policing in a polycentric system, Journal of Institutional Economics, 12: 2.
- Bull, Melissa. (2015). 'Community Policing and the Limits of the Bureaucratic.
- State'. *Asian Journal of Criminology*, https://doi.org/10.1007/s11417-014-9196-4.
- Clark, G.L. (1984). 'A Theory of Local Autonomy'. *Annals of the Assoiation of American Geographers*, 72(2).
- Keuffer, N. (2016). Local Autonomy, a Multifaceted Concept: How to define it, How to Measure it and How to Create a Comparative Local Autonomy Index?.
- Paper presented at *the 24th IPSA World Congress*. Poznań, Poland, 23~28 July.
- Ladner, A., and Nicolas Keuffer. (2021). 'Creating an Index of Local Autonomy-Theoretical, Conceptual, and Empirical Issues.' *Regional & Federal Studies*, 31(2).
- Ladner, A., N.Keuffer, N., & Bastianen, A. (2023). Local autonomy around the world: the updated and extended Local Autonomy Index (LAI 2.0). *Regional & Federal Studies,REGIONAL AND FEDERAL STUDIES;* https://doi.org/10.1080/13597566.2023.2267990
- Zhaoa, J., Nicholas P. Lovrichb, T. Hank Robinsona. (2001). Community policing.
- Is it changing the basic functions of policing?; Findings from a longitudinal study of 200+ municipal police agencies, *Journal of Criminal Justice* 29.